通过孔子而思

第二版

〔美〕郝大维 〔美〕安乐哲 著
何金俐 译

北京大学出版社

献给邦妮

——本书的完成与她的支持是分不开的。

安乐哲

目 录

中文版序/1
英文版编者前言/10
英文版序/13

作者辩言/1
导言　几个悖常假定/11
　　一　内在宇宙论/12
　　二　反成性概念/17
　　三　传统:作为诠释语境/22

第一章　十有五而志于学/28
　　一　思想的条件/28
　　二　学/44
　　三　思/47
　　四　知/52
　　五　证之《诗》/66

第二章　三十而立/81
　　一　释"人"：另一种解读/81
　　二　礼义的互为性/94
　　三　仁/124
　　四　证之伯夷、叔齐/142

第三章　四十而不惑/153
　　一　审美秩序的优先性/153
　　二　民/161
　　三　政/182
　　四　君子/206

第四章　五十而知天命/233
　　一　孔子的宇宙论/233
　　二　天和天命/240
　　三　德/257
　　四　道/268
　　五　天人/282
　　六　儒家宇宙论：情境化艺术/292

第五章　六十而耳顺/304
　　一　沟通的向心性/304
　　二　圣人的语言学文字学解析/306
　　三　圣人与正名/312

四　恕:一以贯之/338
　　五　圣人:沟通大师/353

第六章　七十而从心所欲,不逾矩/368
　　一　孔学的式微/368
　　二　融合的机遇/374
　　三　构想未来/385

附录:文化对话的意义/401
参考文献/414
译后记/425

中文版序[1]

《通过孔子而思》一书的写作,自始至终都是自觉的合作过程,甚至可以说是两人协作的成果。本书的两名作者有着非常不同的学术背景:郝大维是耶鲁大学和芝加哥大学训练出来的西方哲学家,安乐哲是伦敦大学训练出来的汉学家。在写这部书的几年间,我们把自己的观点带到了中国海峡两岸和香港,以及欧洲和美国的其他院校进行广泛切磋。对那些参与讨论的学术界同仁的贡献,我们深表感谢。现在有了这个中译本,使我们有机会将这一合作范围再次扩展。事实上,《通过孔子而思》一书的一个中心主题就是文化翻译的问题。

我们写这本书的目的是要提醒读者注意西方汉学的一个根本问题。到目前为止,西方的职业哲学家很少向西方学术界介绍中国哲学。大体上,我们可以说,西方哲学界一直都"无视"中国哲学,而且是纯粹意义上的"无视",至今仍然如此。其中的一个重要原因,就是"哲学"一词在中国和西方的不同含义。

在中国,哲学远非只指对由哲学系统和理论组成的范型与传统的专业性讨论、扩展。中国哲学家传统上一直肩负学者(士)和政府官员(仕)的双重身份,他们的理论思考充分受到其实际职责,即政府和社会日常运作的牵动。即使在现代中国,"哲学"的意义仍然涵盖文化价值与人们社会政治生活之间的一系列关系。哲学家仍旧是社会的思想领袖。他们常常激情满怀;总有一些勇敢的思想家时而挺身而出,推行他们自己关于人的价值和社会秩序的种种思想纲领。对于他们,哲学是一种推动和造就当前社会、政治、文化发展的思想对话。这一哲学传统所表现的存在主义的、实践的和坚定的历史主义特质拓展了哲学的外延,使之远远超出了西方文化所界定的"哲学"范围。

然而,西方学术界所谓"中国哲学"的价值则完全是另外一回事。事实上,这一研究领域基本上被排斥在专业哲学之外,以至于"中国哲学"这个说法显得如此自相矛盾。西方哲学的这种自我中心立场与中国立场显然迥异。传统上,中国的自我文化中心观念并不否认西方文化的存在,而是否认它对中国现实的价值和相关性。中国式的自我文化中心论基本上植根于一种文化自足感,即中国不需要西方。而西方的自我文化中心论则建立在普遍主义信仰之上,这一点颇有讽刺性。至今,西方主流哲学对包容中国哲学的可能性仍态度冷漠,而各种形式的简化主义为此种冷漠提供了借口。简化主义的根源基本上仍属于自笛卡儿起就一直主导现代西方哲学的启蒙主义范畴。它通常带有某种普遍主义(且往往是方法论上)的参照标准,也含有相对主义的某种绝对形式,即拒斥任何形式的文化可比性。恰如格尔兹(Clifford Geertz)所描述的那样,这种态度以"某种普遍主义的理论系统为前提,如进化阶段、泛人类观念及行为,或各种各样的超越形式(结构、原形、深层语法)"等,不管它们是笛卡儿的几何方法,黑格尔的理念,还是科学的普遍合理性,或是唯一真神。[2]举一个例子,李约瑟(Joseph Needham)似乎真诚地对几千年中国文明所取得的成就感到敬畏。然而,推动他整个研究的问题——"为什么中国未能发展起现代科学"(所谓的"李约瑟难题"),却是建立在这样一个假设上:在西方社会发展起来的科学具有普遍价值,而且它最终独立于各文明而发展。如果我们认为现代科学和文明乃并驾齐驱者,那么,李约瑟的宏伟巨著或许以"中国的科学或文明"来命名更为恰当。格尔兹将这种普遍主义姿态绝妙地表述为"为表达我们的高高在上留出余地"。

问题是几乎所有的西方职业哲学家,在他们的实践中都进一步强化了所谓西方哲学与非西方哲学的区别。在此意义上,他们都有意无意表现出某种自我文化中心主义。然而,可喜的是西方哲学正在经历一场翻天覆地的变化。哲学家们以及各种哲学运动,从各个方面对我们西方所熟悉的关于理论和方法之客观性的主要观点提出了质疑。在新实用主义、后结构主义、诠释学、新马克思主义、解构主义、女权主义、生态哲学和后现代主义等各种旗帜的引领下,来自西方传统内部的批评运动正蓬勃兴起。这种大趋势迫使我们放弃那些关于确定性的预先假定,以及科学优于文学,理性优于描述,认知优于情感,男性优于女性的种种霸权观念。越来越多有影响力的哲学家放弃了如此表述的"方法论"。这大大增加了哲学知识库真理标准的多样性。这从各个方面发起的对已危机四伏的实证主义和科学主义的批判,代表了西方思想界的一场真正革命;正是这场革命奠定了西方和中国哲学传统间相互影响、彼此丰富的基础。重要的是,从这一新的对话使用的文化语言来看,这一跨文化交流和互动非但不会导致文化霸权主义和文化同一性,相反还会带来人类价值多样化的欣欣向荣。总之,最终审美意义上的判断标准会复兴,并会产生这样的推论:科学会成为艺术,具体时空中更有分寸的表达取代了普遍主义叙述。

在《通过孔子而思》一书中,我们试图穿梭在中西两种文化之间,在某种明显的历史参照框架下进行文化比较研究。因此,如同其他从事思想考古的学者一样,我们也尝试通过把中国传统与西方文化历史发展过程对照的方法,正确评价中国文化传统。由于从事思想考古的学者们通常会把哲学技巧用在他们感兴趣的中国文化上,就此,他们基本上可被称为汉学家。这就引起了西方哲学家们相当一致的反应,他们对这些学者的资格表示怀疑:"他们是真正的哲学家吗?"这一方面原因在于,这些汉学家所表现出的对思想史的强烈兴趣通常跟他们的学术背景有关,而同时中国哲学本身的特点又进一步助长了他们的这一倾向。因为,传统上,中国哲学就特别重视历史,而不强调某种特殊方法论的应用。至少某些观点认为:中国式的"理性"无法用那种超历史、超文化的人类官能或诸如此类的一套概念范畴来解释。它必须借助于"合理性的历史实例"。"人性"不是某种神授的本质,而是具体社会环境中人类社群的历史和文化概括。

此类学者中,比较激进的一派看重的是对他们自己世界的改造。他们的确一直致力于向读者介绍切实的中国文化,但他们还有更重要的工作要做。我们自己就属于这一阵营。我们要探究中国哲学经典的最终目的是判断其价值,看其观念是否可用,是否有说服力,我们是否会有自己的认同。我们要做的不只是研究中国传统,更是要设法使之成为丰富和改造我们西方世界的一种文化资源。儒家从社会的角度来定义"人",这是否可用来修正和加强西方的自由主义模式?在一个以"礼"建构的社会中,我们能否发现可利用的资源,帮助我们更好地理解我们哲学根基不足却颇富实际价值的人权观念?我们能否通过研究另一文化环境中的性别观,来推进女权主义的价值观念?是否可以通过思考中国相关的宗教观念来丰富我们自己的宗教经验?

我们倾向于发掘文化间的不同,而不过多关注其相似性。葛瑞汉(Angus Graham)在对史华慈(Benjamin I. Schwartz)《中国古代思想的世界》一书进行评论时,指出了这样的对照:

> 一些研究中国思想的西方学者倾向于把中国人想成跟我们一样,而另一些人则正相反。前一种倾向运用那些超越文化和语言差异的概念,透过所有表面不同,发现中国思想对普遍问题的探讨。后一种倾向则透过所有相同点,揭示与受文化制约的概念系统以及与汉语和印欧语系结构差异相关的关键词的差异。史华慈的《中国古代思想的世界》正是前一种观念的典型代表。[3]

我们或许可接着葛瑞汉的思路做如下解释:一些研究中国文化的学者倾向于相信,归根结底中国人与我们非常相像;另一些人则不以为然。前者认为,在所有差异的背后,始终有一种对人的问题的关注,这一点从根本上将所有的人等齐划一。后者则认为在生理或其他非文化意义上的相似(比如一个头、两只耳朵等)背后,有着深刻而奇异的差别。这些区别源自受文化制约的思想方式和生活方式的差异。前者认为,不把人类共同性视为重要特征,就是否认中国人的人性;而后者则认为强调这种本质化的共同性就是否认中国人的独特性。

显而易见,理解中国哲学,我们必须既要考虑到连续性又要关注差异性。那么,葛瑞汉对差异性那种多少有些夸张的关注到底说明了什么?首先,它可以理解为对西方现代性所表现的普遍化倾向的反应(当然有时是一种过激反应)。宽容要求我们尊重不同文化自身的完整性。新实用主义者罗蒂(Richard Rorty)是一个思想活跃而颇有争议的人物,用他的话说,生搬硬套地重新定义实际就是羞辱。[4]

拒绝承认中国传统的特殊性,这种现象尤其表现在翻译语言和那些有意弥合文化差异的语汇中。从16世纪末西方与中国的接触开始,尤其是自18世纪发展起来的学术交往,那些语言学造诣很高,具有良好甚至是卓越语言技能的西方翻译家,就开始了研究中国古代经典的工作。然而,由于西方哲学界一直都未曾将中国哲学传统视为"哲学",故而在介绍中国思想方面贡献甚微。同时,由于哲学作为一门学科,学术上负有表述其文化传统之宏观思路的责任,因此,西方哲学界这种漠视使得我们对中国文化理解的质量受到了影响。对一个西方人文学者来说,如果他想运用"翻译过来的"中国材料,无论是文本的还是观念的,最大障碍不是译文的句法结构,而是那些赋予它意义的特殊词汇。在这类译本中,关键哲学术语的语义内容不仅未获得充分理解,更严重的是,由于它们不加分析地套用了渗透西方思想内涵的语言,这些人文学者就这样俘获了一种外来的世界观,以为仍是自己所熟谙的那个世界,但事实绝非如此。这也就是说,我们翻译中国哲学的核心词汇所用的现存术语,充满了不属于中国世界观本身的内容,因而多少强化了上面所论的有害的文化简化主义。

比如,当我们把"天"译为大写的"Heaven"时,西方读者不管情愿还是不情愿,头脑中出现的就是超验的造物主形象,以及灵魂(soul)、原罪(sin)、来世(afterlife)等概念。而当我们把"命"译成"fate"(或更糟,"Fate"),我们实际上已夹杂了注定、困境、悲剧、目的论等内涵,而这些意义与中国古典传统并无多少干系。再比如,当我们把"仁"译为"benevolence"时,就已把"仁"这一概念心理学化了,使其带上了利他主义的色彩;而事实上,"仁"所具有的是相当不同的一系列社会学意义。

中国文化作为一种人类社会秩序,迥然有异于西方文化。不加审理地把"人"这一概念作为一个普遍意义范畴加以应用,再加上担心过多强调差异性会导致无法比较,这样,就掩盖和模糊了我们必须承认的中西文化的差异性。中国文明成长和发展的过程中,一直在发挥作用的是一套与西方迥异的"假定"。只是因为我们在翻译中未能发现和承认这种差异,才致我们对中国世界观产生一种似曾相识的错觉。一种哲学传统一旦被改造为我们西方人所熟悉之物,且以西方之真理标准来评价,那么,这种传统肯定只能是西方主题曲的一个低劣变奏。正惟此,中国思想在西方学术界才算不上"真正的哲学"。

由此，我们陷入了一种恶性循环。西方哲学家对中国传统的矛盾心理，西方哲学界不愿承认中国思想为哲学，这至少很大程度上是因为非哲学的翻译家。因为他们不能够发现中西文化间的根本差异并予以重视，其结果造成了翻译语言的贫困化。翻译语汇的贫乏很大程度上是由于实证主义者以方法论为中心，在此框架下，民族志和历史学被边缘化，中国文化的专业哲学研究自然被排斥在外。如果中国的文化经典只能屈尊附属于非其自身传统的文化意义，那么，它们当然不值得研究也不会具有哲学意义。

与中国学者合作将我们的研究译成中文，有两个问题我们深为关切：首先，我们殷切希望在中国学界能找到理解上述文化翻译问题的学者，当然，他们应是从中国文化的角度来理解此问题。西方学者在把中国世界观引入西方文化环境的过程中遇到极大困难；同样，中国学者介绍西方思想也必须花大力气去克服不同然而却也同样令人沮丧的障碍。因此，翻译者本身必须是专业哲学家。

其次是"翻译化"问题。我们在中英文之间译来译去，其结果往往会生造出第三种语言，一种"不东不西"的"怪物"。为使译文更适合中国读者的语言习惯，总是需要我们的译者尽最大努力实现这种沟通，有时甚至需要在字面意义的准确性上做出妥协，以求更能达意。

郝大维　安乐哲

注　释

〔1〕 本序延用了原载《读书》1996年第5期《可否通过孔子而思》的译文，仅在原译文的基础上做了稍许改动。在此向原译者(张燕华)表示感谢。

〔2〕 格尔兹:《运用差异》("The Uses of Diversity"), *The Tanner Lectures on Human Values*(vol.7), Salt Lake City: Uta State University Press, 1986, 第251—275页。

〔3〕 葛瑞汉:《泰晤士报文学增刊》(伦敦), 1986年7月18日。

〔4〕 罗蒂:《或然、反讽与团结》(*Contingency, Irony, and Solidarity*), Cambridge: Cambridge University Press, 1989, 第89—94页。

英文版编者前言

郝大维和安乐哲这本诠释孔子《论语》的书，不仅是百年学术努力的一个新成就，而且开启了东西方思想家哲学理解的新篇章。从西方哲学中寻求恰适中国文化传统的语汇，以便将中国古代经典翻译成英语或其他欧洲语言，这一伟大工程始于19世纪。但翻译中出现的越来越多牵强附会的现象，已经显露出这些文化传统间微妙却普遍存在的"他性"，从而影响了传达的效果，就连最好的翻译也不例外。郝大维和安乐哲在其翻译中寻找更为匹配的西方术语的努力，扭转了这一局面。

西方术语即便是相对于西方文化传统来说也是不充分的。与其他许多西方学者一样，郝大维和安乐哲也呼吁要解构自我语言对西方传统，或者如盎格鲁－欧洲文化传统的代表性。然而，不同于那些将破坏工作止于摧毁的消极的解构主义者，郝、安二位却励行一种重建工作。该工作至少部分是为了重新规范现有西方语言、概念资源，以便在将其用于翻译时能够正确传达中国古典文化精神。问题是，并没有足够适当的西方术语能够对孔子进行翻译；但正惟此，西方文化才应当建构能够与中国文化引起共鸣，且使之珍贵的文化资源获得表达的新术语。郝大维和安乐哲这本书,就是希望开创某种能够将"翻译"提升到一个新层面的学术和文化互惠事业,在创造性重建各自文化传统的过程中,形成欣赏他者文化的敏感性。

这本杰作充满了摧枯拉朽的力量和新鲜的思考,对中西文化某些习以为常的认识提出了大胆质疑。也正因此,本书将会是有争议的。本书的一个主导思路是,中国古代文化必须被理解为是由内在性术语表达的,而西方文化则强调超验性,这就导致了无数几乎不可避免地对两种文化的误读。当然,"内在"和"超验"是一种拥有特殊性的普遍性表达。问题的争议在于,这一对比是否真的抓住了文化差异的主要倾向。郝、安二位对这一问题的微妙把握是非凡的。在本书的最后几章,他们对东西文化的这一差别给予了丰富生动的阐释。

另一有争议之处体现于审美秩序和理性秩序的区分。作者认为,尽管中西文化都认可二者,但西方文化传统中理性秩序在私人和社会生活中所承担的众多角色,在儒家思想中却是由审美秩序担当的。这一思想展现在作者对儒家"仁者"和"圣人"等概念所进行的鲜活且富有洞识的诠释中。他们的一个结论就是:儒家伟大的思想家都是"审美的",而非西方意义上由某种表面理性秩序规范支配的所谓"道德的"。

两位作者重建儒家世界的行动,促发为一系列对儒学专门术语的全新解读。这必将会在儒学界引起争议。但我相信,他们成功的可能性是极大的。因为,儒家世界而今也正在为自身发展努力趋向一条与西方哲学创造性互惠的道路。

尽管从文体上来说,《通过孔子而思》似乎属于一种文献学、哲学的研究成果,但其实质却是一本比较文化哲学著作。它或许仅是众多门类哲学中的一种,但谁都不应该忽视,它对我们人类经验世界所具有的如此锐敏的关注。

两位作者还将在纽约州立大学出版社出版一套题名《中国哲学与文化》的新丛书。出版这套丛书的目的是基于这样一个前提:即,我们目前拥有一些可资利用的中国文化研究的英语资源,但事实上,对这些翻译,我们并没有进行过深刻入微的概念分析;该丛书亟须出版的正是对现有翻译提供参考性注解的哲学论著。当然,除了明确的哲学目的外,该丛书还会吸纳任何以其独特方式诠释中国文化的优秀研究成果。

南乐山(Robert Cummings Neville)

英文版序

由于本书作者一直以来都受益于他们的老师、同事、学生以及同侪的支持和帮助,因此,显然不应该仅局限于字面所列出的名字,《通过孔子而思》更应当是一种合作的结晶。此刻,我们也带着感激和高兴的心情庆祝这一广泛合作的成果。

自本书写作之初,安乐文(Clifford Ames)就一直帮助我们,并且总是不吝随时奉上宝贵意见。作者本人将承担全书其他不足之处。

在大致形成对孔子思想的诠释框架后,我们不避浅陋,决定进行到底。我们曾经花费大量时间到东方进行考察、研究,先后与香港中文大学、台湾大学、东海大学、上海社会学科院和复旦大学的专家学者们进行了广泛交流。在此,对所有这些机构同行与学生们的宝贵意见和鼓励支持表示感谢。我们尤其要感谢刘殿爵、杨有维、柯庆明和林义正等教授,他们的真知灼见以及富有启发性的批判,帮助我们形成了本书的观点。

罗思文(Henry Rosemon, Jr.)为审阅我们的初稿花了不少时间,并为此推延了他的儒家伦理学书稿的完成。在哲学思考和编辑问题上,他为我们提供了许多宝贵的修正意见。与罗思文教授和芬格莱特(Herb Fingarette)教授就我们翻译一些细节的探讨是极为有益的。艾伦(George Allan)被公认为纽约州立大学出版社的忠实读者,我们根据他的意见修改了本书的一章——我们希望艾伦教授会认为这次好一些。Eliot Deutsch,南乐山和杜维明这些对比较哲学有卓越贡献的学者,他们每一位都为我们思考孔子思想提供了重要的榜样作用。

另外,得克萨斯大学、夏威夷大学和台湾大学的几个研究生和本科生哲学班的讨论课,以及在夏威夷开办的两个由国家资助的比较哲学的夏季研讨会,都使我们对孔子哲学的思考有机会先面对了一群富有挑战性的读者。

本书出色的书法出自吴光明的手笔,很高兴欢迎这位道家的忠实信徒加入我们的合作队伍(中文版未使用吴先生的书法以及原版封面)。Stephen Goldberg 以他对中国艺术的深厚修养为我们选定了本书封面。Flo Dick 以高超的技艺和效率为本书手稿绘制了连续草图,我们对她的技艺保持永久的尊敬。同时,我们毫无保留地对负责该书排版工作的 Malcolm Willison 明察秋毫的眼力,奉上最诚挚的谢意。

我们也不会忘记 Josie Lucker 在本书出版的最后阶段就印刷问题所采取的明智决定。

最后,本书两名作者都非常感谢彼此绝佳的耐心和宽容。

郝大维　安乐哲
于纳库斯普英属哥伦比亚大学

作者辩言

本书将要进行的工作，在两个非常重要实际也无法分开的层面上都涉及"翻译"问题。自然，首先，必须把许多中文术语翻译成英文——这对我们当下要开展的工作来说是随时都必要的事情。其次，不管是进行文本翻译还是进行评注和引申，都要涉及把概念从一种文化语境译介到另一种文化语境的问题。这两种翻译行为都要求，概念和术语的阐释应某种程度地认可一些诠释学原理。为像"知""思""德""义""学"等术语寻找英语类似对等词，这当然是我们的翻译要负起的责任，但它们首先必须表达为恰当的汉语。儒家词汇的汉语本身，其中很多至关重要的术语和概念，在世代承传过程中已增加了不同于最初意义的多种内涵。因此，我们首先要求自己的，就是将某些特定术语、思想和观念翻译，回溯到接近孔子原意的术语。然后，（当然这是必须的）再到英语中选择与之相应的语词来翻译这恢复的原意。

这一点至关重要。所以，我们应该不避繁冗，使之获得绝对清晰的强调。一本基础字典涉及的多是词语的通常用法。但如果要了解术语的多种含义，亦即该词的各种规定意义，就需要专门词典了。我们的翻译将要运用的哲学词典,是基于我们对中国哲学和盎格鲁-欧洲哲学不同传统的理解建立起来的。与其他各种专门词典不同,哲学词典要求把概念的一致性作为翻译的根本标准。这就是说,一个术语的定义在传达连贯的思想时应成为一种有意义的成分。因此,除了像汉学家那样必须具有对中国语言和文献专业知识的技能外,对不同文化传统的理解,更为重要的还需拥有哲学技能,以便能够不断将之运用到思想、学说的比较分析中。

显然,比较哲学的有效发展,诸如本书这样的协作就变得越来越必要。因为,目前我们已经达致这样一个阶段,即必须以一种自觉的哲学态度来实现中国哲学文本更深层次的翻译和诠释。中国古典著作翻译的较早阶段,许多工作是由汉学家来完成的。汉学家们太习惯于以某种相当天真且常带有神学导向的意愿处理源文本。他们中做得最好的很大程度依赖中国学者解决语言问题。多数基础文本正是由他们向西方读者提供的。在这一过程中,他们建立了一系列主要哲学概念的翻译语言,这些翻译语言业已成为进一步翻译和诠释的规范概念。因此,尽管晚近以来译者们更努力理解文本语法,但文本分析和哲学术语的重建工作却显然仍旧滞后。

大多数从事中国哲学翻译的当代学者也要面对同样的问题。像以陈荣捷(W. T. Chan)、刘殿爵(D. C. Lau)和狄百瑞(Wm. Theodore de Bary)为代表的一批学者,他们本人一直以来都从事中国古典著作的翻译和编辑工作,切身感受到现有重要哲学概念译法不尽如人意;也一直希望通过详尽的导语、专门文章、评注等各种形式以改变这种状况。但是这种调整方向是对的,实现起来却很困难。因为希望某个人能够同时具备充分的汉学和哲学专业修养,且能够以适当的方式实现语言和概念翻译的双重任务,这种想法目前还是不切实际的。就此,我们一直尝试通过我们的协作,综合汉学家和哲学家的智慧,以弥补单一知识的不足。

我们当然知道,这一协作会招致两个学术团体提出批评。一方面,专业汉学家会对本书有意置入的概念和术语表示担忧,因为他们认为这些术语只能预先决定,(因而会歪曲)术语的意义。我们的回答一目了然:汉学家们常常缺乏对这样一个事实的全面认知——即不管你承不承认,翻译的术语总是在翻译行动中发挥作用。"任何翻译都是诠释",这简直可以说是一句毋庸置疑的老生常谈。我们的协作实际上对诠释学原则采取的自觉意识,应被视为比较哲学在处理外来文本时一种更为负责的努力。另外,本书主体部分展开的词源学研究也表明,尽管一个汉字术语可能确实有多种形式的翻译,但那些看似合理的翻译却绝不是诠释学兴之所至的结果,而是由文本和文本互动的过程以及其词源学根词决定的。

至于第二派批评,或许会表现出对相反方面的过分关心。许多阅读本书的哲学家在看到那些他们熟知的、来自中西方哲学传统的概念和术语时,或许会感到亲切、欣然,但一旦涉及某些词源学问题,他们却可能变得没有耐心。他们希望"继续走",实际上是认为(这里可以看到汉学家和哲学家之间某种颇具反讽意味的趋同)自从哲学诠释受到种种诠释学原理的支配以来，哲学工作往好里说是多余的，往坏里说只不过是一缕用来迷惑天真哲学家的语义的轻烟帐幕，使之相信，意义事实上完全是从文本自身跳将出来的。

对这两派批评者，我们或许应该提供这样一份作者资料：本书两名作者，一名研究工作基本上都来自中国文化资源，另一名则从事西方哲学研究；彼此发现二者的工作有着重要的汇合点，于是便有了本书的合作。这一合作使得这种智识融会的最细微处，都要求不断推敲、考证任何从这两种思考原则产生出的理解。这种汇合保证概念意义的最后确定、论争的风格以及由此得出的结论，总是协同决意的结果。

理想的情况是，一本合作的书也应该以合作的方式阅读。但我们知道这是很难期望的。本书观点和结论必须既是说给个别汉学家或哲学家听的，也是面向一般读者的。本篇辩言所期待起的作用就是，希望读者能够对本书杂融哲学汉学诠释方法的做法保持某种开放心态。我们认为，运用这一独特方法生成的结论，其明显的一致性，就是证明我们诠释有效性的重要证据。

或许，比之任何其他哲学活动，比较哲学更容易受其自身越界特点的牵累。这一点尤其表现在中国和盎格鲁-欧洲思想的比较上。因为，其早期阶段一直推崇那些最为幼稚浅陋的相似性和差异性对比。在这两极中，你或者始于差异性的假定，以最宽泛的推理手法说明每一文化背景下的不同特色；或则假设有一种包括所有重要思想家的单一诠释共同体。在后者看来，中国和盎格鲁-欧洲传统的哲学家们的思想，都可以根据某些决定哲学化本身性质和风格特点的大概中性的标准,在文化多适性的意义上进行判定和比较。

前一种方法的典型代表是诺思罗普(F. S. C. Northrop)所做的关于东方喜好"直觉概念"(concepts by intuition)和西方喜好"公设概念"(concepts by postulation)[1]的跨文化对比。这种笨拙的比较,尤其会在那些哲学修养比诺思罗普低下的诠释者手中起反作用,进而导致普遍性而非差异性叙述,从而转入超文化的极端。

赞同超文化比较的人认为,那些显然来自不同文化背景的思想家可以根据相对中立的范畴进行评估。这种元哲学尝试之所以深入人心,是受到把区分和规划思想家作为判别比较他们思想和事业内在性的方法的推动。这些元理论家仅是在从事康德《纯粹理性批判》未竟的工作,即,提供一个纯粹理性的历史,一个思想可以被种种选择性理论方案塑造的方法历史。跨文化与超文化这两种比较方法尽管不同,但它们都假定了差异性的不可化约性——不管这些差异是置根于文化背景的不同,还是立基于某些超越文化区隔的理论规划。

本书的比较方法分享跨文化(intercultural)和超文化(transcultural)两种视角的种种共通性。就跨文化方法来说,我们同样会对那些建构意义重大的理论和实践问题的真正可选择性方法,即文化间的突出差异保持敏感。就超文化方法来说,寻找一个文化共同体以作为有效哲学对话背景,我们也是认同的。我们只是在这样一种意义上与之不同:即,在当下许多未竟的工作完成以前,我们不能像超文化理论家那样乐观地谈建构这样一种共同体的可能性。这就是说,在我们还不能恰当处理关涉种种可选择性文化语境的某些基本前提之前,这种对一个诠释学共同体的追求有可能不经意就会使我们陷入寻找一个替代性文化的思路中,而它正是由一套取自我们西方的文化传统的批评标准建构起来的。结果,它就会被以一种大国沙文主义的方式,假定可用来表征哲学思考本身的那些决定因素。

我们认为,首先,在比较哲学事业中,差异性比相似性更有意义。这就是说,正如我们即将阐明的那样,中国和盎格鲁-欧洲文化传统种种截然不同的预设,较诸某些共同思想来说,更是目前哲学反思富有意义的主题。另外,从中国哲学在西方学术机构中的地位也可明显看出,东西方学界迄今也尚未建立双方共同价值观念和共同关心的问题的平台。我们该项工作意在维护的一个重要事实即,我们并非是要以某种冷静、客观的方式,标示或宣扬儒家和盎格鲁-欧洲文化传统丰富的差异性。恰恰相反,我们坚持认为,只有以承认差异性为前提,才会提供互有增益的机遇,为解决各自文化内部一直无法完满解决的问题提供另一解答方案。

这就形成本书的比较方法。我们首先是出于对我们文化现象某特定问题的关注,继而将孔子思想作为理论工具,准确分析这些问题的症候所在并且提出解决该问题的办法。因此,我们的方法既不是建立在文化差异不可化约性上,也不是建立在理论差异不可化约性上。它有超文化的倾向,寻求促进文化间的彼此认可,以最终实现把共性和差异性作为处理理论和实践重要问题的方法。芬格莱特的那本小书《孔子:即凡而圣》(*Confu-*

cius: The Secular as Sacred)是使用这种"问题"方法的一个绝妙例子。[2]在该书中,他用当代盎格鲁-欧洲哲学语言来诠释儒家思想有特色的方面,其最终目的不过是要说明,孔子思想可以帮助当代西方人更好理解语言的本质和社会实践。

尽管在某些关键问题的处理上,我们必然与芬格莱特对孔子的解读不同,但我们的主要目的却与之非常类似。我们质疑这样一种认知,即只把《论语》视为与古典中国文化传统一脉相传、密切相关,且仅局限于其文化传统内部的伦理规范宝典。我们希望使孔子的洞识能够成为当下哲学对话的一个潜在参与者。

或许,本书的题目《通过孔子而思》(Thinking through Confucius)已揭示了本书的主要意图。首先,我们希望通过"孔子"而思。目的是,能够让孔子的主要思想在我们的研究中获得相对清晰的阐明。其次,一个同样重要的目的:就是将孔子思想作为实践自我之"思"(thinking)的媒介。这就是我们对本书所用方法的最好说明。选择"思"作为我们工作的重心是经过深思熟虑的。因为,通过反思孔子之"思"的意义以及它与哲学的关系,会让我们考虑到一个极具相关性的问题——或许,今天,盎格鲁-欧洲哲学最急需探讨的哲学问题,就是哲学学科的特性及其在整个文化中的地位。

我们已经试图最低限度地缩小对方法论问题的探讨,以免使得本书像百科全书一样。但是像本书这样的研究,是很需要对目的意图等这些极有可能出现混淆的问题加以说明的。

一个不能忽略的方法论问题在于,我们已经竭力将单一的诠释学循环置换为开放性的,其并联的两个中心是由古典中国和西方两种文化感受性共同建构起来的。缺少这两个诠释焦点的任何一个,都不可能形成该书的探讨。仅借助其中之一,会严重妨碍对另一方的切实评估。因此,我们不会宣称自己是某种纯粹"原语境"(in situ)的对孔子思想的重建。毋宁说,我们更强调抗拒这种重建,而代之以尝试改变视角,并通过对当下视角的扩展而深入理解孔子思想的方式,去获得对孔子形象的精确刻画。

经验和概念两个方面都明显受到盎格鲁-欧洲文化传统大环境影响这一事实,并不意味着我们就不能评价另外的文化传统资源。西方文化传统内部的更张已召唤我们注意自我文化传统中与古典中国主流意识形态极为相似的异在成分。如果我们能够学会将我们的视角偏离主流意识形态,而转换到我们文化背景中那些更为生僻深幽的因素,或许,我们就可以认同和欣赏古典中国思想的独特意义了。

我们的比较方法可能会使一些读者(这里既包括汉学家也包括哲学家)感到惊异,因为它确是容易引起争议的。我们已公开申明要借助某种我们称之为(在接受我们批评者的批评之前,请允许我们以一种少许建构的意图来这样说)"跨文化时代误植"(cross-cultural anachronism)的方法。这也就是说,我们寻求理解孔子的思想,是通过借助当代西方哲学内部产生的问题——孔子显然没有经历过的问题——来开展讨论的。尽管这种方法需要不断借助这些时代误置的资源,但我们的最终目的却是要建构出独立于该参照的基础,以便对孔子思想进行更为精确的剖析。

我们相信,我们"跨文化时代误植"的实践将会使孔子思想获得更为真实的诠释。原因如下:当前西方世界对孔子的理解,大部分都是未曾充分意识到那些最初把孔子哲学引入西方的翻译或理论假定。这些假定与主流盎格鲁-欧洲古典传统是有关联的。实际上,我们意在说明的就是,这些设定已经严重歪曲了孔子的思想。因此,我们"通过孔子而思",必须从一开始就必然是对那些现在已经成为理解孔子思想先定前提的诠释范畴的不"思"。

我们当然不能假设自己站在限定我们文化品格或者限定种种文化间关系的论争之外。尽管孔子本人显然不会关心我们现在遭遇的问题。但恰恰正是头脑中孔子思想与这些问题的融会、贯通,才使得我们发现其哲学建构的特质与启发意义。因此,我们将论证,即便孔子可能从未经历许多我们认为关系到儒家思想和西方文化比较的种种对比,我们还是将会凭借这些对比,而争取给他的思想一个最接近的相应评估。简单地从另一文化中定量取出,然后对之加以主观处理,这种肤浅至极的理论假定,我们已无须多做驳斥;从实用主义的角度来说,它一直以来都是自我否定着的。对于我们这另类的诠解方法,我们也愿意欢迎同样的实用主义测试。

由于本书同时希望面对中国和盎格鲁-欧洲两大文化传统的读者,因此,这就不可避免产生这样一些困难。无疑,本书对西方思想家和思想流派的许多概括,对于我们的西方读者来说总体上会显得有些过于简单。但如果我们希望能够成功吸引那些尚未熟谙西方哲学景观的中国读者,这就在所难免。反之亦然,当我们尝试把中国思想变得让并不熟悉古典中国文化渊源的西方读者可以理解的时候,我们有时也会犯同样过分简化的毛病。

我们预期的读者的特点也决定了我们对那些能够与儒家感受性进行融会、沟通的西方思想家的选择。显然,我们不打算面面俱到,而是试图寻找那些最有激发性和最有价值的互动的趋同或相异的观点,然后引入在这些问题上有过相关论争的古典和当代西方思想家。

我们相信,通过孔子而思,我们的研究会有利于当下哲学思想核心问题的探讨。更明确地说,我们希望,通过展现孔子思想最具活力的那些层面,我们的工作推进对于孔子思想的研究,为重新体认哲学活动本质与功能有所贡献。

注 释

[1] 我们在探讨主导西方和古典中国文化秩序的不同类型时会引入一种与诺思罗普不同的对比。我们认为,我们"理性"秩序和"审美"秩序的对比会比诺思罗普"公设"和"直觉"这两个概念解释得更为具体,在应用上也显得更为切身和敏感。

[2] 芬格莱特:《孔子:即凡而圣》。芬格莱特几篇重要论文也详细阐明了其对儒家感受性(Confucian sensibility)的出色解读。参阅"参考文献",凡参考文献中列出的文章和著作,正文注释中省略出版信息。

导言　几个悖常假定

本书中,我们试图大胆质疑孔子思想的一些主要理解和传统诠释方法。就此,有必要从某些基本背景理论开始我们的探讨。这些理论有可能会提供孔子思想得以澄明的适当诠释语境。大多数孔子诠释者(无论是来自盎格鲁-欧洲传统,还是借助西方哲学范畴进行诠释的中国学者)的缺失,根本原因在于一直都没能找到也没能阐明那些主导中国文化传统的独特理论前提。

这些理论前提恰恰不是我们自己的文化传统主流思想家所共享的认识。但如果盎格鲁-欧洲读者愿意将某些重大的文化差异,视作一种避免错译中国儒家观念的手段,那么,它必能给我们提供真正帮助。同时,我们也要告诫深受新儒家思想浸染的中国学者,我们这里试图要诠释的是展现在《论语》中的孔子形象,而非他那些名气很大的新儒家弟子们所发展的孔子思想。

我们必须尽可能在涉及这些有悖于常论的假定之初就使之获得清晰表达。我们所谓"假定"指的是,某一知识系统中的成员用以建构哲学对话开展的基础,以便使沟通和交流成为可能的未曾公开的预述。强调重视古典中国和西方文化传统可对照的预设,当然不是暗示我们意在突出某种绝对或不可避免的概念差异。中国和西方文化传统的丰富性和复杂性,在某种程度上确保了主导一个文化传统的文化前提——或许以某种极为边缘的形式——同样也会出现在另一文化母体中。因此,我们所谓种种悖常于中国或异于盎格鲁-欧洲文化传统的理论模式,应当被理解为是对植根于两种文化内部不同价值观的维护。

下文对"悖常假定"的探讨,将通过审理盎格鲁-欧洲哲学的方式寻找到对比概念。但是,这些对比概念的内涵融会了孔子思想与西方传统。简单地说,即我们多少会常借用我们的哲学话语来扩展其传统意义。

就像我们在《作者辩言》中对借助"跨文化时代误植"的必要性的强调,我们也尝试通过探讨种种显然不在孔子思想范围内的概念,或者把他视为两种对比性理论其中一方的捍卫者,尽管他对此二者的理论基础的区分或许并不知晓。我们不避讳这一点,在我们看来,人总是不可避免地从自己所处立场出发思考问题。声称能够找到对不同文化感受性进行比较的中立立场,其实不过不由自主依附种种所谓客观学术的外在虚饰,这种天真的设想只能导致对外来思想家的最肤浅、变形的认识。

一 内在宇宙论

或许,使孔子思想获得一致性说明的那些"悖常假定"最深邃之处就在于其拒斥任何超验事物或原理的存在。此乃根本的内在性推论。这里,我们的语言多少有些误导。因为从严格的意义上来说,"内在"与"超验"对比本身源自我们盎格鲁-欧洲传统。但无论如何,我们后面几章对孔子思想的探讨将会越来越清晰地表明,试图通过借助种种超验事物或原理来阐释孔子的学说已经造成了重大的曲解和失真。运用"超验"和"内在"思维模式对比会对我们说明超验性诠释的不当提供实质性帮助。

鉴于西方思想发展过程中围绕"超验"(transcendence)[1]这一术语用法的复杂性,我们有必要尽可能准确说明我们对它的运用。"超验"在严格的意义上应这样理解:有一种原理,如果说 A 是这样的"超验"原理,那么,B 就是它作为原理用来验证的事物。B 的意义或内涵不借助于 A 就不可能获得充分分析和说明,但反之却不成立。盎格鲁-欧洲哲学传统诸原理的支配意义都需要此严格意义上的"超验"定义。

超验语言的优先性诱使孔子思想的盎格鲁-欧洲诠释者在他们对《论语》的解析中也采用此种语言。这在最初主要由基督教传教士们将中国经典引入非中国世界的情况下尤其如此,他们自然不遗余力地致力于维护超验观念。当然,柏拉图和亚里士多德传统显然必须使用超验原理。在柏拉图的《蒂迈欧篇》(*Timaeus*)中,理念或形式独立于宇宙并且提供宇宙创造的范型。亚里士多德"不动的原动者"(Unmoved Mover)是第一实体,是万物之永恒不变的非物质之源。它是用以说明所有运动、变化以及我们对自然界认知的原理。原理,恰如其定义本身所表明的那样,从来都不是由宇宙或者任何内在于原理的要素决定的。

古典唯物主义的各种形式源自德谟克利特(Democritus)和卢克莱修(Lucretius)的哲学。他们用"原子"(atoms)——构成其他万物独立且不可变易的单位——来解释这个世界。古典唯物主义的"原子"在严格的意义上先在于它们构成的世间万物，因为它们是万物的决定者，所以它们自身不受它们所决定的事物的制约和影响。

除了上述三种之外，西方哲学范畴传统的第四种资源与存在主义或唯意志论思想的主导形式相关。这里，诸原理在人类行为本身找到了它们最终根源——"王"定"规"，"君"立"法"。人类世界在最普遍的意义上是一连串人为构造物，个体通过重构和赋值的行为使这个世界成为他自己的世界，就此，每一个体都担负起获取"真实性"的重任。尽管这种存在主义思想或许看似附和了孔子的人类中心主义框架下的伦理学；但这种呼应是个假象。因为，在盎格鲁-欧洲传统中，存在主义哲学家较诸对彼此依存的关注，更倾向于独立实现个体的卓越才能。以此类推，最能实现自我的个体成为超验原则的标准，他们独立于他们所创造的世界。

存在主义思想只有在承认个体与决定其存在同时也被其所决定的社会之间的相关性的情况下，才可适应于古典儒家思想。而且，儒家与社会环境的相互作用不能够以"个体向全体开战"的形式实现，而必须以彼此依存的语境中的敬意关系为基础。

在比较哲学研究中，我们只能通过借助我们自己传统中的范畴和语言来说明其他文化传统。这些范畴和语言，应该是能够依靠某些基本的相似性而加以重新塑造、扩展以涵容新思想的。对于西方读者来说,孔子的思想只有通过诉诸西方自身文化经验的种种相似结构才会获得理解。差异性不能全盘通用。古典盎格鲁-欧洲哲学传统中几乎找不到秩序和价值的诸原理本身完全生发于与之有内在关联的语境中的情况。全面恰当地阐释孔子思想需要一种内在性语言,该语言的生成立基于这样一种推论,即种种法律、原理或规范都植根于其所行使的人类和社会环境中。

如果说当代比较哲学活动中有可用作切实接近孔子思想的哲学概念和学说的最佳资源的话,那必定是与皮尔士(Peirce)、詹姆士(James)、杜威(Dewey)和米德(Mead)相关的实用主义哲学,进一步扩展到诸如怀特海(A. N. Whitehead)的过程哲学。这会在下面章节中得到证明,而且中国和西方的文化语境中都有许多声音指出了实用主义和过程哲学与古典中国哲学的相似性。[2]

诠释孔子思想所需要的内在性语言尤其在说明孔子作为道德实践者的"自我"概念时特别重要。因为盎格鲁-欧洲超验语言与必须根据"实体"解释世界(人类社会更是如此)是直接关联的。因此,借助超验原理的任何诠释都不可避免要导向"自我"(self)的实体观念。如果只有诉诸某种超验原理才可获得对行动者或行为的认识,那么,个体和语境的本质都只能取决于该原理。理性原则要求理性的生物来贯彻它们。道德原则要求道德生物的践行。他们是分别定性为"理性"和"道德"的行动体。这种定性使得行动者成为一种实体性存在——即,一个拥有"实质",一种实体之"质"的存在物。

儒学却表征为一种现象本体论,而非实体本体论。理解人类现象不需要借助"质料""属性"或"特性"。因此,儒家不考虑抽象美德的实质,他们更关注对特定语境中个体行为的诠释。这不是一种从行动者到行为的纯粹转换,因为这样的话还需要运用我们认为显然不适当的实体性语言。根据现象描述个体,戒绝了任何对行动者或行为的单方面考虑。行动者既是其行动的原因又是其结果。

犹太-基督教传统突出维护的"实体性自我"使之与古典中国儒家、佛家与道家学派更为广延意义上的"自我"形成了鲜明对比。由于近来比较哲学的发展带动了这两种不同文化传统间的建设性互动,这引发了有关不同文化传统间差异性的一些极为有趣的论题。盎格鲁-欧洲哲学内部对"实体性自我"观念的种种批判有可能肇始于尼采,而突出地表现在 20 世纪詹姆士、柏格森和怀特海的过程哲学上,该运动改变了一直以来理解"人"的观念的基本预设这一问题。这几乎不可避免需要借助外来文化,因为盎格鲁-欧洲思想的理论环境并非有利于非实体主义思想的最佳表达。

内在宇宙论一个最重要的含义就是作为孔子思想基础的现象本体论。其他两个也应当强调。那就是内在宇宙"秩序"和另一意义的"创造性"。

对秩序的基本理解可分为两种:第一种秩序需要在相关性的先在模式的既定状态中获得。我们可称之为"理性"(rational)秩序或"逻辑"(logical)秩序。[3]第二种秩序的意义根本上是审美的。审美秩序(aesthetic order)成就于新模式的创造中。逻辑秩序涉及终结行为;审美秩序则立基于揭示和打开。逻辑秩序可能源自上帝意愿、自然的超验法则或特定社会的实际法规,或者人良知中的绝对诫命等原理的强加和证明。审美秩序则是作用于特定语境的某一独特角度、要素或现象与该语境互相限定的结果。将孔子思想的秩序视作如理性秩序那样根源于某一先在既定模式必定是错误的。对那些仍深受我们现有传统濡染和禁锢的人们来说,孔子的思想是怪异的——因为孔子的秩序是现实性的,而非需要证明的。

同样必须重要强调的是孔子的"创造性"。西方哲学传统深受犹太-基督教"从虚无中产生"(creatio ex nihilo)观念的浸染,"创造性"常常被理解为对某种超验的创造行为的模仿。而在孔子思想中,创造行为"最初"(ab initio)就存在于自然世界中,而且取决于其对特定社会环境秩序所起的作用。它绝不以任何超越现实世界之外意义上的已完成的创造行为为范型。儒家更关注社会的**创造性与意义**(meaning)**的创造,而非存在物**(being)**的创造**。

二 反成性概念

西方文化传统中超验概念的无所不在使我们的概念库充塞了众多分离性对立性概念——上帝/世界、存在/非存在、主/客、心/身、实在/现象、善/恶、知识/无知,不一而足。这些概念都完全不适用于分析古典中国哲学,且无疑严重污染了我们借助来说明该哲学的那些语言。[4] 儒家宇宙构成之初各要素——天、地、人——之间相互的内在性排除了对超验语言的使用,因而也戒绝了任何有害的二元对比。一个内在性宇宙其认识论上的等效意义是反成性(polarity)概念。该反成性表明有重大关联的概念实际上是均衡关联着的,彼此都要求充分的接合。当然,这样来认识中国思想并不新鲜,"阴阳"概念就是如此说明的:"阴"不凌驾于"阳"之上,反之亦然。"阴"总是"生成阳","阳"也总是"生成阴";黑夜总是"生成白天","白天"也总是"生成黑夜"。但话虽这样说,大多数中国文化的诠释者却常仅到此为止,不能准确阐明奠定古典中国相互内在性和均衡关联观念基础的思想特质。

该思想的理论论述,简单来说是这样的:儒家宇宙是一个与其构成成分彼此相互建构而成的语境。但必须重要澄清一点:即一个有机体通常被认为是为了特定意图或目的而彼此关联协同的各部分构成的整体。

在西方,亚里士多德的自然主义最有代表性地体现了目标或目的,在某种重要的意义上描述最高目标或者超越自然世界的种种目标。"不动的原动者"是一个绝对目的。而适用于儒家宇宙观的"有机体"与之的重要区别在于,没有任何成分在最严格的意义上是凌驾于其他部分的。世界的每一构成都彼此关联;所有成分都是"相关之物"。

如果说甚至连亚里士多德的自然主义宇宙观都真正缺乏相关性的话,那么受到"虚无中生成"之类宇宙观影响的哲学体系对此的同样匮乏则就更毋庸置疑了。西方从希伯来和希腊传统汇聚以来,"虚无中生成"的诸教义大大强化了超验语言以及表征这种语言的二元论范畴的形成。

二元论之所以生成于这种哲学语言中,是因为在这些哲学中,一个根本不可知的无条件的力量被置于世界意义和秩序之上。这种二元论涉及超验、独立的创造主(或源头)与它所创造的有限客体二者的根本分离。创造源不需要借助其创造物说明。这种二元论有各种各样的形式,在西方宇宙论的形成过程中一直是压倒一切的力量,而且一直如同一个名副其实的"潘多拉盒子",西方形而上学思想精心构造的种种二元论模式均由此释放而成。

相反,"反成性"则一直以来都是古典中国形而上学最初形成和演化的主要诠释原则。我们希望通过"反成性"概念表明两种现象之间的关系。在这种关系中,每一方的实现都需要以另一方为必要条件。每一存在物都是"自在"的(so of itself),其意义和秩序也并不源自任何超验之源。"自在"意义上的"自我"与"他者"之间有一种反成性关系。每一个体都是其他个体的结果。强调每一个体既自我限定又被其他个体所限定,这并不矛盾,因为每一现存的个体也是在由每个他者建构着的。反成性最突出的特征是,每一极只有参照他极才能获得说明。"左"需要"右","上"需要"下","己"需要"人"。

关系的二元论鼓励某种实在论诠释,其中,世界的构成是由非连续性和独立性描述的。相反,关系的反成性理论则要求世界的语境化认识,其中现象确然是彼此依赖的。

上文提到的二元论范畴不仅不适合于反成性形而上学观,而且,它们还有可能是误读的根源。反成性需要运用关联性术语来解释存在充满活力的循环和过程:散/结、分/合、洒/聚、盈/亏……再者,由于每一存在物都依赖共同的连续统一体,它们是程度的不同而非类别的差异:清/浊、正/偏、厚/薄、刚/柔、温/暴。

古代中国思想的反成性特质拒绝在"虚无中产生"的意义上解释创造性。历史学家鲁惟一(Michael Loewe)更是断言古典中国语境中"无论是神话和哲学都不会有'虚无中产生'的观念"[5]。《庄子》可以作为该传统的一个例证,该书明确质疑某种绝对始基的原理:

> 有始也者,有未始有始也者,有未始有夫未始有始也者。有有也者,有无也者,有未始有无也者,有未始有夫未始有无也者。俄而有无矣,而未知有无之果孰有孰无也。[6]

中国思想家在提出和应答种种哲学问题上所反映出的这种二元论/反成性区分,隐含的意义很多也很重要。例如,鲁惟一认为,该文化"没有源自遵从单一源起需要而发展的线性时间观"[7]。存在过程根本上是循环性的。该过程没有最初的源起也没有最后的终结,只有循环的韵律、秩序和节奏。[8]

另外,古典传统中当然有那种目的性的、拟人化的神的创造者观念——比如,道家的"造物者"。然而,对反成性的信念则阻止了那种创造者和创造物的决然区分。[9]

如果说中国文化传统是由反成性概念奠定的,那么,一个合乎情理的期望就是该事实应会体现在古典中国思想的主要领域——社会政治哲学中。史华慈以及其他一些学者已发现情况确实如此。史华慈确立了几组植根于古典儒家传统且在该传统中广泛渗透的"不可分的互补"反成性：修身/治国、内/外、知/行。[10]

该二元论/反成性区分一个最具深远意义的认识存在于切实的身心关系中。一直以来,困扰西方文化传统的灵魂(psyche)与肉体(soma)之间的二元对立已引发了种种最为棘手的问题。古典中国反成性形而上学传统中心灵和肉体彼此关联的关系有助于解决身/心对立问题。这并不是说,中国思想家能够调和这种对立,更确切地说,它从来都没有成为中国思想的一个问题。因为身心没有被认为是本质不同的两种存在形式,也没有必要产生描述它们的不同类别的术语。正因此,我们常常认为与物质的性质相关的限定词在汉语中有双重作用,它们既描述物质也表达精神。例如,"厚"既可以表示自然的"thick",也可以是品格的"宽厚"(generous),"薄",可以指物体的"thin",也可以是心灵的"浅薄"(frivolous)。还有"圆"和"方"也都既可描述物体,也能传达精神特质。事实上,该文化传统中所谓"善人""圣人"习惯上也是由其程度大小突出的：如"大""渊"等等。西方语言中此类(或许迄今为止仍鲜为人知)类比有可能会使我们想起某种前二元对立时代关于"人"的认识。至少,它们反映了我们传统中理论与隐喻、理性和修辞之间值得注意的矛盾。

三 传统:作为诠释语境

有关孔子思想的最后一个假定涉及其诠释语境的传统的特征。和前两个假定一样,根据某种概念对比来描述儒家思想是有效的方法。[11]

当然,历史可能会以各种不同的方式被我们理解和感知,但对"主体"(agency)这一概念的中心性则有某种相当宽泛的一致性。无论历史是直接用主导的经济或军事类因果要素来解释,还是被诠释为观念的历史,"主体"的概念确实都是至关重要的,就像经济变量的调配一样,观念总会有所结果,即便方式不同,也必然程度相当。但即便这样,唯心主义或唯物主义历史观推动人类行动的观念似乎也都达不到像意志论或英雄主义观念那样的程度。但却无疑正是唯物主义和唯心主义思想建构了自以为伟大的个体。如果说不是历史人物本人,那么,必然是作为文本作者的历史学家和哲学家们成为决定历史事件意义的有效行动者。我们只要回想一下根据"伟大"科学家书写科学史(其大部分是以某种唯物主义范型为基础)的方式就明白了。

知识史的情形当然也没什么不同。它们几乎毫无例外都是根据伟大的思想来说明的。思想有其发现者、创造者、拥护者和卫道士。这些人名传诸史册,他们的经历被讲述着。

这些都是事实,甚至理所当然地成为我们自我认知的一部分。然而,究竟还有没有其他选择?与将杰出人物的历史作为文化经验的决定性语境形成最鲜明对比的就是突出"传统"的认识。"历史"和"传统"当然有部分重叠的意义,但通常会有其中一个观念对于特定社会语境来说是更为根本的。"历史"是由名人和事件"制造的"。"传统"则拥有某种抗拒或者至少不苟同于"始创者"或"造物者"等观念的弹性力量。历史是理性的,而且在因果关系可由某一或一系列特定事件说明的情况下是可以理性化的。"传统"则相反:捍卫某一传统、礼仪或习俗的合理性或许是不可能的,但传统整体综合的合理性却常可由诸如社会的团结、稳定而获得很好的维护。

与"历史"和"传统"相关的合理性的差异,表明了二者之间许多实际关系的性质。传统文化在这样一种意义上是礼仪主义的,即关涉公共和私人事务的礼仪形式很大程度上是用来维护传统和文化的延续,以便尽可能不采取有意干涉。而那些较少借助传统而更多由历史意图决定的社会必然很大程度诉诸实际的法规条令。

当然,历史文化和传统文化这一明显且更引人注目的区别是与这一事实相关的,即前者倾向于在服从或抗拒原理、法规的意义上强调道德,而后者则强调礼仪活动的审美性。对历史文化来说,法规在外在有序原则的意义上是规范性的,而传统文化中,法规如同礼仪形式,在礼仪行为建构存在或行动者的意义上,它是建构性和内在性的。而且,如果礼仪行为必要和决定性的条件被个人化了,那么,礼仪与个人之间的关系较诸原理和个体之间的关系更为亲密。

符合传统的礼仪行为与出于理性或审慎的遵从法规的行为是极易区分的。礼仪行为作为一种建构性行为,为个体及其表达提供形式。而凌驾于个体之上的法规,由于被用做衡量和评估的指导标准,则为行为提供行动方针,它们受到遵从,因此,个体可能(确实必须)感到"外在于"法规,而且会或多或少与之相疏离。

西方社会中个体感受到其个体性的力量是种种规范外在性的一个功能。不存在于社会规范之外,不与之有紧张关系,就不会有自我中心的存在。而审美、礼仪化生活是与周围环境融为一体的生活方式,它能深化个体性,但在西方社会几乎不起作用。我们很容易通过中西文化中个体性意义的对照认识这一点。

西方个人主义与儒家的"人"的区分存在于这样一个事实中,即个性在西方社会中是作为创造性和独创力的标志而受到珍视的;在中国,个性发展的目标则是通过实现个体之间共享的整体情感获得彼此信赖,这样一种社会精神会拒斥那些无法通过风俗和传统的内在性标准表达的特殊情感和行为。那些敢于疏离或挑战传统和过去思想观念的个体行为往往被儒家视为离经叛道的自私自利的可耻行为。

传统,作为有效实践的根本标准,其主导地位会束缚那些有可能打断历史连续性,建立新思想、新制度的个体。历史因抗拒、特殊创造和发明而充满生机。而传统社会高度颂扬体现和阐明过去思想、行为的传承性。中国和欧洲思想发展史很好地表明了这一区分。在中国哲学中,伟大思想家的标志是能够运用过去原创思想家的智慧且使之与自己的时代相关联。而西方哲学的历史或许可以被解读为由(仅限定为现代以来)笛卡儿、休谟、康德、黑格尔、马克思、尼采等思想家促发的一系列观念革命。

"传统"主导的社会,如同它治理的民众,不倾向于发动激烈的文化变革。当然,这并不是说拒斥变革。相反,中国传统中的许多创新都隐藏在对圣人孔子权威的征引中。事实上,那些与孔子有重大分歧的学说一直以来都因其促进传统价值承传的倾向而被归于孔子。例如,尽管孔子在《论语》中似乎一再避开对形而上学问题表达明确的态度,《中庸》中他的孙子子思却将一套形而上学"归结于"他的思想。而荀子有意打着孔子的旗号,实际上却典型地表现了对孔子之学的根本转换。西汉大儒董仲舒更可以被评为汉代调和论者的代表,而非孔子甚或先秦儒学的代表,如此种种"借用"孔子不一而足。

孔子之学与后来诠解的这种关系可以从两条路向来理解。一方面,孔子一直被用来掩护无数创造性个体的新思想;另一方面,他或许实际上就是一个"集体人",在文化价值传承从未间断的过程中,由于后来思想家的参与而不断需要从新的路向来看待。如此观之,"孔子"就是一个社群、一个社会、一个生动的传统。稍后,我们将会详细探讨孔子—传统这一概念的一些推论。[12]

在这一关联中,很重要的一点是,中国重要的历史变革一直以来有多大程度需要外来力量。中国尤其是发生在19世纪晚期和20世纪初期的所谓"西化"正是这种表面上的历史被动性的一个绝好的范例。然而,正是这种历史被动性掩盖了中国社会的更新和非连续性。中国五四运动最重要的理论家之一梁漱滇谈到,西方是"进取意志"(向前面要求)(aggressive will),而中国则相对是"调和意志"(自己调和持中)(accommodating will),他间接提到许多传统社会都有这一特征。[13]这种"调和"是一种长时间进行的吸收过程。它同样也是一种转化过程,其中,新成分在一开始会被给予一种传统的诠释。该书一个观点就是强调,应避免从某种严格历史角度而非传统角度诠释孔子思想。否则,孔子就会成为一个原创者,一个"大人",而非他自己所谓的"述者"。而另一方面,我们还应对儒家"创造性"的意义保有敏感性,这样才不会真的把孔子这位传统的"述者"误解为一个纯粹的"transmitter",即一个因袭某种老手艺的匠人,而把握不到他作为一个真正具有创造性的"圣人"的本来面目。

注　释

[1]　译者注:"transcendence"这个词中文通常译为"超越",也有"超验"的译法,此处翻译选择后者,意在突出与"内在性"的对比。

[2]　例如,可参阅郝大维对古典中国思想与益格鲁-欧洲过程哲学关系的探讨(《莫测的永生》,第169—228页)。

[3]　可参阅下面第三章开头部分我们有关"逻辑秩序"与"审美秩序"的详细探讨。

[4]　确实也应该质疑西方思想中二元论范畴的适当性。参阅郝大维:《莫测的永生》第三章《上帝创造了什么》中对概念的二元论造成的文化后果的思考。

[5]　鲁惟一:《中国人的生死观》,第63页。

[6]　《庄子·齐物论》。

[7]　鲁惟一:《中国人的生死观》,第63—64页。

〔8〕 与该观点相关的一个观念也同样值得注意,即,汉语中"生"(birth)与"成长"(growth)(或"生命"[life])并不是清晰划分的,它们都可以由"生"字来表示。由于中国古代文化的"实在"是根据循环过程被感知的,因此由《易经》、道家的阴阳、五行等观念精心构织的宇宙论传统补偿了宇宙进化论的缺失。

〔9〕 鲁惟一:《中国人的生死观》,第 68 页。

〔10〕 史华慈:《儒家思想的反成性》,第 50—62 页。

〔11〕 需再次强调的是,我们借以分析的诸如"超验/内在""反成性/二元对立"以及该部分"传统/历史"这些对照概念,都不是存在于儒家文化自身内部的对比。相反,这些对比更适于表达盎格鲁-欧洲知识传统以及(如我们所表明的那样)由该语境维持的那种二元关联。内在性、反成性概念,还有我们这里所定义的"传统",这些都是我们迄今所能发现的从比较哲学视野来说明儒家世界观最恰当的概念。然而,这些概念的价值主要是实用的意义上的——即这些悖常假定是我们用以理解孔子思想的途径。

〔12〕 参阅狄百瑞:《中国文明之源》(卷二),第 188—191 页。"儒"这一术语的经典翻译是"Confucian",它作为儒家思想的象征符号,甚至与"柔"(weakness, servility)也有着语源学上的关联。

〔13〕 参阅本书第二章第 118—125 页(本书旁码)和第五章。

第一章　十有五而志于学

一　思想的条件

威廉·詹姆士这样描述哲学:"以异乎寻常的努力追求思考的清晰性。"该诠释的优点在于,使哲学完全摆脱了束缚于特定历史和传统的理论禁锢。对于詹姆士来说,哲学是一种通过"思"的过程追求清晰性的努力,但却从不会完美实现。

不仅哲学致力于明晰思考,科学也是如此。但极具悖论的是,科学与哲学的区别恰在于它不像哲学之思那样迫切寻求实现思想的清晰性。对于科学家来说,清晰是语境性的,它常常意味着"目前足够清晰"或者"就这些特定假说来说足够清晰"。在我们的文化中,哲学家比科学家更倾向于思考事物的根本。哲学家迫使科学家(最终也是使他自己的哲学)的思想接受理性之思的验证。

这只不过是说,哲学在建构各种理论形态上一直都比科学拥有更强的自我意识。对于哲学家来说,明晰之思差不多总是通向对思本身的反思。

显而易见，除了运用严格的哲学或科学方法，我们仍有别的途径达到明晰性。诗人用比喻或神秘幽眇的冥思达至他们自己所在意的那种清晰。事实上，我们的艺术和宗教有别于科学和哲学之处，就在于运用了截然不同的方式去寻找文明世界的人类所梦寐以求的难以捉摸的清晰性。

在盎格鲁-欧洲哲学传统（尤其现代以来）中，艺术大师和宗教家一直以来在严格的意义上都不被视为思想家。对作为思想之源的艺术和宗教文化趣味的这种沉默否认，决定了我们当代文化自我认识的后果——如果我们要对"思"的意义再形成的可能性持开放心态的话，那么，就必须审视这种自我认识。

盎格鲁-欧洲文化哲学思想史取决于其辩证品格。西方思想的主要意义可通过"辩证"这一术语来说明。"辩证"(dialectic)有对话(dialogue)的性质。对话(dia-logos)就是"通过谈话"(talking through)或"通过思想"(thinking through)，它的最佳形式就是苏格拉底在柏拉图对话录中体现的那种反思性参与。这种"思"被设定为是"未决的"，因而有待不断澄清。通过讨论哲人的辩论，近现代以来将辩证思维与"正—反"辩证法相关联，获得对哲学史（甚至更宽泛意义上的历史）的理解。哲学家们更经常地使前辈思想家处于接受辩证审查的地位，以求取而代之和促进某种思想新理论构架的形成。从历史上来看，西方之"思"也就是思想的"弃"与"塑"、批判和重构的辩证过程。"思"的辩证特征体现于当下思想不断替代过去思想。

"思"与可量化的知识积累的历史进程的关系，可以通过反思我们传统中"思想"(thinking)与"理性"(reasoning)的区分来理解。"思想"作为一种追求清晰性的行为,其相对的开放性与理性活动是截然不同的,后者追求的是理想价值或目的以及促进认可和理解它们的手段。

由种种理论体系、学派、运动等表述的盎格鲁-欧洲哲学史在更为宽泛的意义上更是理性史和逻辑史,而非思想史。而且,由于现代哲学思想的标志就是价值与实现它们的种种不同方法的严重分离,这造成了与目的相关的理性和与手段相关的理性的区分。这种区别植根于长久以来受到我们知识传统推崇的基本二分法。存在/生成、实在/现象、思想/行动、身/心等的二分都在上帝/世界的古典二分法中获得了有力支持,上帝/世界的划分体现了对绝对超越现实世界的神圣(Divine)事物的信仰,该神圣之物创造这个世界因而使世界完全取决于他,或在其之上施加某种有目的和(或)有效力的影响。这种超验性要求,理性如果试图理解最真实之物,那它自身就必须超越这给定(或被创造)的世界。因此,作为理性存在的思想家就要超越他的世界构成。柏拉图永恒形式(Eternal Forms)的王国,亚里士多德的自我反思行为,莱布尼茨充足理性原则都使思想脱离了具体环境的濡染。

由于理性自身并不源自实践,因此,它能够发明脱离实践的种种原理。因此,发现合适的目的并不会自动获得落实或实现。柏拉图有句至理名言,"认识真理就是去实现真理",可一直以来在我们的传统中都未曾受到推崇。目的和手段、原理和方法的分离意味着我们更经常地被迫站到使徒保罗的一边而背离了柏拉图:"该行的善未行,不该作的恶却作了。"

然而,我们传统的一个不寻常之处就在于其思想等同于理性。我们的科学推理和实践证明,尽管有充分理由认为原理和实践的分离导致道德和宗教的种种问题,但恰恰如果没有这种分离就不会有任何科学活动。科学家的假说建构了与当下已知事实相反的条件,而证明这些假说的实验手段(足以惊呆天真的经验论者)常仅是与这些假想有着间接关联。而对科学家或科学哲学家来说,假说的证实总体上来说也并不表明原理与它们要处理的经验之流的一致和相符。典型的科学假说是原子论唯物主义假说。原子论从留基伯(Leucippus)和德谟克利特(Democritus)到尼尔斯·波尔(Nils Bohr)都是为了按照不可经验的"理性"模式来解释可经验的世界发展而来的。这种建构模式根本上是特定的。例如,德谟克利特的问题并不是朴素的"什么事物存在?"这样的问题,而毋宁说是令人厌腻的——"如果我们成功地防范经验受到巴门尼德(Parnenides)和芝诺(Zeno)逻辑的影响,世界会是什么样的?"

芝诺"不可动摇"的逻辑使广泛接受的"理性"和"经验"二分法表征的思想出现了危机。盎格鲁-欧洲哲学传统的许多辉煌和苦难一直以来都是大胆尝试解决这种二分法的愿望的结果,不管是成功还是失败。柏拉图通过分别提供理性和经验不同的运作领域——存在与生成各自的领域来解决这一危机。生成被认为只不过是存在一个苍白的影子。亚里士多德将人类理性建基于经验却保留了理论(*theoria*)与实践(*praxis*)的分离,这种分离只有在某种反思性的"对思想的思"的层面上才可克服,实践的最高形式仅是"神"的惠赐。在这解决理性和经验分离问题的所有典型中,理性活动的每一形式根本上都是由超越于经验世界之外的事物授权的。

5世纪到14世纪的神学运动,从奥古斯丁(Augustine)、司各脱(Scotus)到奥卡姆(Ockham),他们都根据该问题产生的一个大背景来形成自己的学说,也就是现在所表达的超验的上帝与他创造的世界的关系。天启论支持人类经验,"道成肉身"说则试图为截然对立的两大秩序架构桥梁。但中世纪后期,在唯名论和唯理论纷争中结束的激烈论战没有达致对该问题的成功解决,却活跃了当时的哲学思想。

笛卡儿对知识理性模式和经验模式论争进行了最大胆的尝试。他试图单独借助理性来组织和完成他的哲学体系。理性的目的就是发现真理。笛卡儿《沉思录》(*Meditations*)中我们耳熟能详的对知识的探讨表明,真理和谬误都是判断力的品格。判断力涉及某种有别于认知活动的意志活动。由于我们不能拥有如无所不知的存在(上帝)那样的认知能力,因此,错误的判断极有可能出现在我们思想观念的根源。只有在我们的判断力对思想获得最清晰、最准确把握的情况下,我们才可宣称真理或谬误,才可确告一种合理的精确性。

笛卡儿哲学分析的基础是:认知的根源、知识的无限根基是超越有限认知者的。因此,知识不能够直接获得,而必须以判断力为中介,判断力会将思想、理念引入相对蒙昧的有限世界。知识与意志(判断力原理所立基)的区分正是理论和实践分离的反映。实践世界迫切需要我们做出决断,而不能无限克制判断力。只有在我们的认知行为与知识在实践中的应用有效区分的情况下,为澄清我们力争把握的思想观念和尽可能清晰传达而克制判断力的行为才是可能的。思考本身必须不涉及判断或行动,因为,一旦如此,就无法冷静客观地进行澄明和区分的沉思过程了。

笛卡儿的哲学和数学思想在数学科学和技术的发展中有决定性的影响。当然,笛卡儿的当代批判者,会认为他也永远造成了精神和肉体的有害分离,使得理性和经验无法内在关联。或许一个对笛卡儿更尖锐的批评就是,他对自我存在的论证比起对上帝和永恒世界的论证有着更雄辩和强烈的感染力,以致怀疑论(skepticism)和唯我论(solipsism)都无法避免应和他的思想。

休谟对笛卡儿哲学的这一内核了如指掌,却不愿随波逐流。他借助人"动物本性"冲动和"崇拜"冲动的结晶——"习俗",来避免绝对的怀疑论。休谟的哲学跟皮浪(Pyrrho)之怀疑论并不相干,同时也宣布了后者的无效。即便形而上学思想只能导向极端怀疑,那也并不意味怀疑论者注定成为一个形而上学思想家。理性根本上是情感的一个功能,"信仰"乃是最强烈的冲动。极端的怀疑是思想不妥协的结果,它无法经受基于习俗和实践的信仰的力量。

康德认识到休谟批判科学思想之理性基础的结果将是毁灭性的。他赋予认知者运用感觉形式和知性范畴来建构经验的力量,从而发展了一种捍卫科学自主权的方法。当然,这是通过将"实在"、物自体排除于潜在可知事物之外而实现的。康德的方案因涉及伦理学和美学所有终极目的,而进一步分化了价值和客观事实的区分。要确保科学理性的合法性,就必须将知性纳入建构科学研究主要对象的活动中。

尽管康德理性/经验的二分法也受到一些重要批判,但直到19世纪末它都是反思思想本质和特性的主要推动力。之后,自巴门尼德和芝诺起产生的思想危机开始从科学和数学本身寻找答案。科学中约定论(conventionalism)的出现,非欧几何学的发展以及物理学相对论的发现,使科学的概念发生了革命,思想也不再如此轻率地与理性和逻辑推理等较为狭窄的概念相联系,探求思想的意义成为必要。

在科学哲学内部,这一危机的爆发与实证主义的失败休戚相关。维特根斯坦(Wittgenstein)的《逻辑哲学论》(*Tractatus Logico-Philosophicus*)[1]试图设定某种语言的指涉理论以建构"名"(names)与"实"(facts)的明确关系。如果他成功了,那么实证主义将我们对外部世界的认知建立在实体语言描述上的目的就有可能实现。但维特根斯坦后来放弃了这一早期工作,他后来《哲学研究》(*Philosophical Investigations*)[2]中的思想成为决定语言哲学方向的一个重要因素,而且,直到晚近仍主导着当代欧美哲学。

语言哲学家一般较少思考语言的指涉品格,他们更感兴趣的是其实践和建构层面。维特根斯坦后期哲学根据语言在各语言学派与各种不同语言规则相协调的运作过程中,深入探究了语言诠释的因果关系。奥斯丁(J. L. Austin)发展了维特根斯坦后期思想的实用主义倾向,其极致是发明了有关语言"述行"(performative)性的一个相当复杂的理论,该理论将语言的功能判定为一系列诸如承诺、判断、起誓等活动。[3]几位美国哲学家——蒯因(W. V. O. Quine)、古德曼(Nelson Goodman)、塞拉斯(Wilfred Sellars)则探讨了语言的"构成"(constitutive)功能,即语言为其交流者建构一个世界的能力。[4]

语言哲学的每一形式都拒斥理论/实践二分法的理论建构。语言不再是指示性的——为思想家提供描述先在"客观"世界本质和结构的"名""属",它成为一种仪式,一种作为实践、行动或创造的庆典。

理论向实践的总体转向,语言学运动所宣称的作为理论活动的哲学走向终结,也是卡尔·马克思的主要思想。马克思一篇广为征引的论文即宣称哲学的真正目标是改变世界,而非解释世界。该主张既是对哲学家超越当下实践,以极为意识形态的方式描述世界本质的普遍绝望,亦纲领性地预期了这种作为无产阶级革命结果的"超越"将会终结压迫的历史,与此同时,终结唯心主义的思维方式。在宣称哲学终结而寻求再构"思"之意义的学院派哲学家中,海德格尔或许是最有名的。他可以作为盎格鲁-欧洲哲学家重组思想意义之成功与缺憾的一个典型,因为,他比任何当代哲学家都敏感地意识到打开一种新语言的迫切需要,以建构某种概念群,借以描述更为宽泛的哲学问题,或更明确地说思想本身的意义。

海德格尔让我们注意到维护理性本体形式和技术形式区分的后果。他认为该区分肯定了以技术、方法为导向的思想家的胜利。本体论理性(ontological reason)要求由实践到理性的运动。但是正如西方哲学史近来更多的迹象所表明的,当思想过程的理性本体论被证明无法令人满意时,惟一可行的就是转化优先权,将思想解释为一种实践或活动。技术理性仅表达的是这种转换的极端形式。当然,困难在于,没有实践的理论理性常流于空洞和抽象,而没有理论说明的实践则会造成涣散和盲目,因此,强调理论和实践的平等绝非易事。

海德格尔所探论的思想意义的问题,充分涵盖了当前与哲学事业的性质和命运休戚相关的大多数焦点问题。对于海德格尔来说,哲学的终结意味着它的"完成"。这一完成是从形而上学——对存在物的存在(the Being of beings)的研究——向专门科学转变:

> 哲学发展成独立科学(尽管它们之间的独立交流从未如此显著)是哲学的合法终结……科学的兴趣正导向协同研究领域必要的结构概念理论。"理论"目前意味着范畴的假定,只具有某种控制论功能,而拒斥任何本体论意义。具可操作性和范型性特征的再现—计算思想(representational-calculative thinking)处于主导地位。[5]

哲学的终结涉及从存在物的存在(形而上学)的研究转向"协同研究领域必要的结构概念"(科学)的思想,转向抗拒这些概念(技术的操作性、计算性思维)的本体论意义。

与形而上学和科学相关的"思"可根据这种再现的、感知的、推理的、计算的观念来描述。然而,这个时代可建构哲学思想之"思"的却无法是这其中任何一种。因为,形而上学之

"思"必须绝对限定在专门科学之内。既然披着传统的外衣并已接管了思想行为,这些科学就无须求助于任何哲学思维范式了。

在这种情况下为哲学之思寻找使命就会产生这样的问题:"既非形而上学又非科学的思想是否可能?"海德格尔对这个问题的回答是有保留的"是"。海德格尔后期所做的工作就是寻找新的方向以发展某种修正的"思"。海德格尔后期思想中美学和神秘主义的调子表明,他决然与现有哲学分道,甚至不惜听任哲学消亡。虽然,他并非心中没有矛盾。

理查德·罗蒂接受海德格尔的观点,也赞同他所谓作为基本思想的哲学的终结。从而,必须抛弃那种将哲学作为文化共识和裁定知识的手段的观点。哲学在任何严格的意义都不等同于认知:

> 如果我们仅将"认知"(cognition)观念赋予预言性科学,而不再考虑"替代性认知方法",那么将有利于哲学的清晰性。康德传统认为,成为一个哲学家就是拥有一个"知识论";柏拉图传统认为,不建立在真命题知识基础上的行动是"非理性的"——如果没有这些传统对"知识"的认识,那么似乎就不值得为之唇枪舌剑了。[6]

罗蒂扩展了海德格尔开启的洞识的内涵。在他看来,那些可替代形而上学哲学思想或某些假定的"替代性认知方法"(alternative cognitive method)(替代为"科学"思维)可被描述为"启迪"(edification)。启迪涉及对"另外更富成效的言说方式"[7]的发现。

罗蒂强调"另外言说方式"的发现似乎要使哲学家作为不同于行动者或创造者的思想家的形象永存。但显然,罗蒂认为"启迪"是一种帮助我们新生的方法,尽管我们完全不清楚这种思想如何拥有转化的力量。正如罗蒂所宣称的那样,不要非得论证这种源自海德格尔和伽达默尔(Georg Gadamer)的思想的诠释学概念在任何意义上都摒弃了事实/价值的区分。启迪型思想家"反常的"(abnormal)言论"总是寄生在正常论说上……启迪总是运用当时文化的材料"[8]。此论突出了罗蒂思想中最饶有趣味的成分,我们将有机会在本书最后一章深入探讨当代西方思想家有关"思"的观念时回到这个话题。

存在主义、现象学、马克思主义、实用主义和语言哲学都试图通过为思想活动提供具体实践基础的方式,发展能够克服本体论理性的人类经验和交流的理论。这些努力一直以来都并不圆满(即便是根据他们自己的标准)很大程度在于这样一个事实,即理论和实践的辩证张力已经决定了这两种对立的模式无法化合。该原因对任何熟悉西方哲学史的人来说都是显而易见的:我们传统中如此长的以理论和实践的二分为先决条件,以至于那些构成我们理论观念的哲学范畴本身都是参照这二分法建构起来的。"观念"(idea)、"行为"(action)、"意向"(intention)等概念都倾向于单边的表达,恰如它们都或此或彼地植根于人类交流两种截然不同的形态的其中之一那样。

我们对盎格鲁-欧洲传统思想问题的简单回顾,意在指出一个确然成为西方知识传统的核心问题。如果思想意义值得怀疑,那么,作为思想最终形式的哲学的意义必定也要受到质疑。再者,如果说晚近的哲学著作具有预示性,那么,我们应当怀疑我们自身文化传统中是否具有足够可资利用的资源,以帮助我们摆脱思想认知的迫切困境。我们已首先从历史的角度描述了在西方哲学发展过程中,"思"意味着什么,以及该定义反过来又如何决定了哲学家的"思"。事实是,在我们的传统中,"思想"这一概念已经逐渐被狭隘地解读为认知性术语(cognitive terms),这导致了两个非常严重的后果:首先,它已经被分化和具体化为理论和实践的割裂与分离,以致很难用任何公认的与本体论立场有关的概念来解读实践或行为,而这种本体论立场或隐或显被预设成为认知的前提。其次,用感觉、评价、分享、同情等表达的经验世界诸形式一直以来都未曾作为思想本身活动的各层面给予足够的尊重。

当代哲学不管是存在主义、诠释学、实用主义、分析哲学还是马克思主义或者任何争担文化道义的"主义"——都以令人惊异的一致性提出了我们现有哲学思想意义不充分的问题。对事实/价值、理论/实践二分法的大规模讨伐成为当代绝大多数哲学家哲学思想的主要特征。但这所有的重构企图面临的障碍就是——他们受着他们试图克服的传统的浸染。从事建构的思想家们力图修正"思"的意义,他们需要规避长期伴随他们奋斗历程的文化偏见,这实在难乎其难。那么,我们应立身何处以挑战我们自身知识背景的一个基本观念呢?

对这个问题最显然的回答就是站到另外的背景、另一种文化视野中。当然,设想通过进入另一文化反过来考证自身文化是困难的,但我们必须这样做。这样做的理由出于实用主义的考虑:如果我们确实通过借助孔子思想为我们的本土文化提供了一种有意义的视角,我们的工作就已是有价值的了。我们已做了我们意在为之的事情,也就是说,我们将要展现的远非仅是对孔子思想的介绍,或印象式地评估他的思想与我们时代的相关性;做我们意在为之之事,要求我们呈现某种对孔子思想一致的分析和对它的建构,以便这一对孔子之思的反思,能够促使考察思想本身的意义。

我们面临的(如同哲学家永远面临的)也是鸡生蛋、蛋生鸡的问题:除非我们对思想过程本身有所理解,否则我们不可能理解孔子思想。但这恰恰正是一个我们希望借助对孔子的理解再概念化的概念。这甚至对最切实的探求来说也是个反讽:它以其尝试理解之物为前提。事实就是如此。我们所能做的是从一开始就尽可能提供清晰、有效的对哲学思想问题的描述,然后在写作结束时看对这一问题的解决是否提供了某种有意义的进展。

现在就开始进入孔子思想。孔子这位最著名的中国传统思想家的思想很有可能会成为西方哲学家开展思想活动的一个选择。因为,从很多方面来说,他的思想与我们太过熟悉的空幻的思想都大相径庭。他会将我们的注意力转向解决这些旷日持久的问题具有挑战性的方法——这些问题经过新视角的透视,其本身也照样会有所转化。通过对孔子的分析重塑思的意义,以及由这种反思带来的对哲学家性质和责任的重构,可视为对我们西方哲学文化传统的一种正当其时的贡献。

但我们更深切地希望我们的研究,无论对孔子思想知之甚少的西方哲学家,还是对儒家主流思想的当代继承人都有价值和启迪。我们解析的孔子很有可能是一个相当有争议的人物,可能会遭到来自传统儒家学者的严厉批判。然而,在这一点上,我们也不用过分担心,毕竟还有愿意通过我们对孔子的诠释而思考孔子的学者。

我们对孔子思想的诠释将会是一个涉及某种彼此加强的语言学和哲学分析的概念重组的动态过程:分析其思想赖以表达的语言,再通过诠释该分析的哲学内涵阐明其思想动向。

奥斯丁曾经说:"一个词从不——噢,几乎从不——脱离它的词源和构成。词的意义尽管会有改变、延展和增加,但的确相当普遍和具支配作用的还是那延续的古老概念。"[9]在孔子被我们"思"或"哲学化"的过程中,由于用来诠释其思想的最通用的英语对等词带有浓厚的西方传统的内涵,从而造成了多方面的误导。中国哲学的西方诠释者最成问题的方法论陷阱无疑就是:为每一个主要概念择定一个英语对等词,然后通过这个对等词而非源术语来寻求解释。为此,就有必要从语言学和语义学分析着手,深挖"古老的概念",对属于这些概念的意义及其汉语语境中的意义拥有清醒意识。这样,我们就会为孔子哲学找到一系列新的、更具哲学敏感性的英语译法,同时又能使其源概念获得尽可能清晰的表达。

这种做法使我们引入了只有卜弼德(Peter Boodberg)才当之无愧可为之命名的"语言语义学"(philological semasiology)[10]。

这种分析方法通过审理和考察特定语言的语源、出现频率、意义范围及其关联的方式力求精确描述。

我们的方法论将试图从以下的历史语境出发。过去的150多年来，中国宝贵的文化遗产获得了有良好哲学修养和高度语言技能的译者们的礼遇，他们中相当大一部分人事实上是本土中国人。许多学科都倾力投入该事业，比如语言学、历史学、经济学等。但大多数哲学家却并未把中国文化传统作为"哲学"来接受。其结果自然是，读者在尝试运用和理解源文化的翻译和研究资料时，面临的主要困难更多不是句法上的，而是核心哲学概念的语义内容。翻译面临的一个显而易见的问题，即当一个概念被赋予一个英语对译词时，该概念不可避免会丧失某种程度的深度：词的隐喻效果和字形含义等等，与此同时，自然还会因翻译它的西方术语受西方文化传统的束缚而产生的不适当的关联。而且，如果不是由专业哲学人士进行翻译和诠释的话，情况还会更糟。

另外，认为中国哲学有某种特定的独特性，这一观念加重了这早已问题重重的状况。古汉语的一个特点，即观点彼此相左的学派常常会用同一术语来说明内涵有重大不同的概念。这就有必要不能仅局限于对词典的参照，而应该形成对词语的微妙把握。我们用来进行概念重构的方法当然涉及运用古代汉语词典和注释，但我们也利用词语注解、索引等，同时也尽量运用同时期文本以及后来词汇注解的帮助。我们的观点是，既根据语境意义又根据词源意义来确定特定术语的方式，能够很好地识别概念重叠和差异的必要区分。显然，同时从形态学和词源学意义上分析一个词即可确证此点。让我们来面对某种可能的方法论批判吧。例如,某些汉学家确实会问我们,如何使用董仲舒《春秋繁露》中一个已定义的概念来说明它在《论语》中的用法?简单地说,如果以董仲舒(约公元前179—公元前104)的儒学作为理解古典儒家的话语资源,不加批判地接受他对这些概念的定义,这同样是一种不负责任的行为。那么,关键就在于,如何竭力发现董仲舒表达和诠释的儒家语汇与《论语》有哪些一致,又有哪些是背离的。与该问题相对应的是一个同样值得重视的问题,即,应把对孔子思想的"过程性"解读,与为帮助西方读者更好理解孔子思想而采用的过程语言区别开来。我们不是要介绍某种汉代对孔子的诠解,更确切地说,我们是要批判地运用董仲舒那些解读。董仲舒很典型地借助同源词在双关的意义上诠释概念。这种方法当然有些像文字游戏,但它也表明了中国语言值得品思的有机构成性质。奥斯丁认为,这种诠释方法最有助于探寻概念的"古义"。其论点是,中国古汉语的"古义"常常是由同源词群而非仅仅一个单独的词发掘出来的。

　　鉴于这种语言学分析的信息是有限和不确定的以及它普遍假定的性质,从该分析导出的观点和结论在各个层面上都只能被视做是提示性的。我们研究的可靠性更应当依赖我们严格的哲学论证的一致性,以及语言学解析的一致性。

　　该诠释学分析的第一步应是:仔细考证相关字词的语源,注意它们的同源词和同音字的相关表达。我们在考证中倾向于将字词整体上视为意义指向性的,而非将之解析为由各自独立的语音和意义成分构成的形声字。[11]

我们首先将要探讨的是孔子对思想活动的认识。该认识是由"学"(learning)、"思"(reflecting)、"知"(realizing)以及"知"的观念中体现的"信"(living up to one's word)等一系列彼此关联的过程表达的。孔子对"思"的理解以一种其他主要哲学观念前所未有的方式,避免了规范化思想和自发性思想的割裂。而且,如果情况确实如此的话,我们就可以论证,理解孔子思想就与思考当代盎格鲁-欧洲哲学概念重构这一最为棘手的问题直接相关了。

二 学

孔子之"思"的动态过程可被解释为"学"(學)与"思"的不断相互作用,其结果就是由"信"而达"知"。"学"/"思"的反向作用可大致被解读为西方思维范式中"reasoning"之功能,"知"与"knowing"相对应,"信"可能会对应于至少是"truth"的一个意思。在此,我们必须赶紧做个补充——这些范畴是孔子之"思"活动的起点,绝没穷尽他的思想活动。我们研究的每一步都必须谨戒我们西方传统对孔子思想心理分析式的穷究耗尽,这只能阻碍我们对孔子思想重大差异性的认知。我们希望通过下面的探讨表明,"思"对孔子来说,不是一种抽象的推理过程,它根本是"述行性的"(performative,展示或讲述行动的)。因为,它是一种直接获得实践结果的活动。对孔子来说,"思"远非什么让个体超脱于经验世界之外的手段,它根本上是与经验世界一体化的,是一种寻求最大化发挥种种现有可能性和有利潜能的具有深远意义的具体活动。因此,孔子之"思"不是纯粹对一套客观事实和(或)价值进行评定的活动,而是对世界丰富意义的实现或曰"知"。

"学"作为"learning",是一个直接关涉"觉"(becoming aware)的过程,而非关于客观世界之概念意义上的间接知识,这一点意义重大。"学"字本身是"斅"的简写。"斅"的意思是"教"(to teach)和"觉"。在先秦,"觉"的意思是,学者在教和学的双向过程中获得深刻认知。只是到后来,有可能随着文化传统的发展,"学"的意义才偏重于"学习"。[12]

"学"的第二个含义涉及文化传承问题。[13] 通过"闻"(to hear)与"学"的关联以及"学习"过程的字面含义可明显看出:"学"作为通过"闻"(教与学的相互作用和交流)而拥有和体现文化传统(文)的意义。[14]

致"学"的对象是传承"文"(human culture)。"文"的本源意义是"刻画"或"纹饰",常常与陶器上装饰的整体性主题相连。它是人类对世界的精心组织和殚精竭虑的表述,是人类运用象征符号所清晰表达的人类价值和意义,进而使之代代承传。文化在这种累积和传承的过程中逐渐提炼精髓:"周监于二代,郁郁乎文哉!吾从周。"(《论语·八佾》)孔子认识到自己处身于一个有传统的社会语境中,他把体现和传承自己的文化精粹视做个人的使命。[15]

文化传承有许多模式和框架,但或许最明显体现在书面语言上。历史上的孔子被强加了各种古代经典的编纂和整理工作。显然,他相当强调熟知历史文献和文化典籍。这并不是说,书是仅有承载文化意义的知识库。许多传统智慧是经由口头传承或存于社会制度、礼仪和音乐中。尽管孔子将古代典籍视为必修之学是毋庸置疑的,但"学"是一项个体必须从精神到肉体、从认知到经验全身心投入的事业。从孔子为其弟子设立修习的基本科目"六艺"(礼、乐、射、御、书、数)中也可看出,"学"是一项人的全面发展的事业,书本知识仅是学者生涯中的一个(尽管很重要的)部分。[16]

孔子如此强调"学"的重要性,以至于他毫不掩饰自己学而不厌(尽管是出于谦虚)的自豪。[17]而且,他也用类似的话描述他最钟爱的学生颜回。[18]其教育哲学的"三面"是:才能、机遇和努力。而且,他首要关注的是这最后的"力"——向"学"的热情。[19]在孔子看来,人的学习能力(才)本质上是相似的,它实际是人类独有的天性。[20]但是,机遇与努力,标准就较难确定:就像颜回,只要有足够的学习热情,就可得"学"之乐。[21]事实上,孔子招收弟子一个最重要的标准就是这个学生看起来是不是"愤发"于学。[22]而且,与他推崇学之"力"相一致,孔子最痛恨的就是"困而不学"的人(《论语·季氏》)。

孔子对"学"之重要性的认识还扩展到学习人文知识和获得实践技能的区分上。孔子竭力将拥有文化与拥有功能性、工具性的知识区分开来,[23]因此,他把通过文化提升获得的生命的丰富性看做生命本身的目的。对孔子来说,"学"不是谋生的手段,它是生命本身的目的,是生命的存在方式。[24]

从我们上面对"学"这一术语的讨论可以看出,"学"意味着获得和拥有先辈们投注到文化传统中的意义。这样,一个社群就会拥有一个所有成员以此为基础进行彼此影响、沟通和交流的共同世界。《论语·阳货》就清晰地表达了参与社会对个人全面修养的必要性：

> 好仁不好学，其蔽也愚；好知不好学，其蔽也荡；好信不好学，其蔽也贼；好直不好学，其蔽也绞；好勇不好学，其蔽也乱；好刚不好学，其蔽也狂。[25]

> The flaw in being fond of acting authoritatively without equal regard for learning is that it leads to stupidity; the flaw in being fond of acting wisely without equal regard for learning is that it leads to license; the flaw in being fond of living up to one's word without equal regard for learning is that it leads to antisocial conduct; the flaw in being fond of straightforwardness without equal regard for learning is that it leads to acrimoniousness; the flaw in being fond of courage without equal regard for learning is that it leads to unruliness; the flaw in being fond of strength without equal regard for learning is that it leads to rashness.

三　思

"学"严格说是对意义的拥有——敬畏我们的文化精粹。因此，它不要求学者自身对传统的改变或新思想的产生。正是本着这种精神，孔子自称"述而不作"[26]。《论语》中可作为孔子保守证据的还有《论语·卫灵公》一章中所言:"吾尝终日不食,终夜不寝,以思,无益,不如学也。"该章中,孔子显然把"学"置于"思"之上。毋庸置疑,孔子相信学习传统文化的是培养有德之人的必要条件。[27] 自然,如果没有"学",又何来得"思"——对特定事物的批判和评价?因此,尽管孔子强调人要把握传统,我们仍然认为,对孔子来说,"思想"(thinking)既涉及现有意义的获得和接受,又关涉该意义的创造性运用和拓展,以最大限度实现我们语境的种种可能性。孔子思想的动态过程表明,"学"和"思"是彼此相关且拥有某种反成性的关系,他们中的任何一个都不是自足的。[28]

"思"有几个决定性的特征。在其涵括各种思想模式的意义上,它是一个类概念:沉思、考虑、怀想等。它又常常很自然地和"宽容"联系在一起。它也含有"牵挂"的意思。而且,思并不仅指精神层面,即,它并不排除"思"的过程中身体器官的作用。我们认为,尤其就"思"来说,中国传统整体上是把身心作为一个连续的统一体来认知的。[29] 如果我们将古典中国对"思想者"的认识武断地理解为非身体性的纯粹精神活动的话,那我们就不经意地严重曲解甚至可以说残害了这个概念。[30]

因此,对孔子来说,思想过程的能动性和整体性就体现在范畴宽泛的"思"与"学"的彼此依存中。这一关系的经典表达乃《论语·为政》中所谓:"学而不思则罔,思而不学则殆。"(Learning without reflecting leads to perplexity; reflecting without learning leads to perilous circumstances)意思是,如果一个人仅仅学而不对所学有所(批判性地)"思",那么他就不会行之有

"义",即,他就不能够将他所学的东西应用到自我独特的境遇中。结果只能是人云亦云,随波逐流。另外,一旦碰到超出他所学的知识范围的情况,他就会变得手足无措,无所适从。换句话说,遵照孔子对存在的过程性理解,每一现象都是一系列独特条件的结果,像纯粹历史记录那样完全照抄所学知识是行不通的。因此,从某种程度上说,食古不化的学究注定在人生的道路上要处处碰壁。

"学"与"思"的相互作用——即广泛吸取传统文化与通过个体创造性对传统的诠释与发扬之间的相互影响——是《论语》的一个主旋律:"博学而笃志,切问而近思,仁在其中矣。"(Learn broadly yet be determined in your own dispositions; enquire with urgency yet reflect closely on the question at hand—becoming an authoritative person lies in this)(《论语·子张》)每一现象都是绝无仅有的,这一原则需要我们能将所学创造性地适用新环境:"温故而知新,可以为师矣。"(《论语·为政》)

我们必须创造性地充分运用已拥有的文化,无论是使之适用于自己的时代和环境,还是将其作为实现自我可能性的基础,都应如此。我们当然应该不遗余力地掌握我们源远流长的文化传统,但我们同时也必须学会更进一步,争取最大可能实现其现时代的价值[31]:

> 颂《诗》三百,授之以政,不达;使于四方,不能专对;虽多,亦奚以为?(《论语·子路》)
> If someone can recite the three hundred *Songs* but yet

when you give him official responsibility, he fails you, or when you send him to distant quarts he is not able to act on his own initiative, then although he knows so many, what good are they to him?

孔子非常看重批判性的"思",这充分体现在他告诫自己的学生,即便是老师的话,也要用自己的头脑来思考和鉴别:"当仁,不让于师。"(《论语·卫灵公》)

反之,如果只重"思"而轻"学",那么造成的思想过程不均衡的现象则危害更大。如果我们不利用前人已有的经验而一味闭门造车,那么,就无法拥有一个与社会沟通和交流必需的共同基础。一个只生活在自己孤立世界中的人,一般会被认为是不正常的且威胁到公共意义和价值。而且,如果他激进、偏执,就会反复无常、徒劳无功甚至走向危险的道路。孔子认为这样的"思"是毫无意义的,荀子也同孔子一样谴责这种对增长智慧一无是处的做法:"吾尝终日而思矣,不如须臾之所学也。吾尝跂而望矣,不如登高之博见也。"[32]孔子"学而思"的思想在《中庸》中获得了有力推进:"博学之,审问之,慎思之,明辨之,笃行之。"[33]

上文我们已经说明,对孔子来说,思想是一个涉及整体的人的过程。身/心对立的二元范畴是不适合解读它的;当然,理论/实践的二分法也同样如此。通观整部《论语》,孔子眼中的君子都应是言行一致、言出必行的人:"子贡问君子。子曰:'先行其言而后从之'。"(《论语·为政》)[34]

甚至还有更专门的表达:"君子耻其言而过其行。"(《论语·宪问》)思想以及用来诠释思想的语言不仅仅是学术和理论的,还拥有真正促发行动的力量。因此,孔子也谴责"乡愿"这种道德行为的不当态度。他不仅强调言行一致,而且强调"德行":"乡愿,德之贼也。"(《论语·阳货》)孟子对孔子的"乡愿"这样说明:

> 言不顾行,行不顾言,则曰:"古之人,古之人,行何为踽踽凉凉?生斯世也,为斯世也,善斯可矣。"阉然媚于世也者,是乡原(愿)也。[35]
>
> While their words and actions have no relevance to each other, they prattle: "Ah! the ancients, the ancients! Why did they walk through life alone and aloof? Born of this world, one must act on its behalf. If one can do a little good, he's fine." A person who is thus out to ingratiate himself with the world is your "local worthy".

孔子本人反对成为学究,成为那种"多学而识之者"(《论语·卫灵公》);认为应靠服务于人的实际行动来衡量知识的价值。这就是刘殿爵所谓,"成人"的事业是由"恕"(placing oneself in another's place)(人)和"忠"(doing one's best)(尽己)共同建构的。[36]

四　知

孔子的"思想"概念群的第三个是"知"。"知"通常被译为"to know""to understand"。但考虑到儒家语境,我们最好在"实现"(making real)的意义上将之译为"to realize"。中国古代文献中"知"与"智"(wisdom)的使用是可以互换的,它们没有像英语中"knowledgeable"(有知识)和"wise"(有智慧)那种理论/实践区分。

从词源上来说,"知"是由"矢"(arrow)和"口"(mouth)构成的。"矢"的成分显然完全与语音无关,因此我们只能推测或许它意味着"投注"(casting)或"有指向性"(directionality)。"口"的部分则表明显然与言辞相关。不管它意味着"to know/to realize",但这过程都体现了语言的交流。除了"知"的词源意义,其语义关联也首先表明参与到某种关系中,"知"即有相互了解或亲近的意思。另外,"知"还带有行使某种公职或岗位的能动的意义。[37]

董仲舒《春秋繁露》中下面的一段话几乎涵盖了"知"的各种词源成分和意义:

> 何谓之知?先言而后当。凡人欲舍行为,皆以其知先规而后为之。其规是者,其所为得,其所事当,其行遂,其名荣,其身故利而无患,福及子孙,德加万民,汤武是也。其规非者,其所为不得,其事不当,其行不遂,其名辱,害及其身,

绝世无复,残类灭宗,亡国是也。故曰莫急于知。知者见祸福远,其知利害早,物动而知其化,事兴而知其归,见始而知其终,言之而无敢哗,立之而不可废,取之而不可舍,前后不相悖,始终有类,思之而有复,及之而不可厌。其言寡而足,约而喻,简而述,省而具,少而不可益,多而不可损。其动中伦,其言当务。如是者谓之知。[38]

董仲舒的论述可使我们明了"知"的这样几个含义:首先,通常译为"to know"的"知",与通常译为"wise"或"wisdom"的"智",是可以通用的。中国传统中没有事实/价值或者理论/实践这样将知识与智慧割裂的模式。其次(要强调的一点),"知"有预知或推测预知者本人结果的倾向。古代文献中"知"的一个普遍定义就是基于已知情况预测未来的能力。例如《白虎通》中就有:"智者知也,独见前闻不惑于事,见微知著也。"[39]同样,《中庸》也有:

> 至诚之道可以前知……祸福将至,善必先知之;不善必先知之。故至诚如神。……诚者非自成己而已也,所以成物也。成己,仁也;成物,知也。[40]

《论语·卫灵公》也有"知"的这一用法:"知德者鲜矣。"许多评注者通过反复强调孔子致力于"知行一致"来诠释该节。倘若行动是证明"知"的一个必要条件,那么以此为限定条件来理解作为"knowing"的"知",就应该将其解读为"realizing"。《论语·卫灵公》还有一段话相当简明扼要地阐述了"知"(realizing)、"仁"(authoritative humanity)与"礼"(ritual action)之间的关系:

> 知及之,仁不能守之,虽得之,必失之。知及之,仁能守之,不庄以莅之,则民不敬。知及之,仁能守之,庄以莅之,动之不以礼,未善也。
>
> Where one realizes something but his authoritative humanity is not such that he can sustain it, even though he has it, he is certain to lose it. Where he realize something and his authoritative humanity is such that he can sustain it but he fails to handle it with proper dignity, the masses will not be respectful. Where he realizes something, his authoritative humanity is such that he can sustain it, and he handles it with proper dignity, yet he fails to use ritual actions to implement it, he will still not make good on it.

如果不考虑"知"的述行力量,该段实在是讲不通的。韦利(Arthur Waley)在翻译《论语》时就曾无可奈何地断言道:"该段由于高度的文学性,言论空洞,而且它将'礼'高高置于'善'之上,无疑应是后人所加。"[41] 在紧承该节对"君子"的描述中,更有助于我们理解"知"之既是所"为"又是所"知"的意义:"君子不可小知而可大受也,小人不可大受而可小知也。"(The exemplary person cannot undertake trivial things but can be relied upon for important responsibilities. The small person, then, is the opposite.)就像韦利所注意到的那样,该段行文突破了语法的限制,力求表达出这里"知"的深刻含义。[42]因为"君子"的"知"(他要"实现"之事)是完全的、整体性的,因而对他来说是充满意义和值得倾心而为的。尽管君子当然可以应付"日常"事物,却不能处理"小知"(字面上的翻译即为"small realizations")。因为,他所做的每一件事都是为意义和价值服务的,甚至他的"日常"行为都蕴涵着"大知"。

另一段相关章节为:"知之者不如好之者,好之者不如乐之者。"(To be fond of it is better than merely to realize it; to enjoy it is better than merely to be fond of it.)(《论语·雍也》)孔子这里的观点是,充分的"知"需要个体全力奉献和参与。这里涉及三个范畴:知(realization)、好之之知(realization that is a consequence of intention)和乐之之知(realization that effects harmony and enjoyment)。对孔子来说,这最后一个是最有意义最珍贵的"知"。没有想往、没有欢乐的"知"就是"小知"。《论语·雍也》中很有启发性的一节以隐喻的意义强调了"知"根本的能动性以及随之而来的快乐:

知者乐水,仁者乐山。知者动,仁者静。知者乐,仁者寿。

Those who realize the world (that is, the wise) enjoy water; those who have authoritative humanity enjoy mountains. Those who realize the world are active; those who are authoritative as persons are still. Those who realize the world find enjoyment; those who are authoritative as persons are long-lived.

该节集中探讨了人的两个基本尺度:那些以行动智慧"知"(实现)世界的人是具有创造性和能动性的,将其比之于水,是因为水也是流动和源源不断的;而"仁人"则作为价值和意义的维持者,像山一样巍然高耸、地久天长。仁者之德是标准和规范,它们影响社会且永远成为敬意的焦点、效仿的根源。由此,"知"(being wise)和"仁"(being authoritative)这两个范畴就被解读为体现在"思"和"学"的关系,以及创造性/持续性的区分。就像传统意义上"山"和"水"都一直以来被认为是山水画中的自然美一样,持续性和创造性二者也是一个完整的人必要的构成要素。

"知"为这个世界提供持续性,《论语·阳货》所谓:"唯上知与下愚不移。"(Only the wisest and the most ignorant do not move)"下愚"之人意识不到自己的局限性,保持着某种倔犟般的冥顽不灵,他就是那种"困而不学"的人。"上知"之人表面的岿然不动并不那么好解释,尤其是它与我们所谓圣人胸怀开阔、拒绝任何终结概念的观点相左。我们必须将"知者"当做"语境中的人"(person-in-context)来理解,然后必须理解相关术语的意向。该段并不是宣称"上知"之人停止成长,毋宁说,他代表成长过程中恒存的普遍标准。他是建构人类文化秩序和基础的意义和价值的体现。孔子本人在《论语·子罕》中被描绘成圣人,也如此声称:"天之未丧斯文也,匡人其如予何!"孔子将圣贤君主比做北辰"居其所而众星共之",也表达了同样的观点。[43]这并不是说北极星是完全静止、没有自身的运动;而毋宁说,其他天体的运动必须衡之于它。它虽然有自己的运动,但仍然具有恒久不变的性质。"知者"在作为典范的动态过程中,他因其"德"而成为一个相对清晰的"通则"以适用于效仿。

孔子以超越人类单纯知性能力的整体方式描述"知",因此,在他那里,较少知性的人也同样有可能成为智慧的传播者,以其他同等有效的方式"知"(实现)这个世界。我们甚至可以认为,对孔子来说,甚至所谓"智障者"都能够成为某种意义和价值之源,对他们运用抉择能力的世界有所了悟,进而为传统添砖加瓦。

"言"的功能对"知"很重要。所谓"知",其基础就是能够意识到将要发生的事且拥有将这种认识用语言传达的社会行为能力:"君子一言以为知,一言以为不知,言不可不慎也。"(《论语·子张》)在涉及客观实在的情况下,谈及未来发展无非就是预测——以权威口吻代表将来的实在发言,只不过是提前说出了必将发生之事。然而,"知"所表示的"预知"却与这纯粹事先的"说出"相反,它涉及两种至关重要的行动。首先,"知"关涉使已选择的未来的种种可能性,连同构成这些现象可能出现的语境的过去和现在的种种条件特征成为焦点。其次,"知"力图引发同情和参与,通过带有强烈说服力的方式体现为一种塑造未来的形式。

从既成传统和全新的情境激荡出的意义中,将一个可能的未来方向涵摄聚焦,这一行动方式全然无涉玄想或臆测式的推理。孔子关注的行为是创造性的,较之假想——演绎的思辨活动——更为密切地与艺术生产的活动相关。

"知"是一个阐明和限定这个世界的过程,而非被动地认识一个先定的实在。去"知"就是在个体种种可行的可能性范围内影响存在的过程:

> 樊迟问仁,子曰:"爱人。"问知,子曰:"知人。"樊迟未达。子曰:"举直错诸枉,能使枉者直。"(《论语·颜渊》)
>
> Fan Ch'ih asked about authoritative humanity, and the Master replied: "Love others." He asked about realization, and the Master said, "Realize others." Fan Ch'ih did not understand and so the Master explained, "If you promote the straight over the crooked you can make the crooked straight."

陈大齐认为"知"的主要功能是区分"义"(appropriate/meaningful)与"不义"。[44]任何情况下的"义"都与它特殊的情境相关。因此,为了区分和限定"义","知"就必须能对相关条件进行评估。在这方面,"知"经常被描述为"去惑"(dispelling doubts):"知者不惑……"(A person with *chih* is not of two minds…)(《论语·子罕》)"惑"(two minds)尤其指对各种可能性的选择困惑。[45]但这个"惑"字不是不能描绘出可选择性命题的因果关系,而是可选择性的存在本身才是困惑的根源。也就是说,一个困惑的头脑是一个进行不同思想和行动过程的大脑。假定推理依靠的是可选择的可能性及其做出选择的后果进行的。但"知者"是不惑的,因此,他所依靠的不是科学推崇的假定性的"思"。这正是我们所谓"理性的"和"审美的"思想模式的相当鲜明的对比,我们将在探讨古代中国语言和沟通的功能时,对此展开详细论述。[46]

信

与我们说明孔子对思想的理解相关的最后一个概念与"知"密切相关,它就是"信"。我们已指出,在"符合"论中,认知性知识涉及事物真实状态的再现,这样一来,"知"(knowing)依赖的是客观实在的事实(相对于表象、思想或者语言)存在,以及思想与该实在的真正"相符"。

孔子的"知"(realizing)决然不同于这一"knowing"概念。现实是内在关联和或然性的。它是已实现的,而非认识的。由于现实并不独立于实现者,自然,真理就不是简单相符的结果。它更关涉的是类似于"得当"(appropriateness)或"诚信"(genuineness)这样的行为。[47]

休斯顿·史密斯(Huston Smith)在下面这段文字中尝试对比了主流中西方思想在"真理"概念上的差异:

> 对中国人来说,真理在双重意义上都是个人的。从外在方面来说,它会考虑到受行为或语言影响的人的情感……与此同时,它又内在地将言说者与其本然的"自我"相连。借用符合论理论家最为看重的一个词来说即为,真理使其拥有者"恰适"他规范的自我。当然,该概念外在和内在的指

涉是融为一体的,因为,人只有首先认同他人情感(达人)才会成为君子(达己)。[48]

史密斯强调真理的个人性是一种将私人倾向纳入"竭力取悦各方情感"之"诚"。据此他将"真理"定义为人为之物。该定义与我们将"知"解读为"to realize"相当一致。史密斯将真理描述为"述行性的":

> 行动或语言只在某种程度上是真实的,即它通过对环境中各构成因素的"格式塔"(组合、分解),来某种程度地推进预期结果(比如在中国,就是社会的和谐)。真理因而就被设想为是某种述行性的:它是致力于实现某种预期效果的语言或行为。[49]

我们想为史密斯的洞识加入一种更有力的述行性意义。真理是实现预期结果的语言和行为——为将对真理的这一认识追溯到孔子且说明其适当性,我们必须从《中庸》的"诚"(通常被译为"sincerity")这一概念入手。

细读《中庸》我们会发现,"诚"在这一儒家经典文本中的运用可在功能的意义上联想到"道"在道家文本中的运用。这也就是说,"诚"不仅是人之内在本源,而且也是万物之根本:

> 诚者自成也,而道自道也。诚者物之终始,不诚无物。是故君子诚之为贵。诚者非自成己而已也,所以成物也。

成己,仁也;成物,知也。[50]

正如我们可以想到的那样,道家的"道"和儒家的"诚"的主要区别源自这样的事实,即前者是从自然环境的框架来解释人,而后者则从人开始且通过人来理解宇宙。道家注重通过存在的演变来理解人类,而儒家则寻求从人类的视角来理解所有存在。道家不愿仅依靠儒家的"圣人"(sage)涵盖对人的理解,因此,创造了他们自己的范畴"真人"(authentic person)。同样,儒家后来的诠释者将《中庸》的"诚"(integrity)拈出,亦是不愿用道家意味浓厚的"道"。这样,"诚"就成为实现真正人格的专门人类活动,从人自身向存在过程所有成分的拓展。正如杜维明所言:"说'天'是'诚',似乎就是把诚实的人的观念转化为对天道的一般表述。"[51]

上文中我们已将"知"定义为有效的预测。倘若这个世界是彼此依赖,而知者与被知者又是同延性的,那么,观念和实在之间的区分就是无效的。这也就是说,不仅真理和实在本身没有什么切实区分,同样,也没有包含主体性的知者和客体性的所知物的现象,以及描绘这种关系的真理之间的区分。从根本上来说,"知"(to realize)与"诚"(to be true for oneself, to have integrity)只不过是两种不同的言说方式,两者都适于运用定性的评价。

"诚"可译为"integrity"。从字源上来说,它是由"言"(to speak)和"成"(to complete, to realize)构成的。因此,它的意义就是"成其所言"(to realize that which is spoken)。因而,可以设

想"诚"也像"知"那样指某种自我实现的确切预知。《中庸》中是这样描述的:

> 至诚之道,可以前知。国家将兴,必有祯祥;国家将亡,必有妖孽。见乎蓍龟,动乎四体。祸福将至,善必先知之;不善,必先知之。故至诚如神。[52]

《中庸》这种表达有些像《孟子》中较形而上学的部分,可以被解读为一种建构儒家的宇宙论的尝试。因此,我们不会意外,《孟子》对"诚"的运用其实是对《中庸》含义的进一步阐发:"万物皆备于我矣。反身而诚,乐莫大焉。"[53]事实上,《孟子》中有一章类似于《中庸》,该章用"诚"来描述存在过程。我们打算仔细考察一下该章,因为它为我们提供了理解作为"完整性"(integrity),作为"真理—实在"的"诚"的意义(一个这或许源自《论语》的意义)的重要的洞察方式:

> 居下位而不获于上,民不可得而治也。获于上有道,不信于友,弗获于上矣。信于友有道,事亲弗悦,弗信于友矣。悦亲有道,反身不诚,不悦于亲矣。诚身有道,不明乎善,不诚其身矣。是故诚者,天之道也。思诚者,人之道也。[54]

与《孟子》此章相类的《中庸》部分则继续描述了培养"诚"之道的适当方式:"博学之,审问之,慎思之,明辨之,笃行之。"[55]就此可知,孔子最关注的是,如何作一个社会和政治环境中的人,而非"人"的种种形而上学推想。事实上,《论语》中有好几处都表明孔子对形而上学问题根本没多大兴趣。[56]

孔子最关心的是社会和政治的"真理—实在"的"人道"(或者最好说"仁道"),以及如何通过"信"的沟通方式来实现"仁"。而《中庸》和《孟子》所描述的"诚之道",其"诚"既包含本体论的层面也包括经验层面的真理。因而,我们想要论证的是,"诚"是真理的最终本体论标志,在《孟子》和《中庸》中得以发展,是孔子社会和政治真理观念的理论拓展。上面我们所引《中庸》章节,其对养成"诚之道"的描述容易让人联想到《论语》中有关"成人(仁)"的一章。[57]《孟子》和《中庸》转为思考如何根本定义"人",但这种转向似乎仍然能够在孔子更具实践性和社会政治维度的"成人"概念中找到根源。

作为有效社会、政治真理的"信"与作为本体论真理的"诚",其亲密关系还有进一步的证明——《说文解字》中这两个字是互为定义的。段玉裁在《说文解字注》中强调"信"乃"人"之"信"这一孔子思想中最为突出的含义:"人言则无不信者,故从人言。"事实上,段玉裁这一评注的基础是《论语·为政》一章,在该章中,孔子将"信"作为人格形成的一个必要条件:"人而无信,不知其可也。"

"信"是孔子思想的一个重要概念,在《论语》中共出现约40次。属孔子"文""行""忠""信"四教之一。[58]它与"谨"(being sparing in one's word)[59]和"忠"[60]这两个概念不可分割地联系在一起。因为"信"不仅仅是愿意或承诺恪守诺言,它或许更近于古代的"盟誓"——宣称拥有足够的能力、智慧和资本去履行和实现诺言。

如果"信"只是致力于践行诺言,那么,行动成功与否都无关紧要。然而,孔子把没能力实现诺言看做失"信"的一个条件:"狂而不直,侗而不愿,悾悾而不信,吾不知之矣。"(《论语·泰伯》)孔子主张,"信"是个体在世界上实现或"成"(complete)就自我之"义"的一种方式。[61]孟子宣称"有诸己之谓信"[62]也强调了"信"的这一意义。正是因为"信"并非仅是一种承诺,所以孔子很高兴其弟子漆雕开就官时能说:"吾斯之未能信。"(《论语·公冶长》)漆雕开当然不是自谓自己不值得信赖,正如韦利对该节的解释所言:"我还没有充分完善自我。"[63]"信"更确切地说,是能够履行诺言的必要条件,因而也就能够使之实现。《论语》中"信"与"忠"多处同时出现,这一事实也表明,"信"根本上是述行性的。"信"是笃行诺言。

孔子强调的"信"的另一个特点即,它似乎是"与朋友交"[64]和取"信"于民,赢得支持和拥戴[65]的一个必要条件。这也就是说,"信"是建立人际信任的一个至关重要的因素。人际信任对孔子来说是人之为人的先决条件。

尽管"信"对做人来说是必要条件,但却不能就此推之为充分条件。"信"在肯定特性的情况下,其"义"(得当性)还要依赖其所要践行的"言"。孔子将"士"(gentleman-scholar)按德行分为三等,他甚至将"信"这种品格归在最低的第三等。该德行本身似乎并没有什么非凡之处使之足以提升到更高层次。对于孔子来说,道德低下者——一个"小人"——也仍然有"信":

言必信,行必果,硁硁然小人哉! ——抑亦可以为次矣。(《论语·子路》)[66]

One who is certain to live up to his word and finish what he starts, even though this is no more than a small person being stubborn, can still qualify as a third level of the gentleman-scholar.

孔子即便在描述自己时也倾向于夸赞自己的好学,而不是"信",他将后者视为某种更为普通的品质。[67]

最后需简要说明一下孔子如何看待"信"与"义"之间的重要关系。"义"这个概念是孔子思想中的一个范畴概念,它将审美、道德和理性意义的最终根源都植根于人本身。个体正是拥有赋"义"的能力,才得以从其文化传统中获取意义并展现自身的创造意义。[68]

"信"要求对个体之"义"的阐明、展示和实现。如果一个人信守诺言,他就使自身成为这个世界意义的一个源泉,该意义能够被他者实现和承传。因此,《论语》有言:"信近于义,言可复也。"(Living up to one's word comes close to significating in that these words[as articulations of significance] can then be repeated...)[69] 当然,如果言不及义,那么,就自然无"信",不值得"言"复了。

"信"是个体之义阐明和获得的一个必要(不是充分)条件。"信"只有立基于"义",才能够为世界赋予意义。

五 证之《诗》

我们相信,上文对"学""思""知""信"的解释不仅与孔子哲学的主旨相符,而且与其方法相一致。因为我们对待《论语》的方式用的正是孔子一贯对待他自己传统文本的方式。因此,我们上述通过孔子而思的途径也与孔子通过他自己传统而思的方式相同。我们将尝试通过说明孔子如何使用古代经典《诗》(*Book of Songs*)来说明这一事实。思想活动的几个重要含义或许能够借助孔子本人"思想"行为的实例获得说明。

《诗》是《论语》中最经常引用的著作。事实上,《史记》(*Historical Records*)[70]认为《诗》中 300 多首诗,相传正是孔子从朝廷搜集的共约 3000 多首诗中选择编纂成册的。另外,《诗序》传统上被归于孔子最有名的学生之一子夏的名下。无论这是否是史实,但很清楚孔子将《诗》视为其传道授业的重要内容。而且,正是由于孔子的推崇,《诗》又被列入"五经"(Five Classics),继续在孔子后来的追随者——墨子、孟子和荀子——的著作中拥有核心地位。自汉代起,"诗书"这一说法就被作为儒家之学的代称。

《诗》这部可追溯到约公元前 11 世纪到公元前 6 世纪的诗歌总集无所不包——有展现西周人社会生活和价值观念的民歌,有描述朝廷贵族生活的抒情诗、有对政治的哀婉、宴饮的叙事曲、礼仪颂歌、庆典的欢歌,还有挽歌,不一而足。[71]

孔子要学生们学《诗》,可以说出于这样几个目的:首先,

《诗》是承载文化价值的宝库,可以代代习之。其次,《诗》包含了有关文化传统丰富珍贵的历史讯息,它所带来的文化之根和血脉意识有利于当代社会的稳定。其三,作为一件艺术作品,它涵养情怀,激发审美感受性。其四,《诗》还是促进口头或书面表达能力,为人类经验的表达和诠释提供丰富介质的语言源。它在春秋政治事件纷繁的时期,就曾非常重要地提供了以一种间接方式传达敏感时事问题的交流方法。深谙《诗》的形象和类比成为朝廷谋士或自诩为政治家者必要的文化功底。总之,《诗》具有实践作用,孔子正是在这一点上责备弟子不学《诗》:

小子何莫学夫诗?诗,可以兴,可以观,可以群,可以怨,迩之事父,远之事君;多识于鸟兽草木之名。(《论语·阳货》)[72]

Why is it, students, that none of you master the *Book of Songs*? The *Book of Songs* can be a source of stimulation, can provide one with views, can contribute to sociability, and can be used to couch dissatisfactions. Close at home it can be used in the service of one's father, and at a distance in the service of one's ruler. And one can glean a rich vocabulary of flora and fauna from it.

受过教育的人将《诗》视做自我动态融入传统和现代新语境的必备之具,诵《诗》和释《诗》都成为源源不断丰富《诗》之箴言的诠释行为。如果学《诗》仅止于盲目无所用心的死记硬背,那么,他充其量只不过是卖弄点学问。

对孔子来说,《诗》不仅是要学习的历史知识的宝库,它还是创造性的"思"的第一源头。[73]它激励个体追求修身、培养创造性力、思想深邃以及对社会交往获得更深刻认知。《诗》不是道德诫令线性的因果关系的说教——学《诗》不是出于道德复制的目的。毋宁说,它建构了可作为当下和谐社会基础的人、社会、政治经验的权威结构,并且,允许创造性改造。学《诗》的主要目标是实践性的:不仅仅是要认同、确定和获知,还有主动参与和最终的转化。

个体借助思想和行动来扩充和深化他对《诗》的理解和认识。文本的模糊性和原意的幽远难测远远不是一种缺陷,反而可作为扩展《诗》的种种可能性,使之适用于当下的独特机遇。例如,汉代的解经者出于挽救当时文化价值僵化的迫切需要,就热衷于把粗鄙的庆生歌解读成喻社会稳定之义。各个时代都有它们各自关心的问题,因此,每个时代的解经者都会创造性地利用《诗》形成和表达他们的经验、解决时代问题和维护某种观念。这些诠释者都打着明《诗》之真意的旗号,而实际上却都是为了实现他们意在传达的意义。因此,《诗》的渊源流传很大程度依赖的是读者的才能及其独特经验。

《诗》以及中国文化传统中其他类似的文化资源自古以来就成为典故、格言的重要资源,这种表达有效融入外交和人际交往中的事实,帮助我们揭示了该传统沟通、交流的特性。援引历史影射当下促成了历史权威的树立且维护了历史智慧的永存。历史典故的模糊性为对话和交流提供了灵活性。言语得当作为和谐和意义的一种资源,在进行最充分传达的情况下,不仅仅是叙述性的,而且根本上是述行性的。如果我们将《诗》作为箴言知识库的功能与我们自己传统经常推崇的追求精确性的语言比较,我们就可以发现在沟通性质上的一个重要差异:我们更理性主义的传统常常将谚语箴言视为陈腐不堪的老生常谈,几乎是惟恐避之不及。

《论语》对《诗》的引用也有几处改变诗的原意以适应当前情况的例子。例如,孔子对子夏用一首描述一个美丽宫廷贵妇的诗表达他自己对内容优先于形式的理解很是满意:

子夏问曰:"'巧笑倩兮,美目盼兮,素以为绚兮。'何谓也?"子曰:"绘事后素。"曰:"礼后乎?"子曰:"起予者商也!始可与言《诗》已矣。"(《论语·八佾》)

Tzu-hsia inquired, "What does this passage from the *Songs* mean?

Her knowing smile so lovely,

Her gorgeous eyes so clearly defined,

She enhances her natural color with cosmetics."

Confucius replied, "The make-up comes after the natural color."

"Do ritual actions also come after?" asked Tzu-hsia.

"Precisely what I had in mind, Tzu-hsia. Only with a person such as yourself can I discuss the *Songs*."

在另一处，孔子也赞赏子贡把《淇澳》同样解释成修身的过程：

> 子贡曰："贫而无谄，富而无骄，何如？"子曰："可也，未若贫而乐，富而好礼者也。"子贡曰："《诗》云：'如切如磋，如琢如磨'，其斯之谓与？"子曰："赐也，始可与言《诗》已矣，告诸往而知来者。"

Tzu-kung asked, "What do you think of the saying: 'Be poor without being ingratiating, be wealthy without being arrogant.'"

Confucius replied, "It is fine, but it might be better to say: 'Be poor and yet find enjoyment, be wealthy and yet be fond of ritual actions.'"

"The *Songs* have a passage," said Tzu-kung:

"Like carving and then smoothing horn,

Like cutting and then polishing jade.'

Is this not what you mean?"

"Only with a person such as yourself, Tzu-kung, can I discuss the *Songs*," said Confucius. "You only have to be told what has happened to be aware of what is to come."

该章表达了"学""思""知"的动态过程，即，恰当把握文章之义（学）、为创造性处理原意（思）、"琢磨"当前状况以推未来（知）。

孔子很喜欢对《诗》的原意加以巧妙处理,这一点还充分表现在他对人类癖性的描述上。《论语》中有两处孔子都哀叹道:"吾未见好德如好色者也。"(《论语·子罕》)[74] 从我们上文所引用《诗》的这两章可以看出,孔子和他的弟子都成功地将男性对美丽女性的热爱的古意转化成他们所关注的"德"等重要价值的表达。他们深化了对女性美的描写以迎合他们自己对价值和意义的理解,进而推动对"德"的欣赏强过性的吸引力的社会的形成。孔子还有一句他概述《诗》整体意义的话:"思无邪。"(Do not deviate in your reflections)(《论语·为政》)实际孔子所引该诗亦仍然没有在诗所意指"马不错行"[75]的原语境意义上理解这句话。

从孔子自己对《诗》的运用和创造性诠释上,我们可以看到由"学"与"思"的相互作用引起的不断深化理解以及个人性的转化。正是因为《诗》是意义的源泉和打开新意义的工具,所以它们才能够促成"知":

> 子谓伯鱼曰:"女为《周南》《召南》矣乎?人而不为《周南》《召南》,其犹正墙面而立也与!"
>
> Confucius said to Po-yü, "Have you mastered the *Book of Songs*? Being a person and not doing so is like standing with your face right to the wall."

个体成长根本上是创造性的;"成人"是一种艺术。孔子灵活地诠释作为文化经典的《诗》,生动证明个体创造性必须能够达致深刻澄明其思想的深度。[76]

孔子对《诗》的运用为思想的认识论方面提供了一个特别恰切的说明。然而,我们或许还是禁不住要问:"他的诠释究竟有何独到之处?"该问题的一个解答途径就是指出,孔子借助传统文本(比如《诗》)的思想方法不纯粹是一种思想方式的例证——文本的或评释的——可对照于,比方说,经验主义或思辨的思想方式。它更重要是表明,思想本身总是涉及一个传统根基,而且或许从来都不是直接模仿"自然"或纯理论虚构的结果。

对孔子来说,知识是以语言、习俗和制度为基础的。文化是一个给出的世界。思想是使这种赠予生效的文化诠释。没有一个独立于文化或文化界限之外的实在,可以获得知识。"世界"永远是一个人类的世界。

对大多数当代西方哲学家来说,严格限定在现有传统中的思想似乎显得促狭和令人难以忍受。盎格鲁-欧洲传统中,丰富性和复杂性通常存在于抽象可能性的范围中,这些抽象可能性构成了知识和实践创新的本源。孔子的思想方式不提供这样的资源。存在主义或许提供了一些理由让我们相信,一个以人的方式建构的世界是向个体创造性和自发性充分打开的,因而没有必要为缺失超验之物而感到绝望。但即便是存在主义者也几乎不能接受孔子的哲学可能表现出的文化实证主义的极端形式。因为这种实证主义与存在主义者所认为的个体创造性似乎有很大冲突。

事实上,孔子就是这样一个文化的实证论者。这也就是说,他是那种认定文化传统的权威性,将其视为所有知识和行为的必要条件的人。即便如此,我们仍然必须现在说明一下,在如此有实证论倾向的限定下,孔子是如何极为微妙、复杂地将个人、社会、宇宙诸意义涵摄于哲学思考的。

前文关于"学""思""知""信"的探讨说明了孔子把思想理解为一种涉及上述诸概念的复杂活动。我们认为这一概念群在两个重要的意义上是引言性的。其一,目前探讨的思想主要是从认识论角度进行的,即我们一直关注的是获取知的方式和认知的结果。尽管相当多的盎格鲁-欧洲哲学家会相信思想严格的认识论维度是唯一值得注意或最重要的一种维度,但这对于孔子来说当然是不正确的。因此,我们会考虑将思想的个人、社会、宇宙论维度作为全面阐明思想活动的一个手段。

其二,该章所描述的概念群只有在这些概念与孔子思想的个人、社会和宇宙论意义相连的关系中才可获得充分理解。《论语》中所有主要观念的类似关系不仅拒斥对孔子的单一确定性理解,而且实际上表明了认知行为的另一种标准,该标准并不同于那种单一定义相连的明晰性。尽管孔子无疑会同意威廉·詹姆士将哲学描述为"超乎寻常地致力于思考的清晰性"的观点,但我们只有在我们的分析进一步深入的情况下,才准备论及孔子哲学所设定的那种独特的清晰性。

注　释

〔1〕　维特根斯坦:《逻辑哲学论》,详见参考文献。
〔2〕　维特根斯坦:《哲学研究》,详见参考文献。
〔3〕　参阅奥斯丁:《请求宽恕》;《如何以言行事》。

〔4〕 参阅蒯因、尼尔森·古德曼(Nelson Goodman)、威尔弗莱德·塞拉斯(Wilfred Selars)的著作。

〔5〕 海德格尔:《基本著作》,第376—377页。

〔6〕 罗蒂:《哲学与自然之镜》,第356页。

〔7〕 同上书,第360页。

〔8〕 同上书,第365—366页。

〔9〕 奥斯丁:《请求宽恕》,第149页。

〔10〕 卜弼德:《儒家某些基本概念的语义学》。

〔11〕 参阅罗思文:《古汉语的抽象表达》,第71—88页。罗思文该观点相当有说服力。他关于古汉语语音和意义成分间关系的观点将在下文第五章有简短探讨,参阅本书旁码第253—254页。

〔12〕 此最初意指"教"和"觉"的"敩"字打开了"学"的根本意义,这可从古典文学和古汉语辞典中有关"学"的定义得到证实。例如,《白虎通·辟雍》曰:"学之为言觉也,以觉悟所不知也。"最早的汉语字典《说文解字》也以其同源词"觉"以及"悟"来定义"学"("敩")。"敩"由"教"和"冂"("尚矇"的意思)构成的词源学分析也进一步表明,它的意思即为"教所不知者"。《广雅》对"学"的注解为"教",而且早期文献中"学"的这一意义有无数的例证。段玉裁注《说文解字》就强调"学"不是单指"学"(studying)或"教"(teaching),而是"学"(learning)——一种同时涉及"教"和"学"的活动。

"學"字的这个相互性意义表现在它的构成成分"臼"上,它有两手相扣相互支撑的意思。关于"學"的更有启发性的探讨,参阅刘殿爵:《孔子:〈论语〉》,第38—40页。

〔13〕 《广雅疏证》"敩即效"的定义强调了这一点。

〔14〕 高本汉(Bernard Karlgren)《汉文典》中的推想很有意思。他认为,古汉语中"文"与"闻"是同音字。"闻"的主要意思是"听",但在古代著作中

常常使用它的引申义"被告知"(to be told)/"听到"(to hear),即"学"(to learn)。如《论语·公冶长》曰:"回也闻一以知十。"

〔15〕 参阅《论语·子罕》。

〔16〕 参阅《史记·孔子世家》。

〔17〕 参阅《论语·公冶长》《论语·述而》。

〔18〕 参阅《论语·雍也》《论语·先进》二章。

〔19〕 参阅《论语·泰伯》:"学如不及,犹恐失之。"

〔20〕《论语·阳货》:"性相近也,习相远也。"

〔21〕 参阅《论语·雍也》。

〔22〕 参阅《论语·述而》。

〔23〕 参阅孔子关于"君子不器"(《论语·为政》)、"何执"(《论语·子罕》)、"卫灵公问阵"(《论语·卫灵公》)等的论说。

〔24〕 参阅孔子关于"干禄"(《论语·为政》)、"学,不至于谷"(《论语·泰伯》)、"古之学者为己,今之学者为人"(《论语·宪问》)的言论。

〔25〕《论语·泰伯》所谓"恭而无礼则劳……直而无礼则绞"在强调"学"中"礼"的中心地位上与该章有相似之处。

〔26〕 参阅《论语·述而》。

〔27〕 参阅《论语·阳货》。

〔28〕"思"字是由"囟"(the top of the head)和"心"(the physical and psychical heart-and-mind)二字所构字的一个变体。《说文解字》中对该字字形的解释为"人之精髓在脑,脑主记识。古思从囟"。《说文解字》所谓"思,容也",意思是"思"为可包容万物的深谷。段玉裁详解为:"容者,深通川也。……谓之思者,以其能深通也。"解经传统中就"思"是否是"容"(to contain = to tolerate)的一个书写讹化的问题有争议。《春秋繁露·五行五事》中的一段话再次强化了这一推论:"思曰容,容者言无不容。……容作圣,圣者,设也,王者心宽大无不容,则圣能施设,事各得

其宜也。"与"才"和"容"的意义相一致,《说文解字》进而将"思"作为一个包含种种思想模式的类概念:思(pondering)、虑(calculating)、冥想(meditating)不一而足,"凡思之属皆从思"。《尔雅》对"思"的定义是这样的:"悠、伤、忧,思也。怀、惟、虑、愿、念、恁,思也。""容"的观念与"思"的进一步关联体现在孔子反复坚持"学"使人有"容""不固"(如"君子……学则不固"[《论语·学而》]"毋意、毋必、毋固、毋我"[《论语·子罕》],以及"非敢为佞也,疾固也"[《论语·宪问》]等表达)。事实上,《论语·子张》中的"容"也表达了同样的意思:"君子尊贤而容众……我之大贤与,于人何所不容?""思"除了表明采纳所学知识,似乎还是有目的、有针对性的,寻求对所学知识的种种条件和内涵的明晰理解,《论语·季氏》曰:"君子有九思,视思明,听思聪,色思温,貌思恭,言思忠,事思敬,疑思问,忿思难,见得思义。"

[29] 安乐哲:《"体"在中国古典哲学中的意义》("The meaning of body in classical Chinese philosophy"),《国际哲学季刊》(*International Philosophical Quarterly*),24(1984),第39—54页。

[30] 同样的观点也可用以说明,"个体"与"社会"两个范畴间二元对立的观念与中国语境的不相适。杜维明认为儒家哲学没有严格意义上的心理学和社会学术语,并且指出这种语言即便在西方社会也不适当,而且从经验上说也是站不住脚的。(杜维明:《孔子〈论语〉"仁"的生动隐喻》,第53页)我们下文将有机会通过参照社会心理学家米德(George Herbert Mead)以及晚近以来其他受到他"人的不可化约的社会性"观点影响的学者的著作回到这个问题,并详细阐发杜维明的观点。

[31] 安乐哲:《"主术":中国古代政治思想研究》,第1—6页。

[32] 《荀子·劝学》。

[33] 《中庸》第二十章,对照《论语·子张》:"博学而笃志,切问而近思,仁在其中矣。"《中庸》通常被译为"*The Doctrine of the Mean*"。杜维明避免了

这种可能与亚里士多德哲学关联的译法,他更为恰当地将之翻译为"Centrality and Commonality"。我们下文探讨用"点域"(focus-field)模式作为解读孔子思想的一个手段,其中会有对杜维明这更恰适翻译的深入论述。

〔34〕还可参阅《论语》中《为政》《公冶长》《子路》《阳货》等相关篇章。

〔35〕《孟子·尽心下》。

〔36〕刘殿爵:《孔子:〈论语〉》,第8页。

〔37〕《说文解字》将"知"断为由"口"和"矢"的两个词源构成,并且,将其定义为"词也"(verbal expression)。有关《说文解字》中"词"先于"识",进而传达了"用口陈述,则心意可识"的这一关于"知"的观念,有一些很有意义的评论。这些观点认为:就此,"知"基本上是由"口"建构,然后据"词"定义,最后才获得"理解",而这整个过程都强烈关联到语言表达。

评注者一般将"矢"理解为表音成分。尽管高本汉在《汉文典》中已指出,"矢"的古汉语拼法"sîîr/si:/shi"与"知"的古代拼法"tieg/tie/chi"有相当大的不同。我们或许更想突出"矢"的语义关联:意在沿某既定方向投射到某特定目标。此一关联与高本汉的认识不太一致,他认为词典编纂者由于错会了最初由"人"和"口"构成的字形,结果才使用了字形上与"人"相似的"矢"。

《说文解字诂林》则提供了理解"知"的一个重要含义:

(清)王念孙曰:"知或训为'接'。《乐记》'物至知知',言物至而知与之接也。"古者谓相交接曰知,因而与人相交接亦谓之知。故有"知交"之。语因而相匹偶,亦谓之知……王氏(引之)曰:"知又训为'见'"……皆谓见于面也。

"知"似乎应当是表明参与到某种关系的实现上,其中,实现者和被实现的事物是不可分割的两部分。

"知"最后一个含义是在"知国"或"知州"(管理和行使政府职能的

人)的表达中含有的"做"(to do)、"行使"(to administer)、"决定"(to determine)的意义。该意义对揭示"知"的能动性和创造性维度有重要意义。

〔38〕《春秋繁露·必仁且智》。

〔39〕《白虎通·性情》。

〔40〕《中庸》第二十四章、二十五章。

〔41〕韦利:《孔子〈论语〉》,第200页。

〔42〕同上。

〔43〕《论语·为政》。

〔44〕陈大齐:《孔子学说》,第78页及下文。

〔45〕我们受益于刘殿爵对"惑"的理解,并遵从他将"惑"(最常被翻译为"doubts"或"delusion")翻译为"two minds"。刘殿爵认为"惑"是由于对众多选择困惑而产生的"疑"。"惑"如果说不是源自"或"(either/or),那也是后者的一个同源词。

〔46〕请参阅第五章。

〔47〕道迟认为真理是事物的一种性质,适合它自身的特定目的:"真理的本质因而被认为是某种性质的实现。它不是先定的,而是实现的。"(道迟:《关于真理:一种本体论》,第98页。)

〔48〕休斯顿·史密斯:《西方与比较视角的真理观》,第430页。说古代汉语没有可翻译为"truth"的词或短语,这当然会引起争议。我们这里关心的是如何找到中国文化中的与truth相类比的词。关于古代汉语为什么很少涉及较严格的"真""假"观念的进一步探讨,参阅下文第五章,本书旁码第298—300页。

〔49〕同上书,第432页。

〔50〕《中庸》第二十五章。

〔51〕杜维明:《中庸》,第107页。

〔52〕《中庸》第二十四章。该文中"祯祥""妖孽""蓍龟"等词或许不应被理解为儒家有相信神秘力量的倾向。孔子的权威和儒家传统比超自然学说要更受重视。该章主要体现在对"知善恶"以及预知这种"知"的重要性的表达上。

〔53〕《孟子·尽心上》。

〔54〕《孟子·离娄上》。

〔55〕《中庸》第二十章。

〔56〕关于该问题的全面探讨,请参阅下文第四章。

〔57〕《论语·子张》。

〔58〕参阅《论语·述而》:"子以四教:文、行、忠、信。"

〔59〕《论语·学而》:"谨而信"。

〔60〕《论语》之《学而》《公冶长》《述而》《子罕》《颜渊》《卫灵公》等相关篇章关于"忠信"的探讨。

〔61〕《论语·卫灵公》。

〔62〕《孟子·尽心下》。

〔63〕韦利:《孔子〈论语〉》,第108页。

〔64〕参阅《论语》之《学而》《公冶长》相关章节。

〔65〕参阅《论语》之《颜渊》《阳货》《子张》相关章节。

〔66〕参阅《论语·阳货》。

〔67〕参阅《论语·公冶长》:"十室之邑,必有忠信如丘焉,不如丘之好学也。"

〔68〕《论语·卫灵公》:"君子义以为质……"

〔69〕刘殿爵:《关于"复言"》,第424—433页。

〔70〕《史记·孔子世家》。孔子对《诗》的自如使用——对文化经典的开放诠释——都显然表明对他思想的任何认识也必然有创造性成分。

〔71〕关于《诗》的介绍,请参阅沃森(Burton Watson):《中国古代文献》,第

202 页及以下。尽管《诗》是我们考察西周社会一个最重要的窗口,但它并非完全明朗的,对文本语言的认识还有许多困难。诗本身具有简略、象征性和引发联想的表达,这种表达或许永远都不可能得到完全的阐明。而且,《诗》中经常出现的古汉语和方言也使得对它的解读极为艰难。由于我们对周代所知甚少,因此,无法把握《诗》中许多背后的习俗以及当时文化政策等微妙复杂的意义。

〔72〕 参阅《论语》之《述而》《季氏》等相关章节。

〔73〕 《论语·泰伯》:"兴于诗,立于礼,成于乐。"

〔74〕 参阅《论语·卫灵公》。

〔75〕 《鲁颂·駉之什》:"思无邪,思马斯徂。"

〔76〕 有关孔子创造性的运用《诗经》这一认识,还有一种受到关注且尤其是受到中国当代学者广泛赞同的解释。蔡尚思就被认为是对孔子解《诗》目的"客观"评价的一个代表。孔子创造性地运用《诗》无可争议,但问题是孔子这样做的目的何在?蔡在其《孔子思想体系》(尤其是第124—131 页)中就持这样的立场:"孔子的文艺思想所具有的一个显著特色,那就是他把文艺看作政治的工具。"(第 125 页)基本上也是就我们上面所引"巧笑倩兮"等的分析,蔡总结出孔子正是在政治目的的驱动下才创造性地运用了《诗》:"总之,孔子编选《诗经》,做了好事;讲诗歌同政治生活的关系,也有道理。但把诗歌看作政治的婢女,鼓励对古诗断章取义,各取所需,把诗教当作满足统治者宣传'思无邪'需要的手段,则对后世造成了很坏的影响。"(第 131 页)

蔡的论点基于这样的假设:即孔子是当权者的喉舌。他对《诗》的哲学化乃是为了巩固一个业已树立的政权体系,使之波澜不惊地维持下去。后世政治谱系故意弱化孔子思想本身与其诠释之间的区别,这是我们全书深以反对的一个观点。与此同时,我们还反对将孔子解释为周朝封建制度保守的拥护者。

第二章 三十而立

一 释"人":另一种解读

西方传统中,"成人"(becoming a person)的历程一直以来都是根据某种超验模式理念的实现来描述的。"成为你自己"是最有影响的经典表达。唯物主义和唯心主义思想家将这一告诫解释为:"认识你的本质,让它来决定你。"柏拉图力图洞见存在规律自身的不变本质,其教育方式就是促使人们达致这一认识的种种途径;弗洛伊德的精神分析要求从表层心理到深层心理的转向,他们的"成人"都涉及对人之根本的实现。自然主义对人作为理性有机体的认识与实在论有着同样的偏见,因为,该有机体是由描述理性自身的终极目的限定的——"成人"就是成功地按照理性目的行事。

希腊传统中与"人"的实体概念不同的另一类思想最早出现于智者派。自此,人是"创造者"的认识被引入我们的哲学意识。我们传统中这一逐渐形成的"创造"意识或可与儒家社会的"成人"概念建立某种最合适的关联(和对比)。因此,最要紧的就是尽可能准确地理解孔子的中国"创造"（成, making）与对应的西方此概念的异同。实现这一目的最有效的方法就是探究这两种文化传统中"成人"（person making）与思想（thinking）的内在关联。

当我们重温盎格鲁-欧洲传统中思想的意义时，便会注意到理性和经验的区分有多么重大。该区分首先表现在巴门尼德的思想中。这一区分所分化出的相关理论与实践、思想和行动的区别为理性的本体论和技术类两种形式都提供了发展基础。涉及解决实际需求相关的实践问题的技术理性，已经逐渐主导了我们对思想过程本身的认知和理解。而另一方面，根据本体论理性来定义"人"，将认知活动限定为对某种决定事物最本质的原理的领会占据了我们历史的大部分，现在更经常地被表述为心理学、社会经济学、政治学或科学实践。马克思主义、弗洛伊德主义、自由民主主义以及科学技术价值观都是我们当代文化弄潮儿的理论根据。

盎格鲁-欧洲哲学的这种转变表明，行为的理论和实践之间的区分使"知识"（knowledge）、"创造"（making）和"行动"（action）的观念彼此相对分离。该分离的一个有效运用就是，根据"教育"（education）和"知识"（knowledge）的对比来理解思想的内在目标。罗蒂《哲学与自然之镜》一书结尾恰恰谈到此种转向。罗蒂引证伽达默尔的《真理与方法》（*Truth and Method*）[1]作为他论述的基础，指出伽达默尔用"'教育'（*Bildung*）（自我塑型）（education, self-formation）取代'知识'作为思想的目标"[2]。罗蒂认为，伽达默尔（跟海德格尔一样）把寻求客观知识当成只不过是一种与其他正当事业一样的事业。[3]对"成人"的规划性方面的强调,使我们认识到与"成人"相关的各种事业以及这种种规划都是创造(生成)性的。每一种创造(making)都应在作为自我塑形、自我阐明、自我创造的"教育"概念上来理解。

被各式各样弗洛伊德和萨特式的哲学家所强调的自由和自知(self-knowledge)之间的联系表明了"知识"有不同含义。它不再是认识外部世界的本质之物的例证,而是对自我的描述、说明和诠释。当然,完全把握思想和"成人"之间这一关联还是有困难的,因为它有可能将思想过程界定为自我中心式的"自知"——该观念的狭隘会导致抗拒和质疑任何有意义的人际或社会关系。

然而,源于存在主义、实用主义和马克思主义哲学家们的当代理论却明显可以看出自我与实践或行动的关联,这使我们注意到主体间性(intersubjectivity)的问题。个体只要放弃寻求超越人类客观知识的想法就能够正确获得自我这一观念,它建立在私人或社会语境中个体的相互作用。这也就是说,如果我们不再寻求上帝的意志或无情的自然法则,我们必定会找另一个来替代。因为,一旦客观知识的神话消除了,世界就不再是我们外在、冷静研究的客观材料而成为(相对)包容他者的清晰表达。换句话说,它就变成文化。文化蕴涵的正是最能代表人类社会的人的创造性。

我们对孔子"学""思""知"等概念群的探讨都明显体现了,无论"学"的资源还是"思"的表达能力,都是文化成就。正是在此意义上,文化成为思想的根基。我们对孔子"成人"概念的思考将会突出"礼"(ritual action)、"义"(signification)和"仁"(authoritative personality)之间的动态关系,该关系同样将文化环境设定为成人过程的基体。正如我们将要看到的那样,孔子对"成人"的理解相当独特,而西方传统中与它最相似的应是存在主义和美国实用主义。[4]

上文我们已指出,西方根据"创造"过程决定"人"的观念植根于古希腊智者派的思想。近代以来,一些文化人类学家更是坚决维护此观念。他们试图从脱离人类生物族系的角度来定义"人",这就形成了"人会制造工具"的观念。工具被引入最初人类社会,其功能之一就是产生了自然人与文化人的相互作用。这些工具成为"文化客体"(cultural objects),它们从最原始的磨尖的石头到语言象征符号经历了种种复杂多样的变化。人类既是文化客体产生的根源,又是这种客体最为复杂的例证。人所创造的文化与自然世界意义的生发是同时发生的。就此,人的创造就是意义的创造。因此,作为文化客体的人首先是文化客体的创造者,从而也是其自身的创造者。

人类学家和哲学家把自然与文化的对比作为一种诠释工具。而自然与文化的对比本身依赖的是作为意义行为总体的文化。哲学人类学家列维-施特劳斯(Claude Lévi-Strauss)[5]宣称理解这条从自然通向文化的路是人类学的中心问题。概念和理论只能以之为前提,在这条设定的通道产生之后才会出现。作为意义创造者的人的最初产品是他的自我、他的人(格)。

当代存在主义和实用主义者将这一对人性的认识转化为极

为高妙的对创造(成)"人"的活动的理解。萨特(Jean-Paul Sartre)是存在主义思想比较典型的代表。对萨特来说,人是根据自由与自知的关系来理解的。但该关系本身却必须借助行动的概念来理解。"行动就是改造世界,就是根据目的采取手段。"[6]然而,对萨特来说,行动之所以重要在于它是有意图的,而这个意图就是意识到某物(即,意在之物)之为虚无。将虚无之物有意识地带入存在是行动的目的。这体现了人的自由,因为意识不到将虚无之物带入存在乃真正可能之事,就不会产生意图。"虚无通过人这一存在进入世界。"[7]这就是说,人的意识产生于对虚无状态的承认,人的自由是以寻求将非存在带入存在的有目的的行动为基础的。"人与存在的关系即人可改造存在。"[8]

与存在的这一关系使人自身的存在更为真实。自我作为意在改造的客体,是身处万物之中的自在(en soi)之物。人只有通过意图指导的行动才能成为有"自为"(pour soi)意识的人。"成人"就是"自在"个体转化为"自为"的塑造过程。

此种获得"人"之意义的方法,其问题在于,尽管它相当巧妙地克服了西方将人性首先描述为抽象本质或原理的固有问题,但它却对说明"成人"的社会性造成了相当大的困难。例如,唯心主义"人"论可以借助表征人之根本意义的理性和经验的超验结构来描述人彼此作用的社会或社群品格。萨特的这种存在主义的解读却始于个体意识,这继而必然会将社会诠释为个人的适应和调整——每个人都在改造他者或被他者改造着。该观念尽管并不足以将我们带回霍布斯所谓"一个人对所有人的战争",但却显然表明社会的相互作用是竞争性的。正是基于这种个人主义的偏见,存在主义者不可能在诠释"人"时充分探究社会文化因素。

就萨特来说,社会和人际关系的基础存在于"自在"与"自为"的区分上。一个人只有作为"自在"物时才会为外物所决定。而社会中个体协作和竞争的关系却都取决于"自为"的自主性和整体性。该理论的问题在于,一个宣称"自为"的人却恰恰不得不选择谁将会成为决定者。

萨特后期转向马克思主义理论这一事实表明:首先,他的存在主义思想本身不能生成令人满意的社会政治理论,因此不得不借助另一种哲学资源;其次,"自在"和"自为"与社会中的个体之间关系的种种规范似乎是由某种专门经济理论决定的。萨特的社会理论,用他自己的话说,似乎也是与他所批判的其他理论普遍存在的"坏信仰"一样。关于"人"的意义,萨特接受外在决定论,但外在决定因素并不符合其思想的原义。

从坚持"人"的社会性的观点来看,这种坏信仰在任何存在主义理论中,在每一个关于"人"的意义的个人主义观念中都可发现。这些理论的缺失在于,在对"人"的意义和"成人"概念的探讨上,忽视了对作为第一信息源的社会环境之作用的重要讨论。

人是意义的创造者,他们首要创造的意义与自我有意识地拥有经验世界相关,这是存在主义和实用主义传统共同拥有的观念。然而,在实用主义哲学中,"人"作为有自我意识的存在的发展,依赖的是更为根本的社会性彼此作用的观念。这与存在主义思想中个体绝对性的观念是针锋相对的。因为"个人"(尤其对已获得发展的人来说更是如此)必须始终被理解为与社会环境息息相关。

杜威根据经验的自我和存在的自我之间的区分描述了意识和人性的社会派生性:

> 经验(事件连同其本身特有的种种性质和关系的一系列过程)出现、发生且成为经验本身。与这一切相伴(不是外在或作为基础)而生的,是那些被指称为个体的现象。这些个体根据它们可具体说明的方面和可具体说明的结果,会拥有诸如树枝、石头和星星等客观名称,它们展现的是经验某些对象和行为的倾向与作用。[9]

自我是对经验过程某些结果负有责任,并以这种方式从经验中产生的。这一接受取决于所采取的行动。该行动"表现为对未定的事件之流未来善益的期待,同时也承担可能的恶果"[10]。因此,对杜威来说,人不是经验的创造者,人更确切地说是运用经验且因而也自然接受其结果的反应性行动或行动者——无论善、恶。

强调个体对所采纳的经验的反应性以及对其所负的责任,显然表明自我生成于社会环境中。因为,个体从中选取自我经验的环境并非仅仅是一个树枝、石头和星星的世界;它显然是因其他人促发的最有意义的反应。思想、信仰、欲望常常都是文化因素促成的经验。而且,尽管人类严格说来不是经验的创造者,

但他们确是经验过程激发的最复杂最高妙的现象:

> 创造和责任以两种不同的方式看待世界,一个面向过去,一个面向未来。自然活动(包括社会习俗)引发思想和情感。说"信、望、爱"实际上就是说创世绝非定论。[11]

更有趣的问题之一就是社会习惯生成经验的方式。杜威强调:"动物通过发信号的方式在整体规划的行为中彼此沟通、交流……而人类则通过语言交流、对话等行使这种功能。因此,一种生活方式的行为造成的结果与他者的行为不可分割地交织在一起。"[12]

语言、对话作为一种社会习惯是产生思想和情感的自然活动。人类可用语言进行交流说明,人类不是经验的创造者。"我想、我希望、我爱"作为面向他人的表白,不仅是对经验的运用,也是对他者经验的召唤,是对回应的默默希求。经验最深的层面涉及沟通——它实际上几乎就是沟通的结果。

杜威认为,"人"并不是仅通过对未来结果的深思熟虑才从自然经验过程中产生出来的。人类拥有对瞬间经验做出反应的能力:

> 一般来说,在人类经验最根本最显著的性质中有一个最突出的特性,即嗜好直接的享乐、宴饮、节日、装扮、舞蹈、歌唱、精彩的哑剧、讲故事、编故事……直接享受和满足是最紧要的。[13]

经验的直接满足常常很受欢迎,尽管它也常会带有这样那样的负面结果。醉酒狂欢常会伴有与选择此种快乐经历而来的尚可忍受的坏后果。相比于工具快感人类首选的是审美快感。神话和礼仪巨大的吸引力就在于其将工具价值与审美价值融为一体。杜威实际想表达的是,礼仪行为对构成独特的人类的重要意义就在于快乐和节制都适得其所。礼仪庆典的规程体现了快乐和效用最紧密的关联。

其实,语言、礼仪等所有社会习惯都在突出和规范经验的同时强化经验的快感。个体在很大程度上都是他们自己的行为习惯以及彼此影响、参与、交流和沟通的种种习惯的表征。成"人"是一种运用经验且从运用经验的活动中生发的态度、愿望、信仰和思想等沟通交流的过程。有了这样一个过程,任何使个人脱离他与他者进行交流的社会母体的想法都是荒唐的。社会是孕育个人的母体。更准确地说,构成文化最核心特质的思想、制度、看法等产生种种社会作用,个人正是由这些社会作用培养出来的。

萨特与杜威对"成人"的主体显然有不同认识,这基于他们对"创造"(成)意义的理解。对萨特来说,(自为的)人是由改变或更新建构他或她的环境行为成就的;而对杜威而言,人则产生于对快乐和节制的行动中。存在主义者把"从虚无中生成"(*creatio ex nihilo*)视为一种德行和力量。实用主义者使经验的运用和转化变得更为微妙和复杂,以此方式进行"创造"。实用主义传统中的"成人"根本上是社会性的。社会和个人以某种互助互惠的方式产生。

存在主义和实用主义对人的认识,与孔子的"成人"概念,二者都各有利弊。存在主义主要的优势在于人文主义观念,它拒绝运用自然主义概念诠释人类。因为,自16世纪以来,西方哲学中的自然主义就一直根据自然科学的主导模式——不管是唯物论物理学、进化论生物学还是行为主义心理学——来理解的。存在主义的人文主义如萨特和早期的海德格尔根本上反对向哲学人类学置入自然科学的主导文化趣味,其古典的外衣只会窄化思想的概念以遵从科学和技术理性的需要。

我们认为,存在主义致命的缺陷就是它的个人主义前提,该前提使社会成为一个派生因而也是抽象的概念。实用主义当然对存在主义的个人主义有所矫正,但与此同时却有可能堕入同样严重的错误,即将"人"的概念过度简化为完全归功于自然科学式的自然主义范畴。从而对杜威来说,科学知识在其最宽泛的意义上便是:

> 使现象能够被理解。这样解释的现象可被精神完全把握……有时被命名为"应用"科学的科学或许比习惯上称为纯粹科学的科学更是真正的科学。因为它直接关涉按照我们的需要有效改变存在所行使的手段……因此,知识更充分地体现在工程学、医学和社会艺术,而非数学和物理学中。[14]

杜威同其他实用主义者一样(或许威廉·詹姆士是个例

外)寻求将工具主义知性拓出技术理性的限制,但是其理论的自然主义倾向阻碍了他这一努力的实现。而杜威的同代人,也曾是他的同事,乔治·赫伯特·米德,他的自然主义思想则很容易摆脱杜威所植根的捍卫科学的语境。

正因此,我们将借助米德这相对低调的实用主义思想,它或可成为解读孔子"成人"观念最好的钥匙。杜威在极为接近"科学主义""非超自然主义"或"物质世界""非宗教"的意义上使用"自然主义",米德与之不同,他后来根本上是在人文主义意义上运用自然主义。因此,可以说,米德的"自然主义"更接近孔子的人文主义。

米德的著作主要为美国实用主义的社会心理学家和历史学家所熟知,其根本观点与杜威一致。而在"成人"的意义及其与思想的关系这一问题上米德则有突出贡献。因为米德的理论较少有严格意义上的哲学创新,更多则在于他的出发点比杜威更是社会的。米德可谓是社会心理学这一事业的创始人。他为巩固自己的观点和理论提出了许多科学假定。这也就是说,他是在哲学意义上思考科学性学科的先驱者之一。另外,他的思想显然是一种社会科学而非自然科学。在米德看来,自然科学本身是根据其社会理论进行诠释的。[15]

米德首先以最彻底的方式对待"社会"这一概念,这使他对自我产生于社会环境的认识成为思考孔子"成人"思想极富价值的资源。米德认为自我从经验中产生,这与杜威一致,但米德对这一生成本质的描绘比杜威更为复杂精妙。米德认为,人依靠对"普遍化他者"(generalized other)这一观念的内在化,获得自我的统一体或曰整体：

> 赋予个体自我统一体的有组织的社群或社团或许可以被叫做"普遍化他者"。"普遍化他者"的看法就是整个社群的看法。……个体只有将其所属的有组织的社团的意见用到有组织的、协同的社会活动中……即社团本身所参与的活动中，个体才可能发展为一个完全自我或拥有他发展起来的完全自我。[16]

81　　采取"普遍化他者"的看法始于采取那些与个体打交道的人对他所持的特定态度。这些态度也包括那些个体对待彼此的态度。这一过程的完成涉及它对整体的社会共同体的普遍化。这一普遍化以两种方式运作：首先，尽可能涉及所有的观点；其次，作为整体的社会团体的观点被内在化。正是这后一些观点，那些"普遍化的他者"表达了"世界"最一般的特征。抽象地说，这些特点就表现在谈话本身的框架、语法和句法，以及种种数学和逻辑关系上等等。因而，对米德来说，自我是由对其他角色和其他认识以及其被整合为某统一联合体的内在化建构而成的。

　　然而，自我的充分阐明还需另一面。自我不仅是他者以某种组织化的形式表达的个人或社会态度。这只是"小我"(me)。"对他者态度做出回应的有机体才是(大)'我'(I)"：

> "小我"(the me)体现了我们态度中的共同体的确定规划，它吁求回应……而"大我"……可以说，是对个体经

验内社会情况的反应。它是假定个体在需要表态时对他人对其所持态度的回应……他对他们所持的态度表现在他自己的经验中,且包含新的成分。"大我"拥有自由和主动的意味。[17]

"大我"对"小我"的回应总是不能以任何精确的方式预知。因此,"大我"和"小我"之间产生的辩证过程不仅创造获得发展的自我,而且是创新赖以进入世界的方式。"'大我'既唤起'小我'又回应它。他们一起建构了展现在社会经验中的'人'。"[18] "大我"和"小我"之间的辩证关系描述了思想活动本身的性质。自我是"个体不断预先调整自身以适应所属环境,并反作用于环境的过程。所以,'大我'和'小我'这种思想行为,这种有意识的调整,因而就成为整个社会进程不可分割的一部分,并且使得一个组织化更高的社会成为可能"[19]。

这是"成人"之社会基础一种直接、明确的表达。它同时也是对思想和"成人"之间关系的直截了当的宣称:如果"成人"确然是社会性的,那么思想的行动亦是如此。没有超越凡俗的事实或真理,没有物理学或数学的教义和学说,没有形而上学原理,没有永远的真实——除了由"大我"和"小我"相互作用所表明的真实。它们彼此依赖,而且都植根于经验的社会性。

从米德自我生成于其社会语境中的观念,我们或可找到孔子观念与西方传统某些近似之处。米德的自然主义从根本的意义上来说是人文主义,尽管他观点的表达还似乎背负着达尔文主义和行为主义的科学风格。

20世纪西方哲学向实践的转向似乎使我们有待处理的问题变得简单些,但我们仍然必须谨慎。在任何由头脑简单导致的理论与实践、思想与行动根本分裂的情况下进行哲学化是一回事,而有意识地反抗这种分裂而建构个体哲学又完全是另一回事。存在主义哲学(以及实用主义)所奠定的理论简化为实践以及随之根据行为解释思想的情况不可能充分阐释孔子思想,因为,后者并不认可理论与实践的彼此背离。

我们已努力尝试说明,思想对孔子来说是理论和实践不可分割的整合,我们也将试图论证,对孔子来说"人"的意义同样如此。而且我们认为,萨特尤其是杜威和米德的观念,只要经过审慎处理,对理解孔子思想还是有帮助的。反过来,孔子的"成人"思想对说明和重构我们传统中"创造(making)"的意义或许也会有帮助——比如避免轻易接受对该术语狭隘的技术化理解。我们如果不准备接受外来哲学的这一援助,将会在实践层面重复犯理论层面的同样错误:仅以科技理性代替理论理性作为确定(有思想的)"人"的首要标准。

二 礼义的互为性

我们已经描述了在孔子思想中,"人"是作为某种"通过而思"的行动表达和实现的。既然思想体现了通过"学"的人际活动对文化传统的吸收和运用,而且在"知"和"信"的共同行为中升华,那么,思想从根本的意义上就拥有社会维度。与此同时,由于人在思想过程中必须对普适的文化加以改造以适应他自己的独特境遇,从而展现自我创造性,因此,思想拥有主观能动的目的性这一主要特征。

上节我们通过对教育、思和修身等的探讨描述了思想的动态过程,本节则进一步拓展,重在探讨通过人际活动的"思"。我们在第一节已简要说明对孔子来说理解"人"需要他者的参与,该节还想接着讨论"成人"可以被描述为一种人际沟通和交往的过程,成长中的人在其社会环境中不断努力获取整体性。这一整体的性质,正如我们将要揭示的那样,既是个人适应环境的一个功能,也是通过其个体之"义"(适当性)表达创造性改变语境的功能。

孔子思想中将"通过而思"的行动扩展为包含做人的这一整个动态过程,它体现在从"人"(individual person)或"己"(individual self)到"仁"(authoritative person)的转换过程中。"小人"(retarded individual)就是由于缺乏努力或远见而没能发展为"仁人"的"人"。

"人"之成长这一动态发展过程可以证明,我们很有理由选择"仁人"来作为孔子《论语》的核心概念。仁人通过培养自我之"义"(自己的判断力、适当感以及有选择地将己之价值投注到世界的能力),而从礼(cultural legacy)之规范的行为、风俗和习惯中发现和运用意义。他因袭传统而假定了社会公论的权威。与此同时,其个人之"义"又是改造传统以适应新环境新意向,以及恢复传统的力量,使之成为发展和展现自我意义的必备之具。在此意义上,获得高度发展的人作为"意义展示者"使自己参与到文化传统的规划和创造中。正是**社会公论权威**

(authority)的化身和新生文化的**创造者**(authorship)的对话使之成"**仁**"(authoritative)。

该节我们将尝试首先通过分析"成人"的动态过程借以表达的语言,继而阐明我们分析的种种哲学含义的方法,说明我们对"人"(individual)和"仁"(authoritative person)的区分。这也就是说,在哲学层面上,我们将从"礼"(ritual action)、"义"(signification)之间的运动和转化来考察"仁"的产生。我们将尝试通过概念的分析和重构使孔子的"成人"观念获得某种连贯一致的说明。

这一点很关键。因此,在此就很有必要强调两点:一、在孔子思想中,社会语境对"成人"观念来说是不可化约的;二、我们鼓励读者从该节寻出一条与后面几节有前后传承关系的诠释线索。这种谨慎是为了努力扭转我们当代对"人"认识上严重的个人主义预设。我们必须不遗余力防止心理分析的倾向,进而言之,只囿于概念之间的区别,仅仅为了分析出清晰性,而忽略对其彼此内在关联的了解,这恰是真正的危险所在。

1. 礼

孔子在谈及自己的成长历程时说"三十而立……"(《论语·为政》)"立"(stance)这个概念当然与更为特殊、形式化的"位"(rank, position)这一概念有关联,而且指的是人奋斗和追求的总体状态。《论语》中反复宣称正是"礼"使个体得以决断、设想和展现他个人的"立":

陈亢问于伯鱼曰:"子亦有异闻乎?"对曰:"未也。尝独立,鲤趋而过庭。曰:'学诗乎?'对曰:'未也。''不学诗,无以言。'鲤退而学诗。他日,又独立,鲤趋而过庭。曰:'学礼乎?'对曰:'未也。''不学礼,无以立。'鲤退而学礼。闻斯二者。"陈亢退而喜曰:"问一得三:闻诗,闻礼,又闻君子之远其子也。"(《论语·季氏》)[20]

Ch'en Kang asked the son of Confucius, Po-yü, "Have you been given any kind of special instruction?" "No," he replied. "Once when my father was standing alone, I moved quickly and deferentially across the courtyard. He addressed me, saying, 'Have you learned the *Songs*?' I replied 'no', to which he remarked, 'If you do not learn the *Songs*, you will not have the means to speak.' I deferentially took my leave and learned the *Songs*."

On another day when he was again standing alone, I moved quickly and deferentially across the courtyard. He again addressed me, saying, 'Have you learned the *Rituals*?' I replied 'no', to which he remarked, 'If you do not learn the *Rituals*, you will not have the means to take a stance.' I deferentially took my leave and learned the *Rituals*. What I have learned, then, are these two things."

Ch'en Kang, taking his leave, was delighted, and said, "I asked one question and got three answers. I learned the importance of the *Songs* and of the *Rituals*, and I also learned that an exemplary person does not treat his son as a special case."

该章中,"不学礼,无以立"这句话,可以揭示几个与"礼"的地位和功用以及它在"成人"过程中所起的作用。

首先,"礼"的社会方面在其演变过程中是一个重要要素。普遍认为,"礼"最初是因为统治者想要与神灵建立和保持某种关系而制定的形式化程序。这些礼仪模仿宇宙节律创造的,是一种强化人类与其自然和神灵世界谐和关系的手段。它们被用来加强人类对有节律的存在的参与意识和语境意识。于是,"礼"逐渐从统治者自身延及宫廷和社群的其他成员,发展出越来越多的社会意义。每一个参与者在这些礼仪行为中都拥有自己适当的"位"。如果一个人不了解"礼"的程序,他会完全不知道何处"立"身。[21]

该章所表明的"礼"的第二个特征是其揭示和展现的功能。"礼"字的词根是"示","示"的意思就是"显现、标记、表明"(show, sign, indicate)[22],因为这些礼仪最初在一种宗教语境中表演,让人类的意图为神灵所知。"示"作为字的词根常常表示宗教事务。"礼"字的部首"豊"(vitual vase)进一步将礼仪与神圣和献祭相联。尽管中国社会情况有所改变,礼的范围从仅局限于宗教礼仪扩展到包括各种各样建构人际交往的形式化行为,但社会礼仪这一演化的观念也从来没有失去其神圣和供奉的意味。处于中国文明雏形期的周代,社会从基本上是部落—氏族体系发展为某种更为复杂的半封建社会等级制,"礼"从最初的种种宗教礼仪模式,变成社会规范、习俗等等,涵盖了越来越多复杂的关系、制度、惯例的全部系谱。"礼"关注的重心也由人与超自然力量的关系转换到社会成员之间的关系,它们的应用也从宫廷扩展到文明社会的方方面面。

"礼"的演化过程中始终贯穿的与礼仪的形式化结构相关联的神圣感这一事实,展现了中国社会和文化的一个重要特征。尽管"礼"的重心和运用发生了重大转化,但其最初凝聚整体的宗教功能却没有改变。中国各个社会阶层,不仅仅是宫廷,都在礼仪活动中协调他们的生活,以求相合于自然的有序节律。每一个人从自身语境出发,通过文化适应和人际活动自由寻求与整体的关系。如果宗教性是关于个人的"语境意义"以及他与该意义之源的关系的理解和认同,那么,社会礼仪就会为社会成员的精神发展提供工具的同时,也将其神圣性和宗教性注入其中。尽管孔子坚持将他的讨论限定在"礼"的纯粹社会含义上,但后来的学者却将人类社会结构置入宇宙秩序这一更为宽泛的语境中。[23]

"礼"的这一社会维度的演进常常被描述为中国人文主义产生的根据,但是这一说法需要限定。[24]无疑,这一时期表明了"礼"由神性中心向人类中心的过渡,也表明了由听命巫觋向圣人之言、由身份的权威向人的权威的转换。但这种转换不能被理解为某种脱离宗教和神性的运动。正如罗伯特·吉梅洛(Robert Gimello)所指出的:

> 我们更应当认为,对孔子和他的信徒来说,普遍、最终的价值(在其最真实,至少是文化意义上,即宗教价值)就

是个人借此能够完全以"人群中的一员"过上某种丰富完满的精神生活的过程。在此一过程中,"礼"本身更多被认为是人类关系的范例,而非神职人员的行为模式。[25]

孔子告诫他的儿子"不学礼,无以立",该观念所表明的最后一个重要思想,乃是从"立"与礼仪传统中的"体"所抽象出的身体的譬比。古字典中,"礼"都是由它的同音字"履"(to tread a path)限定,强调履行且最终体现保存在礼仪中的文化传统的必要性。[26]"礼"与文化传统之"体"有启发意义的关联在于"禮"与"體"这两个字之间的同源关系。正如卜弼德所论,它们是仅有的两个以"豊"(礼器)作为声旁的汉字。[27]另外,他强调,这两个字的关联正在于其"有机形式"部分叠合的含义:

> 这样,"形式",即"有机"形式而非几何形式,似乎将这两个词连接起来。这从古代注者们不断用"體"来注释"禮",即可获得证实。[28]

由于"礼"是聚结文化传统意义和价值的具体化或形式化,因此,"礼"的形式与"体"在概念上有交叠。如果我们敏感注意到"礼"与"义"(rightness/signification)之间的亲密关系,且借此来考察古代文献中"礼"的观念,我们会发现"礼"可被更详实地表述为形式化的人类行为的传统,其既显示了先人所赋予传统累积的意义,又是对重构和创新的呼唤和开放。这些"礼"就像"体"一样"形态"各异,多是由其语境阐明的。蕴积了传统意义的"礼"是传统赖以延续、个人借此获得文化修养的形式化结构。礼仪行为就像文学作品和音乐脚本,使先人们伦理、审美智慧的宝库历经时空流转而获得承传。礼仪活动的参与者在寻求让自己合乎礼仪的同时也从礼仪行为中获取了意义,意义和价值都导源于这种具体化行为,而且,个体赋予新意义、新价值而使礼获得进一步巩固和加强。

另外,正如"體"的简体形式"体"(由"人"和"本"构成)所表明的那样,礼仪和习俗的载体也可被称之为是维护和支持文化传统创新和创造性之"根本"。它就像人类的身体,是一个有机的实体,必须给予滋养和培育才可保存整体。而且,只有不断为之赋予新的活力且使之适合当前环境,才可保持它的价值和影响。它既是过去的成果,又是未来发展的根基。

"禮"与"體"之间这种具有启发意义的同源关系在两种方式上同时起作用。首先,我们已指出,传统相信古代圣王察觉到了自然过程隐含的规律性和秩序,且制定了形式化的行为准则以使人类生活中也保有同样的宇宙模式。这些用来建构人类内部生活且将之与外部连接为一个不可分割的整体的形式化行为,就是宏观世界的"理"(veins, fibres)的一个微观世界。再者,古代文献中充满了将人体、"息"、窍、血脉、五脏六腑等视为一个类似于大宇宙的循环形式的小宇宙的现象。"礼"和"体"二者都作为宇宙功能的模仿共有某种神秘力量、神圣与神力感。

统治者凭借"礼"最早的献祭含义建立了与神之间的关系,该含义始终有某种强烈的关系性蕴涵其中。从个体自省性的对话到最宽泛的社会政治结构,"礼"在人类经验的各个层面都建构、决定且联结着种种关系。同样,礼仪形式提供了某种手段,使个体参与环境、从环境中获取意义且对其有所贡献。

"礼"当然不可理解为是凭神的力量建构起来的规范。如果说它们拥有规范化的力量,那也是因为它们一直都源自人类环境,继而能够更好地利用环境。它们是为提高社群生活而教授和传承的行为方式。同样,人体也是或然性的,它既不是以上帝的形象设计的,亦不是不可改变的种族性状。人体是对环境创造性回应的不断变化的形状。没有理想的外在形式,人所体现的种种才能和本领都产生于整体性的境遇中。"体"是在变幻莫测的环境中努力提升人类生活所获得的意义和价值的可变陈述。

2. 义

对礼进行了一番勾勒之后,我们现在可以进行与释"人"相关的第二个概念"义"的探讨了。"义"常常被分成两个概念,分别译做"righteousness"或"meaning"。由于该概念非常重要且一直以来都如此严重地受到误读,因此我们将暂时不对之进行翻译,而是让它的意思从语境中得以显示。然后,让分成两半的思想重新整合。我们不仅将要论证充分认知"义"对理解"成人"有根本意义,而且我们还要说明,晚近以来对孔子思想进行自由化解读的价值一直以来都由于该概念的忽略或误读而显著减损了。事实上,从儒家思想的源头起,"义"就有争议,于是产生对儒家思想的狭隘和保守解读。该论证还需要补充(却无疑很重要)的一个认识是,盎格鲁-欧洲文化传统解读古典中国思想所运用的理论语言,很容易把与"义"相关联的同源概念,以某种容易引起严重误读的方式加以定义。

我们对孔子之"义"的意义和功能的论证和主要观点将既是激进的又是保守的:所谓激进在于,我们的语义和概念分析将有可能引出"义"一系列相对新的意义,因此,我们会发现自己与传统和当代对孔子哲学的解读都有些格格不入;但既然我们的目的是要接近孔子思想原意,那么,我们诠释的首要目标或许极有理由宣称是一种保守解读。

如果从对"義"(义)和"我"的语源关系分析入手,或许会有收效。"義"和"我"的关系可得的第一个定论就是:古典儒家传统中的"义",应该是人的一种突出特性和其个人身份,至少是一种自然状态。《论语》中,"义"是君子自我塑造的"质"(raw stuff):

> 君子义以为质,礼以行之,孙以出之,信以成之。君子哉!(《论语·卫灵公》)[29]
>
> Having *yi* as his raw stuff, to practice it in ritual actions, to express it with humility, and to complete it in living up to his word: this then is the exemplary person.

在《孟子》对孔子思想的阐释中也反复强调"义"的"内在"(internal)性。它成为孟子与告子多次交谈的主题。告子将"义"视做人性的"外在"(external)产物。[30]而孟子则根据"良能"(an unlearned capacity of the human being)和"良知"(a prereflective realizing)来谈论"义",使之内在化且存于人之本心:

> 君子所性,仁义礼智根于心,其生色也,睟然见于面……[31]
>
> The basic nature of the exemplary person—his capacities for *yi*, authoritative humanity, ritual action, and realization—are rooted in his heart-and-mind and manifested in his countenance such that a sheen is seen on his face.

如果我们不是坚持以某种原子论或实在论方式解读"人"的话,就绝不会提出孟子如何让"仁""礼"这些行为概念居于"心"的问题。事实上,孟子把这些关联概念的推动力放在人心,会使我们想起孔子的"克己复礼为仁。……为仁由己,而由人乎哉?"(《论语·颜渊》)成人与否需要社会评判,但这个社会评判又必须在全部意义上为个人独特禀性所昭示。"义"不仅限于君子,它就像五官一样,是人心所发端的自然本性:

> 至于心,独无所同然乎?心之所同然者何也?谓理也,义也。[32]

荀子明确将"义"定义为人独一无二的特性:

> 水火有气而无生,草木有生而无知,禽兽有知而无义;人有气有生有知亦且有义。[33]

汉初哲学家董仲舒进一步拓展了"仁""义"关系的探讨,强调"义"是个人对其自身行为是否得当的关心:

> 仁之于人,义之于我者,不可不察也。众人不察,乃反以仁自裕,而以义设人……义之法在正我,不在正人。我不自正,虽能正人,弗予为义。[34]

> The relationship of authoritative personhood *jen* to others and of *yi* to the personal self should be carefully examined. Most people do not do this, but instead use *jen* to be self-indulgent and *yi* to demand a certain conduct from others … The method of *yi* lies in making the personal self orderly, not in making others so. If a person is not able to make himself orderly even though he is able to make others so, the *Spring and Autumn Annals* would not designate this as *yi*.

董仲舒接着说明,如果行为表达了"义",那么,就是"自得",行为不"义"则为"自失",因此"义"是个人身份和特性的条件:

> 义者,谓宜在我者;宜在我者,而后可以称义。故言义者,合我与宜以为一言,以此操之,义之为言我也。故曰:有为而得义者,谓之自得,有为而失义者,谓之自失。人好义者,谓之自好,人不好义者,谓之不自好。以此参之,义,我也,明矣。[35]

> *Yi* means appropriateness to one's own person. Only once one is appropriate to his own person can this be called *yi*. Thus, the expression *yi* combines the notions of "appropriateness" and "personal self" in one term. If we hold on to this insight, *yi* as an expression refers to personal self. Thus it is said that to realize *yi* in one's actions is called attaining it in oneself; to neglect *yi* in one's actions is called self-negligence. A person who is fond of *yi* is called a person fond of himself; a person who does not like *yi* is called a person who does not like himself. Considering it in these terms, it is clear that *yi* is personal self.

中国古代文献中,着重探讨人的身份与个性获得的著作,常会将"自得"等同于"得义"。[36]

《说文解字》也根据人的身份的实际获得来定义"义":"义,己之威仪也。"基于"义"的这几种定义和讨论可以看出,"义"似乎是一个自我身份诠释的概念。有一点需要时刻铭记,即孔子思想的根基是语境本体论。这样,该语境中起作用的人乃是"过程性"而非"实体性"的。因而,"义"就很容易被认为既是自我诠释的身份又是自我的行为过程。[37]

"我"成为"义"的根源、所在和推动力,而且至少最初是由自我展现的"义"所决定的。我们已指出,"我"似乎有两个与我们的分析直接相关的特性:它是表示地位尊贵的第一人称敬语,在中古汉语中,它的语法功能似乎至少某种程度上有从主格转换为宾格的作用。[38]

我们重建的"义"这一概念将表明,作为自我揭示意义的"义"与自我实现的过程是同延的。这也就是说,主动参与到自我实现过程中的人才可成为"义"的典范,被尊称为"高尚"或获得尊贵"地位"。当然,这可以说明"义"的同源词"仪"——由于适当的风度、举止而成为典范。这样,孔子"成己"行动关注的一个主要问题就是,"克己"和克服这一自我中心造成的"固"。"固"容易引起对"利"的迷恋,"利"会使"己"试图占有被认为是"人"的东西。"利"与"义"的冲突成为整个早期儒家文献一个贯穿始终的主题。[39]"利"是为求"己"之善且与小人的行为相关联;而"义"则与"我"和追求更大的善的君子行为相一致。

孔子思想中,成为君子的过程既体现在解除了人我之分,又体现了这一自由的自我通过"义"的展现而主动与社会融为一体的行为。《论语》中一个重要却常受到误解的句子说的就是这一过程,这就是"克己复礼为仁"(《论语·颜渊》)。[40]自我与其社会环境屏障解除的过程说的就是"克己"以成为一个"语境中的人"。该过程也可描述成自我的客体化,因为它意识到"成"人、"成"社会、且最终"成"世界之间是一种彼此关联共同拓展的关系。

"我"提升为"语境中的人",《论语·尧曰》中说:"不知命,无以为君子。"但孟子对该概念的表达则更充分,他说:"万物皆备于我矣。反身而诚,乐莫大焉。"[41]我们所谓的"客观化",进一步说即自我的整体化,其最为意义深远的表达或可从孟子对

"浩然之气"的描述中找到:

> 我善养吾浩然之气……其为气也,至大至刚,以直养而无害,则塞于天地之间。其为气也,配义与道;无是,馁也。是集义所生者,非义袭而取之也。行有不慊于心,则馁矣也。[42]

展示"义"的"我"被提升了,因为它成了一个实现自我的"语境中的人"。它之所以是客观化的,就在于它的诠释经验不再仅根据自己的有限视角来断言,它对世界的诠释没有任何自我与他者的终极区分。换句话说,语境中的人将"我"理解为存在的一个动态且不断变化的中心(点);突出扩展或减缩生成过程的某个方面,应根据和参照整体环境对之加以诠释。人由"义"揭示和实现的这种语境化导向可直接从孟子所谓"羞恶之心,义之端也"[43]的论说中获得证明。由于"羞"和"恶"以他人的评价为前提,所以它们是依赖语境的。它们体现的是从自我角度理解和思考公众对自己的评价。

我们已认定,"义"是只有人类才有的品格,它源于自我,也决定独一无二的"尊贵"(或实现的)自我,并且以某种积极、规范方式引导人的行为。"义"表明将审美、道德和理性意义引入个人行为中。正由此,"义"作为"意义"的意义得以产生。一个人就像一个词,他将本身累积的意义赋予语境,并从语境的互动中获得意义。[44]

考察早期儒家哲学著作可以发现,"义"的个人作用是有意义的行为的必要条件。各种各样的道德、审美和理性行为都最终可追溯且依赖于这一"义"的个人倾向。例如,孔子坚持认为"义"是"勇"的先决条件:"见义不为,无勇也。"(《论语·为政》)[45]一切道德行为都应以"义"为准绳,因为"君子义以为上"(《论语·阳货》)。孟子响应这种对"义"的描述,将其作为一个基本范畴:"大人者,言不必信,行不必果,惟义所在。"[46]

对"义"的这一分析的根本价值在于,"语境中的人"将意义赋予世界。如果说孔子这一"成人"概念基于语境论宇宙观(contextualist cosmology),那么人类行为的本质就是新境况的不断推陈出新;其间,人将他的"义"赋予恒动而常新的情境之流。这必将意味着,任何两个人赋予世界的"义"都不会完全一样,而且,"得义"与否必须由个体与新情境的相互作用和灵活性来体现。陈大齐将这种灵活性称之为"不固"。这是孔子思想的一个核心主题。它有力地强调了"义"的创造和创新维度。[47]

"语境中的人"因其具有不固和多义的特性,就此,"义"的个人性诠释就不可能纯粹是运用某种外在的规范。恰恰相反,这一成人过程不可能屈从于一系列决定性的原理,它更应是个体在回应每一新境遇时自我判断力的创造性训练:"我则异于是,无可无不可"(《论语·微子》)。成人过程必须是处在"义"感贯注和参与的过程中:"君子之于天下也,无适也,无莫也,义之于比。"(《论语·里仁》)[48]

从该讨论中可以清楚看出,"义"体现了独特的个体贡献。但这不是"义"的全部。如果说完整的人与其环境有着彼此依赖的关系,那么,其环境从某种意义上说肯定对成人过程有所贡献和限制。这使我们注意到一个重要的哲学问题。

通观中国古代哲学和语言学文献,"义"都是根据它的同音字"宜"(right, proper, appropriate, suitable)来定义的。[49]然而,由于"义"尽管表示"宜我"(appropriateness to one's own person),它还指涉"宜境"(appropriateness to one's context),所以这两个字仍有区别。[50]"义"是"我"主动地、有贡献地与环境融为一体,其中,"我"创造独特行动,并就此以一种创造性的方式诠释自我。它是"我"对"机体"这一概念的表达和贡献。而另一方面,"义"还表示为"宜",自我语境或环境意义的让步或放弃。"义"在关注"我"的同时也关注境;它既是自我维护和意义的赋予者,又是自我牺牲和意义的派生者。[51]

因为"我"在给予"义"时需要考虑到语境的"宜",所以,我在做出决断时应具有灵活性。这就是孔子所谓:"不曰'如之何,如之何'者,吾未如之何也已矣。"(《论语·卫灵公》)人必须保持灵活性,而且尤其对他应做或不应该做的事情不能只听指令,这是因为他总是要在其个体独特境遇中行使自己的道德感。[52]因此,孔子被称为"圣之时者也"[53](timely sage),乃在于他能审时度世,取予得当。

"义"和"宜"二者都含有"牺牲"的意义。《尔雅·释天》有言:"起大事,动大众,必先有事乎社而后出,谓之宜。"而"義"又是牺(犧)(宗庙之牲)的同源词。我们所谓"义"和"宜"的"赋义"(meaning-bestowing)与"得义"(meaning-deriving)的区分在"牺牲"的几个含义中都能够直接表现出来。"牺"作为祭品显然有"牺牲"之"献奉"或"给予"的意义,而祭坛上为重大祭仪准备的相"宜"之行为却反映了一种自愿"让出","恭送"自我愿望或权威而努力获得意义以及与这更大语境的融合。

我们已将"义"确定为个人向世界赋予的意义。这意味着"人"是条件性的,不断在新环境中重塑。"义"不仅突显了某些人类独有的行为,而且,为"义"所贯注,以之为条件的特定人类行为还被称为"礼"。

正是"义"使礼仪行为有别于无意义的烦琐空洞的行为。正因此,"礼"的通常译法"propriety"就很值得重视。"propriety"源自拉丁语"*proprius*"(我自己,one's own),"*proprius*"与"property"(特性、所有权)是同源词。这也就是说,将"义"与"礼"相连,说明"礼"是一种内化,并在其中展现自我之禀性。《左传》描述了何以只有那些被"义"表征的行为才可称之为"礼":

夫名以制义,义以出理,力以体政,政以正民。[54]

段玉裁《说文解字注》也参照"礼"来定义"义":"义之本训谓礼容各得其宜,礼容得宜则善矣。""义"是表达出个体所揭示的意义的公开的人类行为,"礼"与"义"有着密切关联。孔子之后日益流行的"礼义"这一表达就是明证。例如,《荀子》就有三分之一的"义"字是以"礼义"并陈的形式出现的。[55]

"礼""义"的关联造成了对这两个概念的混淆,"义"所赋予的意义模糊难辨,这相当严重地损害了古典儒家的深厚思想。不能明察"礼""义"的区分,继而丧失了对人作为有意义的行为最初根源的充分认知,这不仅是当前保守派解读孔子思想的缺陷,而且至少还可追溯到道家从一开始对儒家的谴责,在道家看来,儒家要求人类遵从某种强加的非自然秩序。我们只有明晰了"礼""义"间的区分,认识到"义"在孔子哲学思想中的根本功能,才会意识到对"义"的错误诠释多么深刻地损伤了它丰富的内涵。

不管"义"的内涵是什么,似乎前古典社会"义"是一种极具个体性的表达。《墨子》对这一情形有生动的描述:

> 古者民始生未有刑政之时,盖其语"人异义"。是以一人则一义,二人则二义,十人则十义,其人兹众,其所谓义者亦兹众。是以人是其义,以非人之义,故交相非也。[56]

自此,"义"的社会化过程就被链接到被称之为"礼"的社会、政治和文化结构织体中。"礼"是贯注历史之"义"的知识库。《左传》这样描述文学在该传统中充当的角色:

> 《诗》《书》,义之府也。礼乐,德之则也。德义,利之本也。[57]

"礼"作为植根传统且浓缩的文化智慧有以下几种功能:首先,这些礼仪行为有某种重要的教诲意义。人在学习和表达"礼"的过程中寻求先人之"义",且据此促发和提升自己的感受性。个体不仅践行礼,而且"礼""塑造"或"实现"了个体。"礼"作为既得智慧在指导个体当下生活的意义上是规范性的,但它又是经验性的,因为礼之是否得宜需要自己的判断力。

"礼"的规范力量常常会产生像"从义"[58]"通义"[59]这样的表达,而且"路"也常常用来喻指"义"[60]。这把"义"解读为个体道德要符合某种规范的原理或标准。尽管先人之"义"铭刻于文化传统中且成为个体修身的丰富资源,但我们在衡量和获取这一文化遗产时仍负有使个体之义参与的义务,而且还要使自我之义有利于传统的丰富和发展。这或许就是孟子所谓:

> 舜明于庶物,察于人伦,由仁义行,非行仁义也。[61]

"义"当然可以被喻为"路",但正如孔子所谓:"人能弘道,非道弘人。"(It is the human being who is able to extend the Way, not the Way that is able to extend the human being.)(《论语·卫灵公》)任何牺牲"义"的经验方面而夸大其规范力量的解读,都会将孔子思想理解为某种具有强制秩序的保守的哲学体系。

"礼"的第二个功能是获得和展现个体之义的形式化工具。当"礼"仅仅是对他人行为的机械模仿时,是没有任何真正意义的。只有展示自我个体性的"礼"才能建构真正有意义的人类活动。[62]"礼"只有在个人被传统所赋予的礼仪行为激发,而将自我贡献贯注其中时才会获得意义。这里至关重要的是,人作为有意义行为的本源和创造者,才是首要的。

这便引出了"礼"的第三个功能:个人修身的创造性智慧的具体化手段。个人受到传统的指引,但在追求"宜"其传统的同时还必须衡量和改造传统。必须指出的是,强调"礼"的这一创造功能,并非不尊重传统。我们下面要说的就是,事实上,对传统的敬意或许建构了另一形式的宗教性。个体的一系列形式化行为对传统引入变化和创新。这也就是说,新的礼仪行为是"义"的个体创造性的具体化。

"礼"(禮)具有整体性。同样,它的同源词"體"因使意义和价值具有了身体(形式化)含义,也反映了与"义"某种重要的亲密关系。个体通过思量和揣摩传统延续下来的"得体之举",也激发和提升了他的"得体"意识,且能够使自己举止得当。同时,他自己的举止也是对传统的改造和提升。这样,"体"就像"礼"一样成为实现和展现意义和价值的形式化工具。身体举止在参与社会的过程中传达了道德、理性、审美和宗教感受性且做到了身体力行。

最后,正像"礼"需要得当和创造性诠释,身体举止亦是如此。这些传承下来的得体行为不是确定的,而是先人智慧的结晶。它具有可塑性——个体可刻入其创新之举。

上面从哲学和语义学来诠释孔子思想的。其中有几点更值得重视:首先,孔子思想中天、地、人作为一个有机整体体现了规则和原理强烈的内在性,因而戒除了用任何超验语言来描述"义"。其次,由于必须借助创造性、自发性和语境依赖来诠释"义",这就要求必须使用某种表述现象的语言而非实体语言。对"义"的诠释既要避免使用超验语言又需避免实体语言,这会使那些试图用西方传统范畴来解读孔子思想的哲学家感到特别困难,因为,绝大多数西方哲学范畴恰恰都是植根且发展于这种语言的种种严格限制的假定。下文所引三种近来对"义"的翻译和诠释就可以说明,这种哲学语言是不适当的,然而不用它又极其困难。

上文强调"义"的一个重要方面即它拥有伦理规范的力量。这很自然会使哲学家们采用西方哲学语言根据"原理"来描述这一规范的效力。这一点常体现在假定(不管是隐晦还是明确)这些原理都有个超验基础。

成中英对"义"的意义和功能分析似乎显示了某些与我们类似的向度。但他不加批判地借助古典西方形而上学语言,这减损了他一些最重要洞见的价值。他宣称"'义'……决定个体生命和行为的全部意义""'义'是判定每一情况下行为有无价值的普遍总原理。"[63] 将"义"定义为"普遍总原理",而且运用诸如"'义'决定"或"判定每一情况"这样的语言,表明"义"是先在于给出决断或行动的标准。上文的论证和观点恰恰正是要质疑这种诠释。

"义"不可能是任何西方古典哲学意义上的原理。它依赖语境且生成于语境。它涉及的意义行为要比运用行为的在先意义多得多。这些意义行为是揭示意义的"弘道"行为。因而,"义"内在地与实现它的特定语境交融在一起。

"义"拥有规范力量,却并不是自行建构一个标准。实现"义"不是贯彻执行什么严格的方针。该行为至少在某种程度上是自发和具有创新性的。这意味着,"义"既是决意和行为的原因又是其结果。"义"从一开始就拥有规范性力量,但它是待完善的。"义"诠释既定语境中,又涉及形成新的意识以判断是否与该情境相宜,且如何最大限度地做到与之相宜。诠释与行动本身同步发生。"义"既非决定者,也非被决定者,它实现于决意与语境的相互作用,且据此获得其"宜"。

刘殿爵在他所译《论语》一书的导论中,试图用"行动者"(agents)和"行动"(acts)之间的区分来说明"义"的含义。他认为,"仁"是指行动者,而非行动;而"义"则是行动:

> "义"根本上是行动的一种特性,它之应用于行动者是派生的。一位有"义"之人只是始终作"有义"(正当)之事。行动之"义"(正当性)靠的是道德上与环境相合,与行动者的控制或推动没多大关系。[64]

根据我们对行动者和行动相互关系的论述,恰可见这种对"义"的描述是误解。如果"义"仅是派生性的适用于践行此"义"的人,那么在这个人身上就不会产生任何"义"的转化效果。这样,个体践行的正当行为,这使他成为所谓正义之人的行为就无法真正地内在于他。这就使得"义"成了衡量行为的完全外在的客观标准。作为人类行为特征的"义",其根源却显然在他处。这种对"义"的诠释直接导致将道德行为的意向性和意义揭示的维度从个体行为中分离出来。上面所引刘殿爵的话最好改述为:"义"的行动使个体自身"道德上相合",而且,这一行动使个体成为和谐行为的稳定根源,也使个体成为有"义"之人。行动者和行动的这种相互性说明刘殿爵的区分是没有意义的。

与行动者和行动的区分紧密关联的是刘殿爵所作的伦理规范和伦理原理的区分。他用这一对比来构织他"礼""义"的关系。"礼"作为行为准则是由"义"的标准判定的。因而,"义"是由"礼"这一规范的原理。"义"的原理评定"礼"的规范的持久性。这种将"义"作为某种原理与规范分离出来的做法,就像行动者和行动的区分一样问题重重。如同刘殿爵所期望的那样,个体确实在任何时刻都通过以"义"践行"礼"来实现自身。但仅遵从礼的行为不是"义"。换句话说,"义"不是某个与之相"宜"的"礼"的单一原理,"义"本身也不是行为的终极标准。对孔子来说,"义"所涉及的是行为和环境的和谐构成的过程,正是这一和谐在实现"义"的同时也塑造了有"义"之人。

说一个遵照"义"的标准行事而与环境相合的人就是道德的人,这是相当误导人的。没有独立于"语境中的人"而存在的"义"的原理。"礼"是否相宜不能通过对照"义"的目的来定,不可将之视为规范或原理,作为抛弃或维护某些礼仪的评判标准。一个人是否有"义"与他的"义"行休戚相关。他采取的礼节是否得当也总是语境性的和条件性的。

行动者和行动、规范与原理的区分具有误导性,因为这只能表明它是一些个体可表现合乎礼仪的客观原理。这一前提所需要的只能是在某种一般理论的语境中找到其合法性的伦理学诠释。各种观念以各式各样的伦理学思想表达自身,这必然导致伦理学理论的过剩。这样,我们很难避开某种保守的教条主义,因赞成某一个"正确"理论而反对其他可选择性,或者陷入无法决定哪一理论最适宜的怀疑相对论。这种伦理学理论以及与之相伴的绝对论和相对论之争,尽管在我们的文化传统中习以为常,却并不存于孔子思想中。当然,也有像荀子这样将孔子解读为理论性和体系性的保守诠释的倾向,而且刺激了某种伦理教条主义的发展。

就孔子个人而言,伦理观念的形成过程与上述的理性化过程几乎没有关系。他不寻求统摄人类社会各种规范化语境的原理。相反,他要求个体保持对"仁"的开放性;对这一"人性"(humanness)在行动和语境的交会中自我实现的方式保持敏感,这种自我实现的和谐靠的是"义"且本身就是"义"的表达。以"义"来践行"礼"会达致这种和谐,且使"仁"可以通过"礼"来表达。然而,在详释这些纯概念区分时,我们必须谨慎避免借助手段/结果、目的/方法等范畴。例如,我们可以很正当地将"仁"描述为通过"义"而实现的目标。但我们也同样可以很充分地将"义"描述为目标,而"仁"是手段。显然,我们这是受到了实体语言种种预设的困扰。

要想更忠实地表述"义"显然需要另一种截然不同的语言。这是因为,对孔子来说,"义"显而易见有一种审美内涵。或许,诗人或画家所经历的那种"创作冲动"最能说明与"义"相关的伦理规范力量。艺术家脑海中并没有一个现成作品,他的巅峰状态通常不会出现在按计划创作的情况下。艺术家所拥有的规范力量恰恰体现在审美成就的一刹那。只有那时创造的意义才完全揭示。这种揭示就像完成创造的恰适感。审美创造行动只有在其意义显现时才第一次实现。我们此后在有关孔子"圣人"观念的讨论中,将有很多机会重新回到审美经验,这是孔子哲学思想精微处最有启发的。

由于我们分析的前提是现象本体论,它要求我们不能将"义"视为某种静止的"价值",它应是或然性的。"义"涉及种种特定语境中自我不同的表现方式。因此意味着人要确保适当意义得以揭示而处身的。"义"的行动产生的这一意义揭示行为被视为既是社会语境的和谐得以维持的原因又是其结果。正如上文所述,意义从两个层面获得揭示:从那些吁求或接纳高层次敬意的情境看,是获取意义。那些吁求创造新情境的主动行为的情境则要求赋予意义。获取与赋予的目标都是通过适当行为和随之而来的快乐促成和谐秩序。因此,最实质性的问题就是如何理解这一秩序。

"义"不能与那种把先在模式强加于现象的秩序相捆绑,因为"义"是通过每一具体情境的独特创新模式来获取或赋予意义——尽管这在赋予意义的情况下会更明显,但获取意义也同样如此。因为,如果获取意义是一种"义",那么,它就是"宜"的新例证,是不可重复的。

宣称"义"乃意义揭示,且产生一个和谐的社会秩序,这是说,它们是创造性行为。如果明了创造性和秩序的根本意义,就能够把握我们剖析的"义"所体现的有德之人的独特品格。[65] 行动者与其行动间的内在关系使得个体与他的行为就像一个椭圆的两个协同创造的焦点,它们决定最真实的个体形象。这当然有行动者创造其行为的意思,但行为同样也在创造行动者。

尧、舜以及周公都以其行名世。他们由于嘉行而成为"义"的典范,其在中国传统中的巍然形象缘于他们的行为被认为是"义"行。事实上,中国历史上对"义"行的证明更多援引的是历史人物,而非引述特定行为。而且,我们常常会发现援引的过程也是一个添加的过程——历史人物及其行为的轶事被一代又一代进行着再创造。但这些历史人物和他们的行为却从来都是不可分割地紧密联系在一起。我们效仿那些由其力量以及行为所塑造的人。圣王和孔子自己之所以被视为"义"的典范,大概是因为他们高度持之以恒地在个体行为中实现"义"。因而,他们既是自身行为的创造者也为行为所塑造。

当然,这似乎是老生常谈。但如果我们想到"人"的概念在传统社会与非传统社会之间的根本差异,则有必要强调这一点。在一个颂扬个体英雄行为,将之视为"伟大"的社会,个体被赞誉为其行为的创造者具有重要意义。在这种语境中,历史实际是由非凡人物创造的。而在像古典中国这样更为传统的社会中,传统的一个设定就是反对突出、分离出创造者和革新者。孔子自己宣称"述而不作"正是个人与其文化语境这一关系的明证。

芬格莱特或许是最好地把握了孔子思想中习俗和传统之核心特征。但他的那本小书以及其他几篇有关孔子的文章却根本没有探讨"义"的问题,这着实让人吃惊。芬格莱特尽管显然赞同应重视"义"这一概念,但似乎并不认为有必要明确该概念的意义。由于对"义"的忽略,使得他不得不过度将注意力放在"仁"以及"仁"与"礼"的关系上,从而让这两个公认的核心概念反而变得模糊晦涩。

芬格莱特对孔子哲学极富洞察力的分析,是围绕他对"仁"与"礼"之间关系的讨论组织起来的。"礼"这表达"仁"的形式,被视为将人类世界与兽类和无生命世界区别开来的"智慧惯例"(intelligent conventions),而且,它们表明了"内在的和谐、美和圣"。这些"智慧惯例":

>不能全部被创造和接受;它们首先留存在每一代从上一代继承的大量的习俗语言和实践中……礼所具有的根本的庄严,它在人的心灵中唤起的古老、深沉的回应,从不会出现在任何被视为新发明或功利的行为举止中。[66]

因而,独特的人类世界是由约定俗成的礼仪行为建构的。这些行为从某种历史传承的神圣感获得它们的权威。

芬格莱特认识到孔子关于"礼"之和谐稳定功能的思想,这使他赞成"礼"源于承续的传统,而非命令或公众舆论。帝王不管拥有多大的权力和声望,他都不能够以某种专门的方式建立"礼"。礼也不能通过老百姓理性的一致赞同来建立。礼起源于传统的设定。这意味着无论特定礼的特定起源还是它的"合理"意义根本都不重要。在那些传统不占主导的社会,事件和制度都可理性或合理化的进行寻根探源。而以传统为导向的社会则反之:很可能无法追溯个别传统或"礼"的历史根源,而整体的合理性却完全可根据社会稳定性来确定。

芬格莱特对"义"的缄默确实有些让人迷惑不解,这就还需考察他有关"礼"和传统的观念。假定芬格莱特关注"礼"的非合理化特性,那么,他必然会认为发现某一"礼"的起源或它的演变模式是不适当甚或是不可能的。而"义"恰恰显然与这些问题最相关。确实,要想理解"义"在履行传统礼仪上的价值,就需要将"义"感视为创造和(或)变更礼仪的能力。

要使"义"获得最深刻的说明就关涉到"礼"的根源。正如芬格莱特自己指出的那样,礼是习俗、惯例,它们本身必然有一个人类根源。任何特定礼仪的起源都不可能追溯到个别人,但这个事实并不意味着礼仪行为本身的种种根源与履行这些礼仪行为的根源——即个体之"义"是有区别的。我们无法追溯"礼"的确切根源,但它很少是源于传统固有的神秘性,而更多则应是弱化"一己"(ego-self),同时突出其作为"语境依赖者"(context-dependent)的功能。倘若一个人就像他创造"义"那样也真正为"义"所塑造,那么,个别礼仪的起源问题就不是根本问题。尽管如此,还是"义"建立了"礼"。但如果不是这样,则只能是为"义"寻求某种超验的起源(当然,这是判断错误的)或者宣称礼有一个非人性的源起。这后一个是芬格莱特的主张。而且,正如他所说,"非人性标准的惟一选项就是传统或者神圣命令。"[67]芬格莱特意识到后一个不相宜,因此,他将"非人格标准"定位在传统。

芬格莱特宣称使我们人类卓然独立的"智慧惯例"却拥有某种非人性起源,这显然有严重混淆。因此,不如这样表述:从传统承续而来的礼在"义"(这恰在最真实的意义上使得人之为人的行为)中拥有其源头。"礼"由历史延续至今正是其作为"义"之典范和载体生命力长存的明证。但是"礼"本身的持存却不能确保这一生命力。

芬格莱特的解释并没有充分说明个体的创造性,而创造性才能克服因袭的惯性。没有个体创造性,"礼"会化约为盲目、强加的复制和维持。这种空洞形式的束缚绝不可能赋予个体以生气,这些无意义的行为只能是对真正的礼的拙劣模仿。芬格莱特宣称传统是礼的根源,这是对的。但如果这个根源要为社会和谐的实现建构某种连续的推动力,它就不能是非人性的。确切理解到

"礼"的根源在"义",就会洞察到传统作为社会领域种种和谐关系的人(际)根源的价值。

我们已经说过,"礼"除了具有教育功能和作为展示"义"的手段外,还应当被理解为通过"义"所表达的个体创造性的结果。就此,"义"不仅肯定了个体向传统赋予意义,而且还防止了任何像芬格莱特那样对孔子思想的诠释,即传统包含符合一系列相对不变的礼仪行为的一系列单独意义。"义"所创造的"礼"是后来"义"的典范。

或许有人会反对说,如此突出强调"义"对"礼"的建塑作用,会使孔子意在促成的连贯有序的礼成为人类经验语境的问题变得不可理解。但是,我们所有的诠释的前提都是认为"义"的首要意义就是建立礼。这当然不是说,建立"礼"是"义"最常被论及的功能。相反,这种创新只有在背离了礼仪提供给传统的延续性时才可被充分感知。也即,形式上被认可、社会支持的礼仪行为不是意义在公众领域呈现的惟一形式。意义显然也在不与礼仪行为明确有关的情况下出现。而且,尽管极大多数拓展人类之道的"义"是与已树立的"礼"相合的新成就,但对建立新的礼仪行为有贡献的意义行动仍是不能忽视的。

对"义"的这一诠释为孔子思想的传统解读提供了一个新维度,这使得孔子可以不被视为一个坚决的保守主义者。它使我们能够从适当角度审视他对形式的信奉。前此对"义"的分析,使得我们不会把任何系统礼仪行为视为人类行为毋庸置疑的根源。儒学坎坷的历史就是一个很好的例子:一旦自发创造行为不足以对抗形式化行为的惯性力量的时候,僵化、独断的道德主义就产生了。我们所试图说明的孔子与许多儒家思想者不同：他站在"义"的一边；而且正由其所"立"，表达了对整个成人过程的意义和价值的最为深远的洞识。

三　仁

1. 仁人

上文我们描述了礼义在文化传统生产中的动态发展过程。当时我们直取"义"的音译(Yi)，以避免在诠释和重构这个非常复杂的概念时会造成偏见。在此，我们想要说明，由于"义"作为意义的投注总是个体性兼社会性的，或可尝试译为 significating。该节我们将要分析的第四个有关"人"的概念是礼、义之间这一动态过程的产品和目标——体现文化传统的"仁"(authoritative person)。

不管"仁"对孔子来说意味着什么，但以下几点是确定的：首先，它在《论语》中处于核心地位。该书 499 节中，"仁"出现在其中 58 节，共 105 次。[68]孔子的弟子专门问仁的最多。在孔子之前，它似乎相对来说不是一个太重要的概念。"仁"很少出现在《论语》之前的文献中。"仁"在《论语》中频繁出现且地位突出，其用法也似乎与早期有很大区别。[69]

尽管学者们一般都同意"仁"是孔子哲学中一个（即便不是说最）核心概念，但却常会发现他们在"仁"的各种各样的分析中不知所措，苦叹"'仁'交织着自相矛盾且神秘难解"[70]，

"'仁'似乎复杂得令人沮丧。"[71]尽管评注者对诠释"仁"的意义感到绝望,但这当然并不是因为孔子有意使之面目模糊,正如杜维明所指出的那样:

> 应当指出的是,《论语》中"仁"本身从一开始就不是一个确定表述。不应当将之解读为孔子为启发学生而有意设计的隐晦真理:"二三子以我为隐乎?吾无隐乎尔。吾无行而不与二三子者,是丘也。"(《论语·述而》)相反,孔子似乎绝对严肃地努力向他的学生传达他所理解和感受的"仁"之真正意义。[72]

陈荣捷认为,孔子是第一个将"仁"作为一般价值来感知的。[73]也就是说,孔子之前中国传统还没有一个包含其他所有个别价值的一般、普遍价值。孔子在发展作为普遍价值的"仁"的过程中,建立了中国古典伦理学协调统一的基础。根据陈荣捷的说法,《论语》诠释中出现的多数问题皆在于这样一个事实,即,"仁"有时用作孔子之前的"独立"意义,有时又被用作一般价值。

杜维明显然追随陈荣捷的解读,将"仁"释为某种内在品格或价值:

> "仁"首先不是一个有关人类关系的概念,尽管这对它来说极为重要。它更应当是一个内在原理。所谓"内在性"则意味着"仁"不是一种从外部获得的品质,它不是生物学、社会或政治力量的产物……因而,"仁"作为一种内

在道德不是外在"礼"的结果。它是一个将意义赋予"礼"的更高层次的概念。在此意义上,"仁"基本上关连于个体自我获得、自我完善和自我实现的过程。[74]

杜维明近期著作进一步阐明了他对"仁"的理解,他将其描述为:"关涉内在力量和自我认知,是象征性地表达创造性社会的一个无可穷尽的源泉。"[75]

芬格莱特则坚决反对这种心理分析式解读。英语评注者以各种各样的方式将"仁"翻译为:benevolence, love, agape, altruism, kindness, charity, compassion, magnanimity, perfect virtue, goodness, human-heartedness 和 humanity。这些翻译显然表明芬格莱特是对的,学者们确实一直有将仁"心理学化"的倾向,将其视作一种由"客观"社会标准以及其他我们遵从或适应的礼仪行为所体现的"主观"情感。"仁"在大多数情况下被翻译为心理禀赋,而礼仪行为则显然是它的种种外在说明。芬格莱特告诫我们要反对这种简化论:

"仁"似乎强调了个体性、主观性、品质、情感和态度;总之,它似乎是一个心理学概念。但如果大家像我这样,认为对《论语》来说关键在于其思想并不是基于心理学观念,那么,如何解读"仁"这个问题就会变得尤其尖锐。确实,目前对"仁"解析的一个主要结论就是表明,孔子如何以某种非心理学的方式处理那些我们西方人会自然套用心理学术语的基本问题……我们在《论语》中找不到从指涉作为个体的"人"到"因而"指涉作为其内在精神或心理状态或过程的"仁"的相应运动。[76]

芬格莱特费了很大力气来摆脱对"仁"的某种内在精神、道德状况的解读：

> 我们试着比上面所谓"仁"指涉态度、情感、希望和意愿走得更远些,这一定义有误导。我们坚决不能将孔子《论语》中的概念心理学化。领会这一点首先似乎应该认识到,"仁"以及其他与之相关的"德"、还有"礼",在源文本中不是与"意愿"(will)、"情感"(emotion)和"内心状态"(inner states)……等语言相联系的概念。我必须强调我这里的意思并不是说,孔子的言论试图排斥指涉内在心理。如果他脑海中有这样一个根本喻指,看到它貌似有理,但转念一想又决定否定它,那他本来可能会这样做。我想说的不是这个。我的意思是,这整个观念从来没有进入他的脑海。我们如此熟悉的一个内在心理生命的比喻包括其所有分支林林总总,都完全不会出现在《论语》中,即便是作为被拒绝的观念都不可能。[77]

芬格莱特对"仁"的心理学、"内在"诠释加以矫正,赞成某种相当于"外在"的解读——其中"'仁'是一种使我们的注意力集中在特定个体及其作为行动者的倾向的举止"。[78]这就是说,"仁"是行动："'礼'和'仁'是同一事物的两个方面,各自指涉人在其特殊人类角色中的一个行为方面。"[79]

陈荣捷和杜维明以及与之对立的芬格莱特，他们双方对"仁"之"内在""外在"的不同解读都削弱了该概念。因为，他们没有充分关注到该术语本身。正如卜弼德所论：

> "仁"尽管与"人"发音一样，书写形式却截然不同。但它不仅是派生的，而且实际上与"人"是同一个词。这不是纯粹的双关。正如丹布斯（Dubs）教授认为的那样，这两个术语的同体同质性（consubstantiality）是汉语语言意识根本层面的重要构成，而且必须在翻译为西方语言时有某种程度的反映。[80]

卜弼德观点的重要价值在于，我们必须更多注意到儒家著作中"仁""人"的共同定义：例如，《孟子》和《中庸》都明确宣称"'仁'者，'人'也"。[81]如果"仁"和"人"都意指"人"，那自然二者的区分就是性质上的："人"的两个不同层次。我们熟知的"有普通的人也有出众的人"的表达就可表明了这一区分。

"仁"指涉的是一种人性的已得状态，一个烙印在个体全部行为中的特征，它是获得社群尊敬且拥有感召力量的源泉。我们上文在探讨"知"时所引《论语·雍也》中的一段就用隐喻的方法表现了这一点：

> 知者乐水，仁者乐山。知者动，仁者静。知者乐，仁者寿。

"仁"是卓越和突出的,对继承和发扬有意义行为是必不可少的:"知及之,仁不能守之,虽得之,必失之……"(《论语·卫灵公》)但单指个人品格的"仁"有时会产生误导。

卜弼德继而表达了"仁"的第二个特征:"另外,必须注意到儒家著作中的'仁'不仅被用做名词和形容词,而且还是个及物动词……"[82]这就是说,"仁"应被视为人性的转化,不仅意指已获得"仁"的品格的人,还包括此一品格借以实现的过程。"仁"这一作为"人"的实现过程的定义,明确表达在早期儒家文献中:"成己,仁也。"[83]

2. 仁与成人

如果"仁"实际上是一个表明人性转化和成为仁人过程的术语,那么,它的含混就会清晰了。首先,"人"整体概念是如此复杂且可从如此多的层面展开,因此,任何简单的断言必然只能是片面的,因而容易导致曲解甚至相互抵触。其次,既然"人"(像所有这类整体范畴一样)突破了所有个体自成一格的原则,那么,无论何种断言和定论都不必然为真,而是必须放在具体环境中诠释。这就是说,一种情况下为"仁",另一情况未必如是。而对每一独特个体来说,获得人性的方式也必然不一样。再次,孔子所谓"人能弘道"(《论语·卫灵公》),这显然表明"人"是自我限定的。既然孔子的哲学不太严格区分行动者/行动,那么,"仁"作为一个过程性术语就没有特定的**终极限定**(*terminus ad quem*)。仁人永远自我超越,可用自由开放的性质术语评价,而不可根据"终结"或"完满"这样的术语定义。同样,"仁"的获得也是个"虚构"——就像尼采的"**超人**"(*Uebermensch*)——它近于"实行"(doing),却又永远不可胜券在握。最后,孔子所说的"人"需要不断重铸过去。正如孔子本人所体现的那样,历史影响是双向的;不仅因为过去产生了现在,过去也会被不断引入的新视角改造和重塑。就像孔子本人的言行不断随着时间的流逝而增加了意义和价值,他成"仁"的事业也保持永久的开放和变换。

我们已经论证"仁""人"是一个术语,只是反映了品质获得的不同程度。其不同的书写形式表明该品质的获得很简单,然而却是个意义重大的数的增加——"二"。这一扩增的符号有几重含义。

"仁"根本上是一种整体过程。它是自我的转化:从只顾一己私利的"小人"锻造为领悟深刻关系性的"人"。"二"加之于"人"表明,"仁"只能通过共同语境下的人际交往才可获得。孔子坚持人的品性的发展只能在人类社会中才有可能:"鸟兽不可与同群,吾非斯人之徒与而谁与?"(《论语·微子》)[84]孔子的学生子路进一步坚持认为人性必须在社会环境中获取,人只有在社会中才可能表达为人最根本之"义":

> 不仕无义。长幼之节,不可废也;君臣之义,如之何其废之?欲洁其身而乱大伦。君子之仕也,行其义也。
>
> To refuse office is to withhold one's contribution of significance. The appropriate distinction between young and old can-

not be abandoned. How could one think of abandoning the appropriate relationship between ruler and subject? This is to throw the most important human relationships into turmoil in one's desire to remain personally untarnished. The exemplary person's opportunity to serve in office is the occasion for him to effect what he judges important and appropriate.

强调人际行为的效力可从刘殿爵称之为"'仁'的方法论"的"恕"（altruism）上体现：

> "恕"是找到他人期望或不期望被对待的方法。该方法在于"以己度人"——己所不欲、勿施于人。[85]

"仁"与刘殿爵翻译为"利他主义"（altruism）的"恕"的密切关系在古汉语词典中多有强调，"恕"被反复明确定义为"仁"。[86]

芬格莱特强调这样一个事实，即：个体在扩展自我进入他者语境的过程中，保持了自己已养成的判断力。他据此精确了"度"这一意识。[87]"度"不是简单地为接受他人而放弃自我，而是以个人身份将自我投射到他者境遇中，且按照自己认为适当的方式对该语境做出反应。个体通过延展自我视域以能够包容他者的确定状况、感觉态度和生活经历，来形成以个体判断力为基础的"二"视角。而且，个体判断力还会不断为其及变动不居的语境诸关系限定、提炼。

个体在"仁"行中始终保有自我塑就的判断力和价值观这

一事实,很容易在"利他主义"的解读中被忽略。因为,这些解读强调"恕"之"克己"(disciplining oneself)的方面(他们将之翻译为"overcoming oneself")。孔子确实坚持认为,消除局限性的"己"(ego-self)是"仁"的必要前提,[88]而且他反对"小人"的求"利"(ego-grounded interests)。[89]但孔子把"克己"视为拓展个体关心范围,且将自我应用于更宽泛语境中的预备阶段。有私心之人也和仁者一样追求善,只不过其差异在于,仁者修身以求大善,其表现为尽可能关心全体的利益。尽管仁者突出表现为普遍重视他者利益,但这种重视却远非抹杀自我,正如孟子所谓:

> 仁者如射:射者正己而后发;发而不中,不怨胜己者,反求诸己而已矣。[90]
>
> The authoritative person is like an archer. The archer shoots only after having set himself properly. When he misses the target, far from resenting those who have bettered him, he turns inward to examine himself.

这就是说,尽管"仁"一般针对"外部",但这一行为的基础却始终是自我的"义"感。

董仲舒在对"人"的描述中有感于老百姓反"仁""义"而行的倾向,认为他们错误地将"义"视为宽己责人的手段,而把"仁"变成了自我标榜的途径,而实际情形则:

> 是义与仁殊。仁谓往,义谓来;仁大远,义大近。爱在

人,谓之仁;宜在我,谓之义。仁主人,义主我也。[91]

"成人"既是吸取他人塑造自我的过程,又体现了个体之"义"(judgement)的运用。而且,个人之"义"会在运用和领受他者之"义"的过程中获得提升和发展。

"成人"的过程是既对己也对人。在此一过程中,个体既影响周围的人也为他人所影响。正如我们上文所指出的那样,社会心理学家米德常用的表述对解读孔子"人"的概念很有帮助。例如,米德论证道:

> 在人类社会的经验和行为过程中,每一个体自我的有机结构反映了过程整体的有机关系模式,并由后者所建构;不过每一个体自我结构也反映了该关系模式的不同方面或不同视角也由后者建构而成。
>
> "我"的反应涉及适应和调整,但适应和调整不仅影响"我"同时也影响促成自我建立的社会环境;也就是说,它暗含一种进化观——个体影响自己的环境也受到环境的影响。[92]

韦恩·布斯(Wayne C. Booth)运用一种明显含有米德的"我"的概念的语言描述了人际关系的"自我建立":"所有社会中的男人或女人在很大程度上都是其他男人和女人以一种象征性交换的方式创造的。我们每个人都'吸收'其他的'我'来建构'我'。"[93]对米德的这位弟子来说,"我"因而就是由吸收他"我"且使之成为共同的"我"的一部分而产生的"自我之域"。

"自我"可表述为这样一个过程:其中"自我之域"是由被分化为传统的种种形式结构和通过种种社会相互作用而参与其中的历史和当代之"我"融合构成的。

人类作为独立、分离的自我,从其无限扩展的意义之中心的角度思考,人就是"自我"与"他者"、"我"与"我们"、"主体"与"客体"、"此刻"与"彼时"之间不可分割的连续统一体。心理学与社会学[94]、伦理学与政治学之间的界限变得模糊。个人价值和影响可通过向他"我"的扩展以及与之整合加以衡量。即,个人因其参与建构社群的"自我之域"而拥有了意义和价值,而其个人素质反过来既是诸"我"的丰富性和多样性的一个功能,也是他使他们的创造潜能最大化作用。这样,个体拓展和融入整体的程度似乎就是决定其作为人的素质,以及将"圣"从"仁"中突显出来的基础:

> 子贡曰:"如有博施于民而能济众,何如?可谓仁乎?"子曰:"何事于仁!必也圣乎……"(《论语·雍也》)
>
> Tzu-kung said: "If there were a person who extended beneficence broadly to the masses and was able to assist the multitude, what would you say? Could he be called an authoritative person? The Master replied, "Why stop at authoritative person? Certainly he is a sage..."

仁人乃可受"他我"之精华,努力磨炼自我之"义"以努力最大限度"博施于民"的人。或许该过程的第二个重要特性能够促进对"成人"意义的进一步理解。

《说文解字》中,"仁"是由"亲"定义的,该字的基本意思是"密切之至"。如果说"成人"涉及建构自我时对他人的"受",那么就不用奇怪"亲"不仅指涉延及他人的情感,而且也指涉给出情感的人(本人)与该情感的感受者(父母、亲朋、密友)。

这里引出的问题是,如果孔子自己至少曾经有一次明确将"成人"(person making)定义为"爱人"(loving others),[95]为什么他会选择将这种"爱"分成等级而非泛化的?孔子的爱从家庭逐步扩展到社会,正如孔子的学生有子所谓:"君子务本,本立而道生。孝弟也者,其为仁之本与!"(《论语·学而》)我们认为,原因之一在于这一成人过程中"义"(personal judgment)的重要作用。"义"的此功能让那些孔子思想基督教化的诠释者感到颇为棘手。他们假定"仁"的种种"无—私"(un-self-ish)的含义,因而将其等同于"agapé"。但"仁"又不能是"agapé"。"agapé"作为基督教"爱"的最高形式,是由上帝创造的。人是"agapé"的渠道,而且只能在传输上帝之爱的意义上由他们之间的种种关系来评估它。而"仁"则与之相反,它不是由神而是由社群中成就的个人之"义"产生的。

"仁"是发展和运用个体之"义"的过程中,吸收、涵纳人类社会的诸条件和相关问题的整一化过程。孔子说"为仁由己,而由人乎哉!"(《论语·颜渊》),就是这个意思。由于事实上"仁"的最终根源是个体之"义"的社会运用而非什么外在的东西,所以孔子说:"仁远乎哉?我欲仁,斯仁至矣。"(《论语·述而》)由于"仁"始终体现的是个体之"义"在具体语境下的运用,那么,个体就完全是由自然限定的社会框架下种种最近的关系建构的。"仁"始终是直接即无中介的。

这里一个有趣的问题是:在孔子"成仁"的方案中,古典"家"的观念是否是其中一个必要或或然的要素?假定人类生命赖以历练的种种依赖语境的结构和制度具有可塑性,自然,任何特定的形式结构甚至家庭都不是必不可少的。当然,通过传统家庭关系详述的"爱"具有毫无疑问的丰富性:孝(filiality)、慈(paternal affection)、悌(fraternity)、友(camaraderie),不一而足。首先,家庭关系本身是从种种独特、具体的关系中抽象出来的。但即便是一种抽象,如果需要调整结构以适应环境和种种可能状态,那家庭也可能被别的更为相宜、更富有意义的社会组织取代。我们只需想一下孔子时代以族系为主导的家庭系统与当代中国原子式家庭模式的巨大反差就一目了然了。

孔子以及他后来的许多追随者都根据"爱人"来定义"仁"。古典中国传统中"爱"这一概念与"成人"过程"受"(taking in)的方面相一致,传达了某种"宜"的意识。"爱"是将某人纳入个体关心的范围,且据此使之成为自我整体的一部分。当这一领受处在互给的时候,"爱"就是自我可参照其所爱来描述的盟约。[96]《荀子》中有一段描述孔子问他几个钟爱的弟子对"仁"的认识的对话,很有启发性:

> 子路入,子曰:"……仁者若何?"子路对曰:"……仁者使人爱己。"子曰:"可谓士矣。"子贡入,子曰:"……仁者若何?"子贡对曰:"……仁者爱人。"子曰:"可谓士君

子矣。"颜渊入,子曰:"……仁者若何?"颜渊对曰:"……仁者自爱。"子曰:"可谓明君子矣。"[97]

Tzu-lu came in and Confucius asked him, "…What is an 'authoritative person?'" He replied, "…An authoritative person is one who causes others to love him." Confucius remarked, "Such can be called a refined person."

Tzu-kung came in and Confucius asked him, "What is an 'authoritative person?'" He replied, "…An authoritative person is one who loves others." Confucius remarked, "Such can be called a consummately refined person."

Yen Yüan came in and Confucius asked him, "…What is an 'authoritative person?'" He replied, "…An authoritative person is one who loves himself." Confucius remarked, "Such can be called the truly enlightened person."

至少就《荀子》对孔子的解释来说,"仁者"之爱是自我和他者彼此契合的基础。最低的层次是,促使他者关心自己所关心之事。尽管这种行为是值得称颂的,但却不乏自私。高一个层次是,把别人关心的事当做自己的事。这或许更高一些,但却有自我抹杀的印象:忽略了自我正当的切身之事。那么,最高的层次就必然是反身性的,自我同自我——他者关切的整体之域融而为一。

我们已经将"仁"定义为某种整体性的成人过程,其中,个体将他人切身之事完全视为自己所关切之事,且以一种为整体之善服务的方式行事。现在回到《论语》中对"仁"较为明确的论述,以验证我们的理解。《论语》中所描述的"仁"绝大多数都集中在一种既表达对他者的"敬"又体现自我修德的过程。例如《论语·阳货》有:

> 子张问仁于孔子。孔子曰:"能行五者于天下,为仁矣。""请问之。"曰:"恭,宽,信,敏,惠。"
>
> Tzu-chang asked Confucius about authoritative humanity. Confucius replied, "A person who is able to promote the five attitudes in the world can be considered authoritative." "What are these?" Tzu-chang asked. Confucius replied, "Respect, tolerance, living up to one's word, diligence, and generosity."

这"五者"既可指对已建立之"义"的"敬",也可是个体创新之义的表达和实现。但很大程度上指前者。

这一强调尊重传承智慧的过程是《论语》一以贯之的特征。例如《论语·子路》有:

> 樊迟问仁。子曰:"居处恭,执事敬,与人忠。虽之夷狄,不可弃也。"
>
> Fan Ch'ih asked about authoritative humanity. The master replied, "Be respectful wherein one dwells, be reverent in the handing of official duties, and do one's best in dealing with others. These can not be abandoned even in life among

the barbarians."

仁人不仅是延展自我之域以包容和服务社群利益,而且他实际上还会"受"之于社会。因为自我不可化约是社会的,所以他必须谨慎地将自己之"义"施于他人:

> 仲弓问仁。子曰:"出门如见大宾,使民如承大祭。己所不欲,勿施于人。(《论语·颜渊》)
>
> Chung-kung asked about authoritative humanity. Confucius replied, "In public life conduct yourself as though you are entertaining as though you are entertaining an important guest, employ the masses as if carrying out an important sacrifice. Do not impose on others what you yourself do not desire…"

孔子关注关系性的"我"以及使之实现的沟通和交流,这是整部《论语》的一个主题。个体"成人"和在自我之域中包容他者的基础就是对兴趣与价值的认同和表达。"仁人"承续其文化传统的价值和意义,而且在以语言为主导媒介的符号交流过程中传承。对仁者来说,在求其实而谨其言的意义上,该语言是述行性的。因为语言必然体现于行动。慎言尽管对成"仁"来说不是充分条件但却是必要的。

> 司马牛问仁。子曰:"仁者,其言也讱。"曰:"其言也讱,斯谓之仁已乎?"子曰:"为之难,言之得无讱乎?"(《论

语·颜渊》)

Ssu-ma Niu asked about authoritative humanity. Confucius said, "Being authoritative is being circumspect in what one says." "Can one be said to be authoritative simply by being circumspect in what he says?" Ssu-ma Niu asked. Confucius replied, "Given the difficulty of doing things, how could one not be circumspect in what he says!"

我们将在随后几章讨论孔子思想的一个重要内容,即个体、社会和政治发展共同扩展且彼此相关的性质。因为,"成人"需要将他者纳入自我关切之域,这自然会产生促进他者利益与自我修身的某种密切关系:"夫仁者,己欲立而立人,己欲达而达人。"(《论语·雍也》)《论语》中关乎"仁"的这段根本定义,尽管或许最明确,却也可能是最有争议的:

克己复礼为仁。一日克己复礼,天下归仁焉。(《论语·颜渊》)[98]

To discipline oneself and practice ritual action is to become authoritative as a person. If for the space of one day one were able to accomplish this, the world would turn to him as an authoritative person.

最有争议的地方集中在"克己"的表达上。该表达可选择的解释有 to overcome the self, to control oneself, to master oneself, to discipline oneself 以及 is able himself to。[99]我们对该段的解释与杜维明的观点一致,他指出:

> "克己"的概念或许可翻译为"to conquer oneself",但其英语的特定含义却相当有误导性。孔子的本意并不是说个人应当卷入一场与自我种种物质欲望的痛苦斗争中。相反,它意指我们应当在一种伦理语境中实现它们。"克己"的概念实际上与"修身"的概念紧密相关。事实上,它们几乎是等同的。[100]

杜维明将"克己"(the disciplining of one's ego-self)等同于"修身"(self-cultivation)确实是恰当的。

因此,"克己"和"复礼"等于一件事。二者都是"成人"的积极方面,涉及对传统意义和价值的"敬"。这一敬意不仅体现在文化遗产和当代"价值"中,也体现在个体之"义"在诠释和实现其认为最相宜于环境的创造性贡献上。它有着深切的个体性,因为它是自反性的转化;它也具有深切的主动性,因为个体赋"义"的能力是创新和相宜的根源;它又具有深远的影响力,因为在个体完善和社群完善之间有一种象征性关系:"仁人"与"仁性社群"是共存共生的。

如果我们考察一下《论语》中描述"仁"的章节,我们会发现与芬格莱特的结论正相反:"成仁"确实涉及某些诸如"态度""情感""希望与意愿"等内容。[101]"成仁"涉及整体的人:既关涉"私己""内省"和"内在"的自我,又涉及"社会""主动"和"外在的"自我。[102]另外,与杜维明的观点相反,这一 仁"人"过程远非依赖什么"内在原理"(a principle of inwardness)[103],它需要参照个体语境。克服杜维明和芬格莱特二者在"仁"的认识上的局限是可以做到的,也就是说,只要他们认识到:如果我们能够用适当的方式来理解"仁"之"内在"和"外在"两方面的关系,那么就可理解主张"仁"与二者都有关系是有道理的。后文我们将通过引入"点域"模式来诠释这种整体关系的方法[104],来使我们对"仁"的说明更为清晰。

四　证之伯夷、叔齐

前一章我们借助孔子对《诗》的态度和运用来说明"学""思""知"之间的动态关系。孔子深知成"仁"必须付出许多艰辛努力,[105]甚至于他尽管把自己的好学引以为豪,却不认为自己已经实现了"人"的这一层面。[106]虽然如此,孔子却乐意把这一品格归在几位历史人物的身上。比如伯夷和叔齐兄弟二人就被称为"仁",或许我们可通过对他们的分析,至少会对孔子所谓"仁"有个具体把握。

伯夷和叔齐的经历是中国文学中最常为引述的故事,从《尚书》一直到乾隆皇帝为兄弟二人的祭庙题献的诗,真可谓随处可见。[107]

伯夷和叔齐是孤竹君的长子和三子,孤竹国的地理位置至今尚有争议。孤竹君死前,诰命三子叔齐继承王位。但父亲死后,叔齐坚持让位于长兄。但伯夷认为叔齐继位是父亲的旨意,拒绝接受王位并逃离国家。而叔齐也坚持认为不应当剥夺长兄的继承权,因此也随之离国。于是,孤竹国的臣民只好拥立次兄为王。

伯夷和叔齐在自我放逐中年事渐高。周的创建者文王,素有体恤老耄之誉,于是,伯夷和叔齐就去找他。但当他们到达周国时,文王已逝,武王为父亲树立牌位并追称为"王"。此时,武王亦准备东征讨伐商朝的暴君。伯夷和叔齐拉住武王坐骑的缰绳,劝告说:"你父亲还没入葬就开始动武,这能称之为孝吗?臣弑君,这能叫仁吗?"

武王的扈从当场要杀二人,但太公阻止他们说:"这两个人在做他们认为正义的事情。"他保护并送走了二人。武王打败了商王,推翻了商朝,老百姓将他推尊为周朝的创建者。伯夷和叔齐却将武王所赐的权位视为耻辱,他们坚守自己的"义",拒食周粟,隐居首阳山,食野菜为生。他们将其冤情谱写为诗,一直流传至今:

> 登彼西山兮,采其薇矣。以暴易暴兮,不知其非矣。神农、虞、夏忽焉没兮,我安适归矣?于嗟徂兮,命之衰矣!

最后,他们饿死在首阳山。伟大的历史学家司马迁论道:"由此观之,怨耶,非耶?"

孔子对伯夷和叔齐的看法是这样的:他认为这两个人遵照他们对"礼""义"关系的理解而践行了他们自己的"仁"。伯夷和叔齐对"礼"是忠诚的。这表现在他们拒绝继承王位、不愿违抗父命、无畏抗议武王几处越礼的行为,以及最后对武王弑君抗议的理由上。这每一种情况,伯夷和叔齐都按照"礼"所树立的价值观行事,常常可以说是不惜牺牲自身利益。由于他们为维护"礼"的价值观而放弃一己私利,所以他们成为言行一致的表率,因而,于己于人都无怨。[108]

但孔子对这两位楷模的价值观的赞美并不是最高的。他反而觉得最值得称颂的是他们愿意践行自己之"义":"不降其志,不辱其身,伯夷、叔齐与!"(《论语·微子》)伯夷、叔齐比大邦的君主(齐景公)死后无人谈及更值得称颂,可见,齐君以己之私利为先,自然早已被老百姓遗忘;而伯夷和叔齐却因为他们能够达"仁"而被铭记至今:"隐居以求其志,行义以达其道。"(《论语·季氏》)

孔子一方面承认伯夷和叔齐不拥护武王是行其义,但另一方面他自己却又给武王很高的赞誉,[109]这一事实当然说明了孔子将伯夷、叔齐的"义"视做对"义"的践行而非某种客观标准的"正义"。孔子乐于将伯夷和叔齐描述为"仁"[110],然而,出于他自己对"宽"的信奉,孔子将自己与他们作了区分:"我则异于是,无可无不可。"(《论语·微子》)显然孔子并不是按照绝对诫命或普泛的理念来思考问题。孔子称颂伯夷和叔齐做人的品格,但同时又因他们缺少灵活性而与之保持距离。孔子如此推尊周,或许我们可以推测,如果孔子处在伯夷、叔齐的情况下,那么他所践行的个体之义会和伯夷叔齐有所不同。可是,孔子不要求别人和他一样,因此,他将这同样的宽容给予了伯夷和叔齐,崇敬他们"行义以达其道"的仁行。

注　释

[1] 伽达默尔:《真理与方法》,第5—39页。

[2] 罗蒂:《哲学与自然之镜》,第359页。

[3] 同上书,第360页。

[4] 这里需要提醒那些对西方哲学尤其是实用主义的理解,还主要停留在杜威1919—1920年中国演讲时期的中国读者。这些演讲中太容易发现的科学至上主义或许会导致对杜威哲学思想根本意义的误读和曲解。解读杜威思想独特的审美品格,会发现他可为孔子思想和西方哲学的对比提供某种有意义的视点。存在主义也是如此。尽管后者有强烈的个人主义调子(当然,对中国人来说或许相当难以接受),但存在主义和实用主义共同拥有某种内在的审美视角,使其可以作为与孔子思想对比的基础。

或许同样需要提醒那些对杜威实用主义有着相当普遍误解的西方人,我们并非仅是重复那个暧昧的主张,即杜威和孔子可比之处就在于这两位思想家都拥有"具体"和"实践"的品格。"实践"的根本意义,正如我们要说明的那样,是随着孔子和实用主义哲学双方潜在的审美感受性(aesthetic sensibility)的差异而有变更的。本书的一个主旨就是要说明孔子思想中的审美维度最为突出也最重要,而且也恰恰正是这一要素将孔子与杜威、米德、怀特海联系在一起。有关美国哲学中突出该审美维度的历史线索,请参阅郝大维:《爱欲与反讽》,第93—110页。

[5] 列维·斯特劳斯:《图腾崇拜》,第99页。

[6] 萨特:《存在与虚无》,第433页。

[7] 同上书,第24页。

[8] 同上。

[9] 杜威:《经验与自然》,第222—223页。

[10] 同上书,第233页。

〔11〕 同上。

〔12〕 同上书,第280页。

〔13〕 同上书,第78页。

〔14〕 同上书,第162页。

〔15〕 例如,米德试图表明物理学相对论或可根据担当社会角色的活动来解释,继而成为用社会心理学术语诠释的特殊相对论。

〔16〕 米德:《心灵、自我与社会》,第154—155页。

〔17〕 同上书,第175、177—178页。

〔18〕 同上书,第178页。

〔19〕 同上书,第182页。

〔20〕 还可参阅《论语·泰伯》:"兴于诗,立于礼,成于乐"以及《论语·尧曰》:"不知命,无以为君子也;不知礼,无以立也;不知言,无以知人也。"

〔21〕 参阅吉米洛全篇各处对"礼"的探讨。

〔22〕 该词根有可能源自筮草的排列模式。参阅高本汉:《汉文典》。

〔23〕 例如《白虎通·礼乐》有一段:"故,子曰:'为礼不敬,吾何以观之哉!'(《论语·八佾》)夫礼者,阴阳之际也,百事之会也,所以尊天地、傧鬼神、序上下、正人道也。"

〔24〕 吉米洛就恰当地指出应审慎对待某种西方式的宗教/人文主义的区分。

〔25〕 吉米洛:《古典儒学中"礼"的文化身份》,第204页。

〔26〕 事实上,《白虎通·性情》篇中,"礼"恰是这样定义的:"礼者,履也。履道,成文也。"

〔27〕 高本汉《汉文典》中所列另两个仅有的同源词为"醴"(新酿的佳酒)和"鳢"(乌鱼)。

〔28〕 卜弼德:《儒家某些基本概念的语义学》,第326—327页。

〔29〕 "义"和"质"的这一关联也出现在《论语·颜渊》中:"夫达也者,质直而好义。"(Extending describes a person who is straight in his raw stuff and who is fond of *yi*.）

[30] 尤其请参阅《孟子·告子上》。

[31] 《孟子·尽心上》。

[32] 《孟子·告子上》。

[33] 《荀子·王制》。

[34] 《春秋繁露·仁义法》。

[35] 同上。

[36] 例如,可参阅《淮南子·原道训》中关于"自得"展开的讨论。还可参阅《庄子》中《骈拇》《让王》篇,《荀子·劝学》等。参阅狄百瑞著作中关于这个概念的讨论(《钱穆讲演集：中国自由主义传统》),我们的翻译对其有所借鉴。

[37] 《孟子·尽心下》:"人皆有所不为,达之于其所为,义也。"

[38] 高本汉进行了《汉文典》的重建工作,他将"義"字所含的"羊"视为词根或形旁,而第一人称的人称代词"我"(I, we, me, us)则被定义为声旁。"義"的这一词根使之与"善"(good)、"美"(beautiful)和"群"(herd, group, sociable)这些字相关联,"羊"在这些字中似乎都有"祥"(auspiciousness)的积极含义。所谓"我"这一"声旁"有几个特征,它或许也扩展了"義"的语义,并且与它的意义也有关联：首先,上古汉语(公元前11—前7世纪)中,"我"与"于"相对,表明地位尊贵,且与"朕"(self-deprecatory)相对照,表示第一人称的"尊"称。其次,尽管上古汉语中的"我"具有限定和主格的用法,但中古汉语(公元前7—前3世纪)的文献中,它的主格形式似乎明显倾向于用"吾"来表示,"我"本身则更常被设定为具有宾格如"me us"的功能。

"義"传统上被认为由"羊"做形旁,"我"做声旁构成的字。但我们认为,"義"更适于理解成一个会意字,即两个词根都为其提供意义。因而,我们将论证"义"(significating)应被理解为既产生于个体又表征了个体。

〔39〕 例如《论语》之《里仁》《宪问》,《孟子·告子上》等中的相关讨论。

〔40〕 同样的句子也出现在《左传》中。

〔41〕 《孟子·尽心上》。

〔42〕 《孟子·公孙丑上》。

〔43〕 同上。

〔44〕 卫德明(Helmut Wilhelm)在《〈易经〉中的天、地、人》(第176页)中有一个观点,即认为"此处'义'(meaning)字指既得之义(given signification)而非领会之义(grasped significance)。此'义'可归因于特定时间条件,但却并非由后者抽象出。因为,是个人之义赋予时间以意义,而非去认识条件本身给定的意义。"

〔45〕 《论语·阳货》中有一段似乎与此处所论"勇"与"义"的关系相抵触,它说:"君子有勇而无义为乱。"此处的"勇"可谓"名不副实",类似于此章中关于"礼"的讨论:"礼云,礼云,玉帛云乎哉?……"

〔46〕 《孟子·离娄下》。

〔47〕 陈大齐在《孔子学说》(第125页及其后)中就根据灵活性讨论了孔子的"义"。

〔48〕 还可参阅《论语》中《学而》《子罕》《宪问》等相关章节。

〔49〕 例如,《礼记》之《祭义》《中庸》章。"义"和"宜"之间的同音和语义关系或许表明它们可以被追溯回某个最原初的根概念,该概念在其意义的演变和精化过程中,产生了足以需要两个词来表示的重大分化。在最根本的层面,这两个词在"适当"(appropriateness)、"公正"(rightness)、"切宜"(propriety)的意义上是全等的。但"义"和"宜"的对比却说明"义"既有导源又有赋予意义的意思。"义"之分为"宜"与"义"与亚里士多德分"praxis"为"praxis"(πρᾶξις 实践)和"techne"(τέχνη 技术)大同小异。

〔50〕 正如我们已经看到的,董仲舒明确地将"义"定义为"宜在我者"。

〔51〕 这一"宜"的意义可从古典文学中获得例证。例如,《诗经》中《周南·桃夭》这首诗描写一位新娘将要开始她新的家庭生活。她必须让自己适应这个新家,新的家庭生活以及夫家的每一个成员。在这样一种情况下,她必须谦卑、顺从,因而,必须"宜"从新环境之"义"。就像《说文解字》中对"宜"的定义那样,她必须能够"所安",改变自己以适应环境。《说文解字》对"宜"的同词源"谊"的解释是:"人所宜也",将"宜"所关注者放在了语境而非自我。

〔52〕 正如我们下面将看到的那样,这是孔子坚持用否定的方式定义"恕"的一个重要原因。

〔53〕 《孟子·万章下》。

〔54〕 《左传·桓公二年》。

〔55〕 将之与《孟子》相对照。后者有110次出现"义",其中只有6次是与"礼"并列出现的。

〔56〕 《墨子·尚同上》。

〔57〕 《左传·僖公二十七年》。

〔58〕 参阅《论语》之《述而》《颜渊》相关章节。

〔59〕 《孟子·滕文公上》。

〔60〕 例如,《孟子》之《离娄上》《万章下》《告子上》。

〔61〕 《孟子·离娄下》。

〔62〕 《论语·颜渊》。

〔63〕 成中英:《儒家道德中作为普遍原则的"义"的特殊应用》,第270页。

〔64〕 刘殿爵:《孔子:〈论语〉》,《序言》第23页。

〔65〕 参阅上文《几个悖常假定》第16—17页(本书旁码)。

〔66〕 芬格莱特:《孔子:即凡而圣》,第69、63页。

〔67〕 同上书,第63页。

〔68〕陈荣捷:《"人"的中西释义》,第 10 页及其后。

〔69〕武内义雄:《孔子之"仁"的意义》,第 5 页及其后。

〔70〕芬格莱特:《孔子:即凡而圣》,第 37 页。

〔71〕杜维明:《孔子〈论语〉"仁"的生动隐喻》,第 48 页。

〔72〕同上书,第 28 页。

〔73〕参阅陈荣捷:《"人"的中西释义》。

〔74〕杜维明:《"仁"和"礼"的创造性张力》,第 33—34 页。

〔75〕杜维明:《孔子〈论语〉"仁"的生动隐喻》,第 51 页。

〔76〕芬格莱特:《孔子:即凡而圣》,第 35、47 页。

〔77〕同上书,第 43、45 页。

〔78〕同上书,第 47 页。

〔79〕同上书,第 42 页。

〔80〕卜弼德:《儒家某些基本概念的语义学》,第 328 页。

〔81〕《孟子·梁惠王下》,《中庸》第二十章。

〔82〕卜弼德:《儒家某些基本概念的语义学》,第 328 页。

〔83〕《中庸》第二十五章。

〔84〕后来的儒家认识到成人事业开始于人际交往,但或许他们受到更为宇宙论意义上的道家思想的影响,将"仁"的整体效应扩展的普遍世界:"质于爱民以下,至于鸟兽昆虫莫不爱。"(《春秋繁露·仁义法》)

〔85〕刘殿爵:《孔子:〈论语〉》,《序言》第 8 页。

〔86〕"度"的意识在"恕"的语源上容易确认,它源自"如",意思是"such as, as if"。因此,就不用奇怪"如"也会用做第二人称代词"你"。汉儒贾谊在《新书·道术》中将"恕"定义为"以己量人谓之恕"。参阅第五章对该术语的进一步探讨。

〔87〕芬格莱特:《追随〈论语〉的"一贯之道"》,第 373—406 页。

〔88〕参阅《论语·颜渊》。

〔89〕 参阅《论语·里仁》:"放于利而行,多怨"以及《论语·宪问》"见利思义"等。

〔90〕 《孟子·公孙丑上》。

〔91〕 《春秋繁露·仁义法》。

〔92〕 米德:《心灵、自我与社会》,第201、214—215页。

〔93〕 布斯:《现代信条与认同修辞学》,第114、132、134页。这种关联首先表达在杜维明《孔子〈论语〉"仁"的生隐喻》这篇文章中。

〔94〕 芬格莱特在《孔子:即凡而圣》(第45页)中宣称:"一个内在心理生命的比喻,包括其所有分支林林总总,都完全不会出现在《论语》中,即便是作为被拒绝的观念都不可能。"

〔95〕 《论语·颜渊》。

〔96〕 我们或许会推测,由于这个"爱"体现了对他人关切之物的关心,所以它同时也表达了表面上不相干的"吝惜"或"节制"的意思。也就是说,一个爱其臣民的君主通过小心消费臣民之力,而使臣民所关切成为他自己对这一关切的表达。一个爱他人而且想他人所想的人不愿提出不合情理的要求。

〔97〕 《荀子·子道》。

〔98〕 类似的段落出现在《左传·昭公十二年》。

〔99〕 分别为刘殿爵、马融、陈荣捷、芬格莱特和韦利的翻译。

〔100〕 杜维明:《人性与自我修养》,第6页。

〔101〕 芬格莱特:《孔子:即凡而圣》,第43页。

〔102〕 同上书,第46和42页。

〔103〕 杜维明:《"仁"和"礼"的创造性张力》,第33—34页。

〔104〕 参阅第237—241页(本书旁码)。

〔105〕 参阅《论语》之《公冶长》《雍也》和《泰伯》相关章节。

〔106〕 参阅《论语·述而》和《孟子·公孙丑》。

〔107〕下面对这一故事的描述以《史记·伯夷列传》和唐司马贞索引的评注为基础。

〔108〕《论语·公冶长》:"伯夷、叔齐不念旧恶,怨是用希。"《论语·述而》:"求仁而得仁,又何怨?"

〔109〕参阅《论语·子张》和《论语·泰伯》相关章节。

〔110〕《论语·述而》。

第三章 四十而不惑

一 审美秩序的优先性

西方现代社会政治理论很大程度围绕诸如个体与社会的关系、私人领域与公共事务、自然法与成文法的地位、权利与义务的性质、政府(合法权威)的制裁权力、正义的内涵等方面的问题。如果将这些问题引入对孔子哲学的分析中,必然会被歪曲得面目全非。与孔子"社会""政治"理论相关的一系列主题,其名单所包括的项目应是迥然有异的:修身、本于"礼"的"法"、社会角色和社会机构、正名、"仕"之表率作用等等。

从这两个目录的对照一眼就可看出孔子社会政治思想鲜明的民族性。政治秩序与"修身"的关联以及要求统治者"内圣外王"(sage within and kingly without)(即是位君子),这使得即便是那些中国和盎格鲁-欧洲传统主题一致的政治理论,也带上了明显不同的色调。

儒家和西方传统所关注的种种问题及首要关注问题的根本差异,首先可根据各自文化传统的秩序来说明。西方思想和孔子思想社会政治观念之间的重大区分,不仅体现在实现社会秩序种种程序的设定不同,而且还在于对"秩序"意义的理解不同。因此,我们当下探讨的首要任务就是,理解孔子的"秩序"与西方历史上有关"秩序"的主要社会政治理论的差异。完成这一任务最有效的途径或许乍一看会相当迂回:对社会秩序不同含义的分析,需要我们首先理解古典西方哲学有关"实践"的问题。

实践的美学

前面我们已指出,有意将理论和实践分离或者几乎全然根据前者来解释后者,这一倾向既是惯于尊崇某种超验标准评价个体和社会行为的原因,又是其结果。当然,这种分离或简化,靠的是特定的宇宙论假定。

西方传统流行用柏拉图主义和唯心主义的方法诠释实践,它们将实践描述为符合知识诸规范原理的行为。智者派和存在主义反对这一观念,尝试把实践归诸于个体行动者的意志,该观点自然导致对英雄人物的崇拜,英雄的力量和影响决定了我们对自然世界和社会世界的认知。这些人本身被作为衡量人类思想和行动的标准,实际上就相当于种种超验原理。与当代实用主义相关联的自然主义传统,将实践定义为指导原理的种种未决状态激发的行为。美国实用主义中,由皮尔士、约翰·杜威以及米德(少部分)等人的著作所阐发的科学方法就在发挥理论标尺的作用。

这儿需重要指出的是,这些有关实践的思想尽管截然不同,却没有一个会让我们质疑秩序的创造者与秩序的受益者分离的合法性。然而,却有一个我们传统从未探究过的实践概念恰恰会激起这一质疑。[1]

理解这种新的实践概念的关键是区分"创造"(成,making)的实用观念和艺术观念。如果我们将"需要"(needs)的意义拓展到超越全然实用的解释而包含审美的"享受",我们就拥有了一个根据审美创造性解释的、作为"审美"(aísthēsis, αἴσθησις)的"实践"(prâxis, πρᾶξις)概念。在一个像我们这样强调"技术"支配自然的传统中,这样来理解实践似乎既不相干又无裨益。但作为"审美"的"实践"概念却绝对更适于诠释孔子的社会政治理论。

"审美"在古希腊仅仅意味着"通过感觉感受外部世界"。"Aisthētikós"(αἰσθητικός)带有"专注"(being preoccupied)的意思。理论(theoria)和审美的概念与"专注"到可感外部世界的感觉有关。罗斯金(John Ruskin)将"理论"描述为"把感知美作为道德才能",与之相对应的"审美"则是"纯粹动物快感",他就此首先建立了理论与审美的特定关联。[2]二者都分别被解释为与感官经验感受世界的某种模式相关的"专注"。对康德来说,美学就是处理感官知觉诸状态的科学。美学将"感觉"或"实体事物"的知觉与功能视为和"智力"或"非实体事物"相对立的。

当代许多对感觉经验的描述依靠的是某种强调经验层面比意识更原始的知觉分析,基于这一事实,"审美"(Aisthesis)已经越来越关涉某种哲学概念。在此类定义中,所感知的客体是经验事实,尽管它们被感知的方式决定了对世界的主观感觉。经验的获得恰恰伴随着感知世界方式的情感形式。这一先在形式很大程度上决定了个体诠释世界的特征和倾向。

作为"实践"的"美学",寻求一个以审美活动为目标而构成的世界。作为"美学"的"实践"从根本意义上应根据自我创造的过程来理解,该过程基于感知世界形式的种种不同视角。前此我们对"义"的探讨已将该过程视为"义"(行)(significating)。

在此,相关的问题是,孔子的社会政治哲学是否取决于上文所勾勒的类似于审美诠释的实践观念?如果我们进一步探讨孔子社会政治语境中秩序的意义,那这一审美视角就会获得最为清晰的展现。我们首先要强调的是,孔子的"秩序"是一种需个体妥协以适应客观法规和种种关系模式的秩序,还是他的思想是以追求"审美秩序"(aesthetic order)为前提,关涉各种特殊性而生成的复杂整体。

我们必须使"理性"(或"逻辑")秩序与"审美"秩序[3]的对比获得某种程度的详细诠释,这样才可说明孔子社会政治思想几个维度的一致性,也可进一步更有效地组织西方和中国社会政治理论发展的许多观念。我们首先需要采用相当抽象的语言说明,然后在诠释孔子个别思想时转向更为具体的层面。

我们将通过社会组织的不同形式引入"理性"秩序与"审美"秩序的区分。如果我们的社会关系因对某种先行建立的关系模式的呼求而受到限制——无论该模式是政治、宗教还是文化的,我们的习惯、风俗、规则、法律也都会体现对这一模式的遵从和表达,而且它也会制约我们的行为,那么,我们就是被一种"理性"或"逻辑"秩序所建构。而如果我们的彼此影响不必然借助规则、理念或原理,而且种种体现我们团结一致的秩序都因其独特性而稳定持久,我们就是"审美"秩序的创造者。

因此,我们或许可假定经验的两个视角:一个专注于其经验是某种既定模式或一系列关系的例证,另一个则强调正是其经验以无法替代的方式建构了它们自身以及它们彼此之间的关系。这两种视角都涉及抽象概念。前一个从"实在"(actuality)中提取,后一个从"可能性"(possiblity)中抽出。前一个的知识经验受逻辑秩序的支配;后一个关涉审美秩序,当任何构成该秩序的成分(除了那些错失了当下秩序或和谐的种种条件的成分之外)相遇时,就获得了审美秩序。而另一方面,逻辑或理性秩序优先的情况下,绝对可取代性确保了纯粹的一致。也就是说,在逻辑秩序中,个体是由规划好的成分的特定性质抽象出来的。

西方形而上学一直以来被设定为秩序的科学。事实上,它常标榜自己是统一性科学,既作为"普遍科学"(scientia universalis)又作为"一般本体论"(ontologia generalis)的思辨哲学,一直试图寻找经验和存在相统一的种种特性或关系。形而上学假定作为"普遍科学"揭示了秩序的诸原理,这些原理共同产生了对世界的构成和我们的经验组织和分类。而"一般本体论"则寻求由一系列决定事物本身的统一关系所表达的存在物的"存在"意义。盎格鲁-欧洲秩序观缺失的是审美视角。

理性秩序和审美秩序的对比所揭示的秩序意义的不确定似乎不容易调和,承认这一点很重要。审美秩序和理性秩序彼此间的关系至多可作为某种互补性(格式塔意义上的),即我们对一种秩序的关注只能以另一秩序为背景。

理性或逻辑秩序是一种虽则由成分的相互关系构成，但原则上却与构成该秩序的成分无关的关系性模式。秩序中的成分只有在满足其某种必备模式的情况下才是有价值的。也就是说，如果我们希望画一个等腰三角形，我们可以按等腰三角形的定义用任何可表示三点关系的线条构图。这些线条的特殊性是被忽视的，只有将它们限定在彼此先定关系中它们表示点的特性才是有意义的。逻辑或理性建构的目标总是脱离具体的特殊性而指向普遍性。在那些证明某种超验形式或有待实现的既定模式的哲学立场中很容易看到逻辑构造所必需的这种自闭行为。

审美秩序则发端于个别事物的独特性，而且认为这一独特对其语境均衡的复杂性是有益的。由于审美秩序推崇每一成分在自然生发的统一体张力中展现其持久的特殊性，因此，应该是多样性先于统一性，分离先于关联。审美秩序关注具体、个别成分在联合体产生的和谐中展现自我的方式。

审美秩序和逻辑秩序这两个概念是彼此背离的。审美秩序指向特殊性和个性；逻辑秩序则趋向一般性和绝对可替代性。没有特殊性就没有审美秩序。诸成分的联合体会在遇到绝对统一的情况下造成最大的审美无序状态。但这是理性"秩序"的最高层次。热力学的第二定律表明，极度的审美无序和极度的理性秩序的出现就是宇宙的终结。

"有序"(orderedness)的观念正如我们通常理解的那样是含混的。我们通常所谓"秩序"是逻辑秩序和审美秩序的混合体。逻辑秩序和审美秩序区分的意义在于会引起对"秩序"创造和保持不同趋向的注意。理性化过程倾向于统一性和模式的规律性；审美倾向则质疑该取向，青睐独特性和非规律性模式。只要不过多考虑到秩序主体的因素，这些似乎都问题不大。但不同人对秩序和秩序性的不同认识——比如艺术家，相对于技师——有时就要使我们重视隐于"秩序"这一看似直接明了的术语下重大的含混性。

并不是独特性建立不起任何秩序。艺术品的完成当然是从种种构成它的独特要素中抽象出的，但其不朽很大程度上恰在于对诸独特要素的概括能力。尽管我们对一件艺术品和谐之美的欣赏既是审美的又是理性的，因而有着对整体性以及多样性（构成该作品不可替代的种种独特性）的正确认知，但我们仍然会发现很难找到一个连贯一致的"秩序"概念表明这一事实。

认识到秩序是种种实际构成它们的独特成分的功能，这提出了比理性秩序复杂得多的秩序概念。审美一致性不是靠设定的参照限定出来的。由审美具体性建立的秩序在其最低秩序层面（从审美的意义上），不仅包括那些实际满足逻辑一致性需要而选择的秩序，而且还包括无数其他并非如此的秩序。逻辑或理性秩序以寻求自然界的统一性为基础，是由与个体那类可兼容的方面建构的，但并没包含个体的所有方面。

社会组织秩序为审美秩序和理性秩序相互作用的方式提供了最佳例证。因为，人类社会本身聚结了种种"中间地带"（mid-range）的现象，该现象无法借助逻辑或审美任何二者之一的极端诠释。社会中的人在被抽除了特性且只关涉其一般或普遍性质的情况下，是从理性意义上被说明的。"人性""人权"

"法律面前人人平等"等诸概念都是借助逻辑或理性秩序。我们也将会看到,甚至连个人主义的种种主要形式亦是理性或逻辑诠释的结果。

一个以对审美有序的热爱为基础的社会将不会广泛运用法则、标准、规范等归纳或例证,因为它们主要是限定性的特征。公论也不会成为社会秩序的客观基础。一个审美规约的社会所表现的一致性和连贯性来源于对一部分个人的特定尊敬,无论何时,这些被尊崇者的视角都汇聚着秩序的多种可能性。

奇怪的是,我们称之为理性秩序和审美秩序的这种差异在盎格鲁-欧洲文化传统中几乎没有被强调过。这或许主要应归因于这一事实,即我们秩序的范型一直以来是从"已成秩序"(the created order)或者"自然秩序"(the order of nature)的概念中抽取出来的。出于对这些概念的重视,我们更着重说明一致性而不是非规律性。因而,种种因果法则或意义模式就成为规范化衡量我们自然世界的标准。

西方文化传统中对单一秩序宇宙的信仰强化了对自然和社会统一性的追求。法则作为秩序的外在决定性根源奠定了理性有序永恒观念的基础。另一方面,如果不借助于一个已成秩序或一个顺从自然法则的世界概念,就必然会认为此类秩序的存在是偶然的。该偶然性自身不能成为替代理性或逻辑秩序的另一秩序的基础。法律和条文作为秩序的外在决定性原则也可能源自个别统治者的任意和偶然,或者源自传统公认的惯性,或者种种随意变换的舆论。而审美秩序则正相反,当理性秩序允许个体从具体特殊性中进行抽象且被无差别地对待的时候,审美秩序却恰恰正是由这些特殊性建构的。这就是说,审美秩序的多样性恰恰就是各种有序视角彼此区分的特性的一个功能。

在着手讨论孔子社会政治理论且最终探讨其隐含的宇宙论观点前,我们这里预先对理性秩序和审美秩序做了一番描述。这一对照只有逐步运用到随后的探讨中才会更加明白。在孔子社会哲学与西方社会理论对比的大背景下,理性秩序与审美秩序的区分将会使我们更好理解盎格鲁-欧洲"个体"(the individual)概念的起源和内涵,以及"原理"(principles)和"典范"(models)这两个概念作为实现社会和谐的手段的区别。

二 民

1. 民和人

我们在《论语》以及其他古典著作中所看到的"民"(the masses)与"人"(persons)的区分一直以来都是一个焦点问题,尤其对近年用传统范畴表达马克思主义思想的观念来说更是如此。[4]问题设定在这一区分是否体现了某种有意识的阶级划分,即无权做官的("民")与确实拥有政治地位和特权的上层阶级("人")之间是否有明确的区分。读者的第一个反应或许有,此一区分全然套的是马克思阶级矛盾的观念。然而刘殿爵本人作为孔子的一位保守诠释者却承认该区分有某种程度的可信性。但与此同时他也马上指出,《论语》中对这两个术语表面上涣散的使用有效削弱了这一区分的强度。

我们也持刘殿爵的看法,同时认为可对"民"与"人"之间那或许已暧昧不明却有重大意义的对比做某种可信的研究。"民"本身极少有出众的品格或组织,总是显得无可名状、身份模糊,而"人"则突出而个别。我们根本上是从文化而非政治上来理解这一区分。也就是说,只有经过较高的人文教化才能获得政治特权和政治责任。尽管经济和社会地位确然会影响个体受教育的机会,但出身本身并不是区别的正当理由。不是因为一个人出身于"人"这一阶层而被授权参与政治。毋宁说,他之为"人"是使之成为独特个体的自我修身和社会化的结果。人之为"人"是人"为"的而不是即"是"的;它是实现而非赋予的。该观点可通过表达此区分的语言来证实。

"人"字有很多含义,却极少被用来和"民"作比。在其最宽泛的意义上,"人"可作为类来指称那些构成人类的"human being"。[5] 或许是因为人类普遍被认为是"天地之性最贵者也"[6]或曰"天地之心"[7],所以这同一个字还被用来指称果实的"心""核"[8](果仁)。《论语》中的"人"最常用作"作为人类的个人"这个一般的意义,与那些非"人"类的现象相对。由于人类暗含与比他低级的生物的对比,因此除非有其他方面的限定,都带有某种肯定的含义。这从"人"本身意指优秀的人这一点上最明显表现出来:

> 子游为武城宰。子曰:"女得人焉耳乎?"曰:"有澹台灭明者,行不由径,非公事未尝至于偃之室也。"(《论语·雍也》)

Tzu-yu was the chief official of Wu-ch'eng. The Master asked him, "Have you found any able people there?" He replied, "There is T'an-ta'i Mieh-ming. He does not take shortcuts in carrying out his duties, and never comes to my private quarters unless on official business.

"人"的这一积极含义进一步在其与"仁"（authoritative person）的同源关系中表露出来。《论语》中这两个同源词的互换使用是一致的。[9]

《论语》中"人"的第二个最常用的意义是作为与"己"相对的"他人"。[10]"人"被用来指称与"己"相对的"他者"，而这一指称是与"人"暗含有尊贵地位相一致的。

"人"的第三个相对来说不常用的意义是被用来作为与"民"相对的概念。我们这里主要关注的就是，通过详细阐述"民"的原初含义以及将之置于与"人"更为积极的含义相对照的地位来考察"人/民"的区分。

有一大批同源词是由"民"字为词根导源出的。这些词几乎全都带有"愚昧、昏聩"的意味：如"泯"（troubled, confused, disorderly）、"瞑"（blinded, distracted, confused）、"昏"（dusk, darkness, benighted, blinded, mentally dark）、"惛"（darked in mind, stupid）等等。另一个同源词"珉"，意思是"玉石"，实际是随处可得的"假玉"，因为它缺乏真玉的光泽而为君子所不取。[11]古典著作中有一些在双关意义上将"民"（masses）定义为"冥"（dark）或其同源词"瞑"（shut the eyes, troubled sight）的情

况,都突出了该术语所反映的无知黑暗模糊不明的混沌状态这一核心意义。董仲舒《春秋繁露》就有现成的例子:

> 民之号取之瞑也。使性而已善,则何故以瞑为号?……性有似目,目卧幽而瞑……譬如瞑者待觉,教之然后善。当其未觉,可谓有善质,而不可谓善……民之为言,固犹瞑也,随其名号以入其理,则得之矣。[12]

早期周代铭文上有"民"的一个最基本形式"中",该字形一直被解读为"目盲"的象形字,因为中间没有瞳孔。[13]与"人"的"核"的含义相对照,"民"则是无"睛"(核)之目。段玉裁强调,《说文解字》将"民"定义为"众萌",即在用"萌"专门表达某种精神的蒙昧和无知状态:"憒憒无知貌也"。"萌"字另一个意义是"萌芽",其显然与董仲舒将"民"形容为"卧幽待觉"之论相应。

《论语》中"民"的地位显然是低下的,其常被用来和"上"(those above = superiors)比对。例如:"子曰:'上好礼,则民易使也'。"(《论语·宪问》)[14]

作为"子民"的"民"倾向于被动。用在上者对待"民"的适当态度的语言通常也是更强势的:民"服"[15]于上者,而上者却以"临"[16]与"惠"[17]的姿态来管理和对待他们。是"在上者"而非"民"自己代表"民",前者决定"务民"之"义"[18];而"民"作为"子民"一般来说都要受制于"刑罚"。[19]"民"应"敬""上",且"从"其行。[20]"民"的德性和潜能是以是否践行"中庸"之德来表达的:"中庸之为德也,其至矣乎!民鲜久矣。"(《论语·雍也》)杨伯峻解读该章时指出:"'民'在这里不是专门指平民(common people),因此我将它翻译为'everybody'(人人)。"[21]然而,恰恰因为他们是"民",才应当致力于公共事务(common affairs)。既然"民"与"时"[22]有关,那么"使民"(proper employment)似乎就是在适当时间耕种或服劳役。而"使人"则指服务于公共事务。[23]

《论语》用了几个不同的表达来指称民,如其中有"众"(the multitude)、"百姓"(the hundred surnames)和"庶人"(the many)。这些指称各自含义有重大不同,但它们却与"民"本身有一个共同差异,即他们都是指集合在一起的单个人或者至少单个部族,而"民"似乎是意指身份模糊的平民大众。第二个重要区分在于其他这些称呼并不必然排除上层社会,但"民"却几乎总是与在上者相对应。

当孔子用"民"来指称那些无可名状的普通大众时,他的态度可以说是蔑视的。[24]他们是不能"视"的盲者:"困而不学,民斯为下矣。"(《论语·季氏》)如果我们将"德"理解为一个"特点"(particular focus)[25],那么孔子所用"民德"的表达或许进一步表明"民"是可以被用一个总称一概而论的。[26]上面我们谈到"礼"最突出的特性即在于它要求投注个体之"义"。那么,在这一意义上,作为全体而非作为独特个人的"民",其践行"礼"的能力也是折中的。

成"人"(particular person)是不容易的,而成为一个"仁人"(authoritative person)则更为艰难:"仁者先难而后获。"(《论

语·雍也》)[27]相反,"民"则很简单,而且也应该"简"而待之:

> 仲弓问子桑伯子,子曰:"可也,简。"仲弓曰:"居敬而行简,以临其民,不亦可乎?居简而行简,无乃大简乎?"子曰:"雍之言然。"(《论语·雍也》)
>
> Chung-kung asked Confucius about Tzu-sang Po-tzu. Confucius replied, "His simplicity was indeed all right." Chung-kung responded, "In administering to the masses would it not be all right to be reverent in one's own mind and yet to be simple in dealing with them? Is not being both simple in one's own mind and simple in dealing with them in fact being too simple?" Confucius replied, "Yung, you are right in what you say."

"民"能否过有意义的生活取决于在上者的修养:"上失其道,民散久矣。"(《论语·子张》)由于普通人修养不够,因而缺乏审视在上者给予他们的生活方式的智慧:"天下有道,则庶人不议。"(《论语·季氏》)

社会政治的和谐作为差异性的调和需要个体的参与。"民"以人之身却无法贡献作为个体的意义和价值,他因此也不会表达他们作为个体的潜能,而且也不能作为"道"的一个重要来源发挥作用。他们或许能够追随"道",却确然不能去实现道。[28]

但孔子也为"民"提供了一个积极意义。"民"代表人性某种潜在之源。第二章我们曾论证,当个体本身与其人类语境融为一体且使之产生一种愈发富有意义的和谐时,就会实现从"人"到"仁"的质的进化。事实上,这同样的进化也会显现在从"民"(indeterminate masses)到"人"(particular person)的发展过程中。对孔子来说,不仅从"民"到"人"的转化是可能的,而且,"民"甚至会发展为"仁":

> 君子笃于亲,则民兴于仁,故旧不移,则民不偷。(《论语·泰伯》)
>
> When the exemplary person treats his relatives with earnest affection, the masses will be aroused to authoritative humanity; when he does not abandon his old associates, the masses will be encouraged to pursue substantial relationships.

成"仁"的潜能对于"民"来说至关重要:"民之于仁也,甚于水火。"(《论语·卫灵公》)确实,对孔子来说,能成"仁"就有可能最完满地实现人生。

孔子应属于认为"民"尽管朴拙、没有文化却拥有成长潜能的一脉。《尚书》是孔子授教的一个重要文献,其有论:

> 民可近,不可下。民惟邦本,本固邦宁。[29]

孟子或许可以说是孔子最优秀的诠释者。他反复将君臣关系比之为父子关系。[30]"民",作为君的子民靠君来确保他们经济富足、安宁无忧。[31]但还有比生计和安全更必不可少的,就是民对君实现一个富有意义的社会的"信"：

> 子贡问政。子曰："足食，足兵，民信之矣。……民无信不立。"(《论语·颜渊》)
>
> Tzu-kung asked about effecting sociopolitical order. The Master replied, "Give the masses enough food, enough arms, and make sure they have confidence in their ruler ... If the masses do not have this confidence, the society will not endure."

只有在高明的在上者的干预下，"民"才可发掘其潜能"化"而为"人"。汉代儒者贾谊这样描述这一关系：

> 夫民之为言也，瞑也，萌之为言也，盲也。故为上之所扶而以之，民无不化也……夫民者贤不肖之材也，贤不肖皆具焉。[32]

有教养的贤者和"民"之间的关系是互惠和彼此依赖的。正是因为"民"需依赖其上者作为美德的具体典范，在上者因而也需依靠"民"作为社会和国家赖以成长的基础。当然，必须认识到在上者从民的状况中拥有某种既得利益。如果说个人、社会和政治成就是共同发展的，那么在上者的完善无疑就是其文化环境丰赡的一个功能。因此，他们与民的关系就不应被理解为是无私的利他主义。事实上，《论语》所论种种国之所重，"民"居首，排在"食""丧""祭"之前。[33]用"民"需像行大祭一样专心和谨慎。因为,就像与大祭相宜之礼那样,待"民"得当才会拥有一个融洽和谐的前景。[34]引民归服就是积累生命之源。[35]只有在使民丰衣足食的情况下,才得以转向启蒙和教化"民"的事业:

> 子适卫,冉有仆。子曰:"庶矣哉!"
> 冉有曰:"既庶矣,又何加焉?"
> 曰:"富之。"
> 曰:"既富矣,又何加焉?"
> 曰:"教之。"(《论语·子路》)

When Confucius went to Wei, Jan Yu drove for him. Confucius remarked, "What a teeming population!"

Jan Yu asked, "Now that the population is teeming, how can they be further benefited?"

The Master said, "Make them prosperous."

"And once they are prosperous, what more can be done?"

"Instruct them."

关于"民"需要指出最后一点:儒家传统常将"天"与"民"相连("天"按照惯例常被译为"Heaven")。例如,《尚书》宣称:"天矜于民,民之所欲,天必从之。"[36]

或许,最广为流传的就是《孟子》所引:"天视自我民视,天听自我民听。"[37]我们第四章对"天"之意义的考察,将会使这一"天""民"关系获得更为清晰的表达。在此,我们将仅仅强调

"天"和"民"在表现可资利用的可能性之域上是有所雷同的。正因为"天"可以被解读为不确定之域,其中万物、包括人类自身[38]都可表述自我且生长发展[39],因此,"民"可以被视为成长为有文化的人的潜质之域:

> 质胜文则野,文胜质则史,文质彬彬,然后君子。(《论语·雍也》)
>
> When raw stuff overwhelms refinement, the result is coarseness, but when refinement overwhelms the raw stuff, the result is a hollow formality. The exemplary person emerges from a complementary measure of both raw stuff and refinement.

146   孔子显然对有教养的人和没文化的"民"之间做了区分,但他的态度是有条件的,即孔子对产生该差异的根本——教育——持的是平等主义态度:"有教无类。"(《论语·卫灵公》)孔子明确赞扬他最钟爱的学生颜回居贫乐学的精神。[40]他接收和教化学生的首要标准是学生对待学习的态度:

> 不愤不启,不悱不发。举一隅不以三隅反,则不复也。(《论语·述而》)
>
> In instruction students, I do not open the way for them until they are struggling for clarity; I do not elaborate for them until they have given it their best effort. If I give a student one corner and he does not return with the other three, I will not go

over it again.

因此,对孔子来说,在"民"和"人"的区分上,"教"是关键。"教"使得个体从身份模糊的"民"发展到鲜明独特的"人",最终达至"仁"。

2. 绝对个人与相对个人

古典儒家理解"民"和"人"的方式与古典西方有一些有趣的类同。但首先最明显的却是突出的差异。孔子"社会政治理论"圈定这样一个不寻常的范围,是因为其思想中没有西方社会和政治思想家认定的那些根本的区分。其中最重要的两个就是"私人"和"公共"领域的区分,与"社会"和"政治"组织模式的区分。对这些区分的接纳是西方"个人主义"产生的原因又是其结果。

早期儒家不愿对社会和政治形势的一体性进行划分。《中庸》在探讨"五伦"时,也用父子关系来描述君民关系。为政之"九经",其中之一就是"子庶民"。[41]父子与君民之间的根本关系是类似的。这一事实决定了社会、政治关系交织的模式。作为君子的"君"是其臣民的榜样,就像父亲是儿子们的榜样那样。因此,君主的权威最原初的形式即道德权威。

"家"和"国家"的类比在西方文化传统中当然也是不缺的。亚里士多德曾经认为"家"是德育的基础,其中父亲为儿子提供道德训练直到他进入公共生活。按照亚里士多德的说法,国家本身就是家庭的联合。然而在此问题上,该观点与儒家思想之间的区分却很鲜明。亚里士多德和绝大多数希腊人都认为"家"的根基是私人领域,而国家则基本上关注的是公共活动领域。早期儒家绝不会呼应这种个体公共生活与私人生活的分界。"家"在亚里士多德思想中有时似乎暗示,父亲代替国家对子女进行道德教育,而儒家思想中父对子所负的教育责任则始终如一地贯穿孩子的一生,二者在这方面是没有共鸣的。对孔子来说,父子关系的道德功能不是预备性的,而是生命中持久的存在。

古希腊公共生活和私人生活的划分是我们政治文化传统的基石,理论和实践、精神生活与实际生活的区别就是明证。柏拉图和亚里士多德都把"理论"(theoria, θεωρία)、精神视为存在的最高形态。而且,尽管柏拉图(《理想国》)要求哲学王从冥想回到现实国家事务上,但显然这种回转被认为是格外痛苦的责任。

西方基督教传统的产生,使对精神生活的重视延续至今。基督教通过僧侣等级的建立,以及强调祷告乃一种私人沉思事件,使得精神生活制度化了。强调个体与上帝私人关系的神学学说的重要价值在该文化语境中格外凸显。个人主义的现代自由理论正由此发端。首先引向"上帝"或"道德律"的灵魂或意识,保证了个体私人封闭空间或书斋生活能够产生绝对意义。

此类个人主义源于这样一种假定,即生命最根本的形式与私人领域相关,其中个人可与某超验存在或原理发生关系。私人自我(private self)是真正的自我,而公共生活中的自我(public self)则事实上只是一个"角色"(persona)。我们只要想一下我们对名人私人生活的普遍关注,就明白该观念的意义了。似乎了解他们的私人生活就可洞察到其脱离公共角色"表象"之下的"本相"。

还有一种与唯名论传统相关的更受推崇的个人主义形式。这一原子论的个人主义立基于完全世俗化观点,即某一社会或国家成员,尽管在"自然状态"上是自主的,却是为种种需求和利益塑造的,也就是处在"个人对抗整体的战争"中。托马斯·霍布斯(Thomas Hobbes)有经典的表达:

> 所有处于自然状态的人都有攻击的意欲和愿望……人之所以有彼此攻击的欲望,最常见的原因是许多人同时会对一个东西都有强烈的欲望,而且常常是他们既不能共享也不能将之一分为二;由此,它必然会属于最强者,而谁是最强者则必由刀下见。[42]

因此,社会因彼此猜疑而产生,且或为财富或为荣耀组合而成。当然,最根本的利益在于相对安全地避开了自然状态的侵犯。另外,社会不是由种种选择形成,它是一种必然:

> 每个人都有趋利避害的倾向,但最首要的自然的恶是死亡。人之死就像自然力推动石头落地一样自然。[43]

如果首要的自然之恶是死亡,那么首要的自然之善似乎就是光荣和荣誉:

149　　　善是令人愉悦的,或与感官相连,或与精神相连。但所有精神的愉悦要么是荣耀(或者对自我满意)要么与荣耀相关。而所有其他的愉悦则是感官的,或导致感官的快乐。这或许可放在"舒适"一词的意义上来理解。所有的社会、团体要么是为了获利,要么是为了荣耀;这就是说,与其说是为了爱我们的兄弟,不如说是为了爱我们自己。[44]

第一类个人主义根本上是无意为之的个人主义。古希腊人,尤其是亚里士多德认为,人是政治的动物(zôion politikòn, ζῶον πολιτικόν)。人不应当被理解为存在于"城邦"(polis)之外。语言作为理性交流的基础,是社会的赋予;社会归属感是理性存在的要素。但是,理论和思辨是思考社会存在的同样理性活动的最根本表达。但最杰出的理性动物是那些其存在关乎超越社会价值的人。原子式的个人主义作为个人主义更常见的形式,常被认为应对理性或超验个人主义的某些后果负有责任。但这两种个人主义却同样造成了私人领域和公共领域的分离。

霍布斯和古典自由主义反对人作为政治动物的理论。霍布斯提出了某种改良性国家起源的古典理论,即国家的起源是为了保护个体以反抗他者的侵害。但霍布斯的理论仍残存有机自然主义的痕迹。他把对光荣的渴求归之于人类是对古希腊"城邦"概念的呼应。公共空间是能够获得光荣的领域。多少世纪以来,正是对光荣、荣誉和伟大的热爱提供了公共领域长久独特的吸引力,且强化了私人空间的私密感。

对名声的渴望或许反映的是对不朽的渴望。它是希望继续生活在同伴和后辈的记忆中。个体离开私人空间进入公共领域是为了通过他人的认可而证明自己的存在，继而成为完全的人。但常识告诉我们，对名声和荣誉的渴望就像对经济利益的渴望一样，意味着它们相对的匮乏。如果每个人都能够达到这些目的，他们就不会产生这样强烈的动机。名声是一种不能共有亦不能分享的人所意欲之物。对名声、荣誉、快乐和利益的渴求只能导致个人主义情绪的激化。

从人类公共领域和私人领域的概念中都可发现个人主义的强烈冲动。西方传统中，"精神生活"（*vita contemplativa*）和"实际生活"（*vita activa*）都会导致各种各样的个人主义。

大多数尝试减少种种个人主义负面结果的行动，要么是将公共领域简化为私人领域，要么与之相反。柏拉图《理想国》强调废除家庭，有效地消除了私人空间。"城邦"是个体市民惟一的家。这一理想国中的每一个成员都是为政府服务的。甚至在最高理论行为中已最终直觉到善的哲学家，也被期望作为开明的管理者回到公共事务的现实世界。《理想国》的强烈反讽之处在于，不管柏拉图的观点被当做多么严肃的政治理念，其实却是以生活实践和玄思冥想的区分为基础的，并显然倾向于玄思冥想。

黑格尔最强烈地主张公共领域支配私人领域的观念。对他来说，国家权力和威望绝对高于市民本人。但甚至连这位赋予国家价值以如此绝对表达的绝对论者，其理论前提也是将个体性视为存在目标：

因为国家是客观精神,所以个人只有作为国家的成员之一,其自身才会拥有客观性、真正的个体性和道德生活。纯粹、质朴的统一是个人生活的真正内容和目标,个体注定要过普遍的生活。[45]

公民与国家相分离,被认为是没有真正个性的纯粹抽象。国家的统一就是其个体性,而它恰恰就是在其成员过"一种普遍生活"的情况下才会保证他们的个体性。对于黑格尔和唯心主义政治传统来说,人类的实在显然是由其社会性决定的。但该社会性本身是某种"绝对"、超验原理的表达,它是过普遍生活的个体公民证明的根本实在。因此,即便是在这一将私人生活归于公共生活、个体公民化约为国家的理论中,个体性也被作为实在的真正标准。

另一将公共生活归于私人生活的理论从本源上与作为基督教共同体理想基础的宗教和神学动机相连。圣奥古斯丁的《上帝之城》(*Civitas Dei*)促发某种"上帝之城"与"人类之城"的区分,这一区分自然促发了将精神共同体拥戴为人类归属感的理想模式。尽管在末世学和天启录的鼓动下,我们的传统一直时有完全放弃社会存在之公共、世俗生活的尝试,但这几乎从未实现过。

当代西方社会公共生活归于私人生活的趋向基本上是所谓负面力量的作用。西方政治和社会生活一直以来都是由私人和公共领域之间某种特有的平衡建构的。当代世界经济主导日益加强,关注作为"消费者"的个体私人经济动机严重威胁了公共生活。与此相关的是技术在决定社会和政治生活特征中越来越重要。公共领域的自动化和组织化降低了公共生活的威望。作为政治生活舞台的公共生活越发稀薄,越来越成为技术统治论阶层萌生的家园。[46]

公共领域与私人领域的古典区分,加上普遍接受的以个人主义为根本的社会生活观念,二者的结合加剧了西方社会政治哲学的危机。政治个人主义实际只有在能够实践个体追求声名和不朽的公共领域中才是可行的。没有这样一个公共领域,个人主义动机只会导向自我经济的满足,而对社会、政治的繁荣发展几乎毫无裨益。

相反,儒家"民"与"人"的区分既不基于私人生活和公共生活的对比,也不依靠归属感之社会、政治模式的区分。民与人的区分除了体现儒家社会政治思想的固有兴趣外,其价值还在于建构了对人类团结精神另一种意义重大的解读。理解孔子对这一问题的思考,或许会为当代盎格鲁-欧洲有关社会政治哲学问题的探讨提供有价值的思想。

根据怀特海的观点:

> 一个解析诸文化活动最普遍的哲学观念就是,根据绝对个人(Individual Absoluteness)和相对个人(Individual Relativity)的不同侧重考虑对社会生活的影响……具体说来,这些思想有时表现为自由与社会组织的对抗,有时又体现在国家福利和公民个人福利的相对重要性上。[47]

绝对个人和相对个人的区分与古典儒家和主流西方政治思想的组织模式相关,这当然是正确的——至少从表面看如此。儒家社会政治思想很容易被理解为以社会彼此依存的观念为基础。而自主个体是西方社会政治问题种种重要论争的前提。如果我们能够谨慎、恰当地运用这一绝对性和相对性的对比,那么,就有可能避免对儒家和西方社会生活之差别的一些严重误解。

西方社会理论是以有利于绝对个人的观念来评判的,这就意味着如果不质疑自由和自主观念就很难为社会彼此依存找到理由。古典儒家则正相反,其对相对个人观念的倾向性是非常明显的,任何试图将之向绝对个人转换的观念都会威胁到儒家社会观的根本结构。

当然,我们不能忘记主流盎格鲁思想中"人"(person)的观念与儒家的人有显著差异。正是最严格意义上的"个人"是儒家思想所质疑的。"社会性"才是人类存在的根本。我们前此所述逻辑秩序与审美秩序间的对比,应会促进对儒家个体性独特认识的初步了解。稍后,我们会介入"点域"模式来说明儒家对"部分"和"整体"关系[48]的理解,相信会更清晰。在此,先指出盎格鲁-欧洲社会推崇的那种个人主义,在深受古典儒家思想浸染的人那儿完全不受欢迎就足够了。

绝对个人和相对个人之间的平衡很难获得。这里需要阐明的是,不同社会中起作用的社会观也截然不同,如果认识不到这一点就会造成混淆。无论中国还是西方思想家在试图将对方纳入自我特定诠释模式中时,都会冒产生严重误读的危险。中国思想家如果以审美秩序为前提看待西方思想,那么,西方个人主义对社会团结精神的鄙弃,必然令人惊骇。而西方人把理性秩序视为社会团结精神的典范,只能认为儒家的感受性对个人自主的根本观念是毁灭性的。

儒家会坚持认为西方对理性有序性的青睐造成对社会生活的不当诠释,其中,平等是抽象出来的,而自由是从量上来说明的。使我们平等的是我们是"一样的",而我们所谓的自由就是我们拥有选择,而这些选择大多纯粹是数量上的区别——我们可以在杂货店柜台上一些不同种类的食品或者不同款式的汽车上进行选择。难道不是如此吗?许多我们可从中做出选择的事物很少拥有真正质的差异。有意义的自由应该是可以选择众多质上截然不同的选项。

这里需要强调的是,许多对西方社会的分析,从那些受马克思激发的学者[49]到如加塞特(José Ortega y Gasset)[50]这样公开的贵族政治的反马克思主义者,都同意由量的因素支配的社会面临种种严重问题。然而,由于他们无疑假定理性秩序是社会团结的惟一基础,因此,对改善这些问题的纲领性建议全然不是由适当范畴表达的。尽管如此,如果我们相当宽松地借用某些这类批评来突出中国古典传统维护的团结精神与西方团结精神的差异,或许还是有帮助的。在以盎格鲁-欧洲所熟悉的语言探讨了某些重要问题后,我们将准备从截然不同的儒家视野来思考该问题。

西方如同儒家一样,社会健康发展一直都是文化精英与大众保持适当平衡。西方现代社会的一些批判者认为,最紧迫的政治问题是社会和国家的"大众化"(massification)。该现象与理论和实践上运用量的标准决定社会政治价值相关。这一标准根本上是经济的。

现代西方社会大众和精英的显著差异,更多是由量的而非质的差异决定的。形成这一现象的首要原因我们上面已有探讨,即与个人主义的现代形式相关。个人主义理论推进了某种相当抽象的平等和自由意识。我们的平等是我们"同一"(sameness)的一个功能;我们的自由是在极少有质的差别的项目中由合乎量的选择来定义的。第二个原因与技术社会现象相关,该现象加剧了对抽象自由和平等的推进。它们二者根本上都取决于世界和社会理性秩序的假定。

技术社会作为工业和科学技术复杂的组织形式兴盛于19世纪。自此,科技的飞速发展为西方社会大众带来了以前难以企及的物质财富。自由民主促成了大众权力的增加,科技提高了他们的安全水平。权利和安全的增强一个不曾预料的后果即:精英和大众之间有可能实现的敬意关系受到这一事实的威胁,即两大社会成分之间的差别很大程度上被生活水平的普遍提升在意识上削平了。这也就是说,大众认为他们生活条件的改善使他们有理由宣称,他们与其他人在任何重要方面都是平等的。另外,科技如此强调专业化需求,以致不能充分意识到,必须使之保持与整体统筹各专业分工协调一致的普遍理论规划的衔接。

现代科技通过缩小获得智力(思想、知识)成就的必要范围,使得有专门才能和技术的人获得优厚的金钱酬劳。专门工作比使这些工作协调一致要容易得多。而且因为多数科学和技术工作是常规性的,因此,专家就是"知道"他那门学科的人。专家是技术精致化的产物。他是"大众人"(the mass-man)的集中体现。

文明的存在依靠人类的增光添彩。正是那些努力理解文明建立的种种原理且愿意牺牲自身的人才使文明获得了维持和发展。西方社会的大众不再是真正人性赖以产生的潜能的土壤,而更被认为和自认为其自身就是权力之源和决策之所。

在一个自由民主的社会中,个人感到自己与其同胞是平等的。确实,对这种平等的信仰已经写入大多数西方国家的宪章制度中。而且它是一个不能随意质疑的信仰。然而,如果没有对真正拥有美德之人的适当敬意,社会团结的种种形式并不容易维持下去。这类人肩负为社会引入意义的责任。他们是履行"义"以揭示和发扬传统价值的个人。以量的标准评定社会价值已使得对敬意行为进行质的评定全然受到怀疑。

而儒家社会理论观念则提供了一种立基于质的标准的社会秩序概念。对于当代盎格鲁-欧洲自由民主的拥护者来说,儒家"民"(大众)与"人"(君子,精英)的严格区分或许令人相当不舒服,但却确实可以避免社会阶层中由纯粹量的区分造成大众化的负面影响。"民"只要可以是产生"君子"的人性潜能之域,那么,就维持了社会秩序的审美解释。我们当然可以质疑这种社会的任何典型例证,如果它忽视考虑量的规定性乃至威胁到社会成员的福利和安全。但儒家社会对百姓福利的提升不是落实在量上，而是落实在质。

三　政

1. 政和正

卜弼德对"政"(effecting sociopolitical order)进行了哲学分析，其中，他对逻辑秩序与审美秩序区分的探讨很有洞察力，不过多少有些含糊。[51]首先，他试图使"政"脱离其通常的译法"government"。在他看来，"government"源自希腊-罗马词根"*guberno*"——"掌舵(作为舵手)"。而"政"的词源却是"正"(right, correct)的意思。因此，卜弼德继而确定了"政"的正反两义。其正面意义为"公正"(rectitude)，即"国家有效治理取之于君之正(确)(correctness)与民之(修)正(correction)的适当折中"。[52]卜弼德将其反面意义，与其同源词"征"相联系，他将"征"解读为"强迫服从"(to compel submission)。在这种情况下，"政"在政治意义上就意味着"必须强制执行的标准"(compulsory enforcement of a standard)。

卜弼德对"自愿效仿"(voluntary modeling)与"强加权威"(imposed authority)做了区分，并似乎把前者与审美秩序相连。然而，他并不是区别得很清楚。他首先认为将"政"仅指涉政治领域未免太有局限性。在他看来，"政"与其两个同源词"正"与"征"密切关联。我们下文也将会看到，"礼"作为一种影响个人、社会和政治生活秩序的手段在其中所起的作用，还会发现中国语境下任何将这些活动分离的行为都是不切实际的。因此，"政"最好被理解为"对社会政治秩序（在其最宽泛的意义上是人际秩序）的影响"（effecting sociopolitical order），而非更为政治化的专门的"政府管理"（administering government）。有人曾从严格"做官从政"的意义上问孔子为何不"为政"，孔子的回答显然表明他是以我们上面所论的方式来理解"政"的：

> 或谓孔子曰："子奚不为政？"子曰："《书》云'孝于惟孝，友于兄弟'。施于有政，是亦为政，奚其为为政？"（《论语·为政》）
>
> Someone asked Confucius, "Why are you not in government?"
>
> Confucius replied, "*The Book of Documents* says: 'Filiality! Simply extended filiality and fraternity into government.' This filiality then is also taking part in 'government.' Why must one take part in formal government?"

其次，《论语》中"政"确实有正反两义。前者指涉一种审美秩序，是君主和臣民共同参与的自然和谐的表达，该和谐是由个人在礼仪行为中体现的意义和价值决定的。该秩序的理想状态是一个在上者修身，激励在下者效仿所实现的示范过程。社会秩序的独特性尽管立基于对传统的承续，但却是由其独特参与者赋予的意义限定的，因此，它总是常新且独有的。

"政"的反面意义是因为个人修身是需要努力投入的。我们已看到,有意义的礼仪行为需要个人践行"义"的才能。即便百姓有君主模范行为的影响,也不可避免会有一撮人因缺乏智慧或修养而冥顽不化,只知追求个人私利而不顾及其行为后果。为了整体的和谐,这些人就必须受到作为规约行为底线的法律的制裁。此乃"政"的第二个派生意义:发表的(继而成为正式的)社会和政治标准,最低限度保证符合普遍的秩序感。此第二性、辅助的秩序意义之所以是反面的,是因为它不要求那些它所针对的人的"义"。这些人被假定为不能够主动参与秩序,因此,必须强制使之服从。尽管孔子显然支持共享秩序调整的权利,但正如我们下面将要详细阐明的,他是一个完全的现实主义者,承认必须有强制顺从作为备用措施。

《论语》中有多处对"政"的讨论,这些讨论都直接强调该概念与其同音同源字"正"的关系[53]:

> 季康子问政于孔子。孔子对曰:"政者,正也。子帅以正,孰敢不正?"(《论语·颜渊》)
>
> Chi K'ang Tzu asked Confucius about effecting sociopolitical order.
>
> Confucius replied, "Effecting sociopolitical order means 'ordering'. Where one leads with the example of order, who would dare be otherwise!"
>
> 子曰:"苟正其身矣,于从政乎何有?不能正其身,如正人何?"(《论语·子路》)

> The Master said, "If one is orderly in his own person, what problem would he have in administering sociopolitical order? But if he is unable to order himself, how can he bring order to others?"

我们下面将从几方面来论证孔子社会政治哲学审美秩序的优先原则,进而据此尝试阐明该观念的一些重要含义。[54]

至此本书所致力探讨的一个中心论点,即孔子哲学不借助任何超验概念,他尝试运用某种内在视角发现的一系列意义根据现象而非实体来诠释世界,其对特殊性的优先强调必然由过程和内在性体现出来。理性秩序推崇连续性和一致性,排斥独立和创新。相反,审美秩序由于其对具体特殊性的关注完全是由某种现象本体论实现的,其中由分离和矛盾表征的过程使得相应的创造可能性得以发生。

正如上面所述,我们在审美秩序中发现的特殊性的优先性是孔子认识论的一个显著特征。由"信"实现的"知"产生了一个自然发生的世界,该世界是由改造现实中个人诸条件和能力附带创造的。同样,真理和实在根本上是个人范畴,对每一个参与者来说都是独一无二的。

这一特殊性的优先性也体现在我们对"仁者"的认识上,其中"知"是由个体独特倾向和环境共同决定的一个过程。对独特性的关注也进而成为孔子社会政治哲学思想的一个重要维度,这很容易从"修身"与"治国"关系的性质上体现出来。此"部分"与"整体"的相互关系与任何简化论政治理论的对比都

相当鲜明。萧公权指出了这一点,尽管他的语言有些夸张:

> 世界与自我的关系,……尽管只能以概率和优先性为条件进行区分,却并不是一种内在、外在或孰重孰轻的区分。要想了解孔子"人"的概念与西方理论的比较,我们就必须强调,该概念一方面不同于只有团体没有个人的集体主义,同时也不是抬高自我,使国家受制于个人的个人主义。这两种观点都将个人与社会对立起来,而孔子则消除了二者的界限,达到了人类与自我的统一。[55]

因此,对孔子来说,无论是自我还是社会都不应降格为对方的工具。它们毋宁都是彼此的潜在目的。社会和国家秩序的方方面面最终都可追溯且成为社会成员修身不可分割的一部分。另一方面,如果没有社会和政治生活条件的许可,修身是不可能的。孔子在社会秩序本身与其赖以表述的语言的类比关系中,强调身正的作用:"政"派生于"正",以此类推,则社会政治秩序本身亦可追溯到百姓的修身成就。孔子多次着意强调社会政治秩序与"身正"的相互依赖:

> 子曰:"其身正,不令而行;其身不正,虽令不行。"(《论语·子路》)[56]
>
> The Master said, "Where one is orderly in his own person, people will accord with him without need of command. But where he is not orderly himself, even when he commands

he is not obeyed."

正因此,社会政治和谐就必须总要始于"修身":

> 子路问君子。子曰:"修己以敬。"曰:"如斯而已乎?"曰:"修己以安人。"
>
> 曰:"如斯而已乎?""修己以安百姓。修己以安百姓,尧舜其犹病诸!"(《论语·宪问》)

Tzu-lu asked about becoming and exemplary person.

The Master said, "In cultivation himself he inspire reverence."

"Is that all there is to it?" Tzu-lu asked.

"In cultivating himself he brings peace and stability to others."

"Is that all there is to it?"

"In cultivating himself he brings peace and security to the common people. Even Yao and Shun were not able to accomplish this."

个人、社会和政治秩序之间各维度的共同发展,使我们不能够采用我们熟悉的西方哲学理论语言的范畴。孔子的"成人"概念因有着鲜明独特的社会视角,因此,不会产生像西方那样私人利益与公共利益、伦理关系和政治关系、社会结构和政治结构的明显二分。

儒家社会理论中的个人不可化约是社会性的（尤其是较之于西方的传统），这一事实产生了一些重要推论。对大多数自笛卡儿以来的西方哲学家来说，或许最棘手的问题一直都是：在自主、绝对的个人意识面前如何说明主体间性经验。而对孔子来说，由于经验从一开始就是主体间性的，因此根本不存在此问题。

西方哲学近年来有关主体间性的问题或许可从诠释学传统的经典著作中找到其最重要的表达。[57] 狄尔泰强调设身处地"理解"作品以把握种种历史行为和社会制度，他的思想后来成为某种社会诠释学的基础。历史学家在自我与其诠释主题之间建立的这种主体间性创造了诠释者和诠释对象心灵和精神跨越时空的同在。狄尔泰观点的卓越之处在于强调了这样一个事实，即历史最好被理解为是时间性、时序性意义上的社会。历史诠释技巧建立或开拓了一种有效的主体间性，得以穿越时空的阻隔，沟通历史和现在。

社会理论、社会组织的原始信息存在于主体间性经验中。后来的西方思想家难以获得这一洞识的首要困难在于：源于政治领域而非社会领域的种种范畴主导着西方社会哲学家们的理论观念。

西方政治理论根深蒂固的困境源于这一事实，即由于各种各样的原因，从秩序中受益的愿望几乎总是与创造或维持秩序的愿望彼此分离。这一（根本）心理上的区分导致了某种社会政治上的区分，即"统治者"是秩序的创造者或维护者，"被统治者"是秩序的受益者。从社会主义到共享民主制，各种各样的古典理论克服这一分离的努力都仅仅取得了有限的成功。统治者和被统治者之间的分裂仍然决定着我们的社会和政治生活。

对一个社会来说还有比分配裁决功能的手段重要得多的问题,那就是统治者和被统治者的区分对提高和维持文明秩序来说,是否就是一个毋庸质疑的基础。这个问题几乎一直都是困扰西方学术的问题,对社会政治哲学来说迄今都是最具争议的问题。甚至社会主义和自由民主思想中"统治者自我裁决"的观念也需要将规范和章程与他们责成的社会政治行为分离。自我裁决的主体以推进社会秩序的理性或永恒原理进行自我裁决。这就是说,他通过借助客观的规范来规范自我。因此,这一统治者和被统治者的区分的基础,乃是规则与社会成分的区分,规则被视为促进和维持社会秩序的程序。

马克斯·韦伯(Max Weber)对政治范畴支配社会理论的观念提供了主要说明。正是从韦伯起,社会理论不再作为不加批判地运用到社会现象中的宇宙论或政治意识形态,逐渐开始盛行。但是韦伯"理解"(verstehen)社会理论的观念并不符合狄尔泰最初的思想。韦伯的代表作《经济与社会》(Economy and Society)关于社会理论的知识结构,部分是由其对"行为"(verhalten, behavior)和"行动"(handeln, action)之间的区分建构的,前者根据外在标准描述,后者则某种程度需借助对包含主体价值观和目的的行为意义的诠释。社会理论学家必须寻求解释哪些可从行为上描述,哪些只能(至少部分是)通过意义的内在指涉加以判断。"理解"是对行为诠释进行构造的结果,而诠释其实是一个主观意义的组织。但韦伯的社会理论与其知识体系不同,如果我们考虑到它的或然性,就会发现最终妨碍韦伯根据主体间性来理解"理解"这一概念的某种内在紧张。

韦伯的社会理论受其历史哲学的深刻影响,其历史哲学的核心问题是官僚政治理性化正日益决定西方(或盎格鲁-欧洲)文化的构成。在这一历史发展中与创造因素关联的是那些超凡的个人,即拥有中断、部分塑造和(或)改变理性化趋向力量的人。我们在理性化和超凡魅力的概念中发现了贯穿科学、政治和宗教等社会形态的线索。披着权威外衣的科学家其真正目的就是助长官僚理性主义的发展。

与此相对的社会力量则把自发价值和理想引入社会。韦伯很大程度上将这些价值等同于社会的宗教趋向,特别在宗教被视为价值取向根源之一的情况下更是如此。但韦伯试图在政治学中寻求引导社会的力量。社会单位是独立的机体。统治者与被统治者的关系是最首要的。亚里士多德的社会问题成形于作为政治结构的"城邦",同亚里士多德一样,韦伯也是一个政治社会学家。韦伯根据共同体(*Gemeinschaft*,community)而非与之相对的社会(*Gesellschaft*, society)来考虑主体间性这一概念,可见主体间性在其社会哲学中是一个次生概念。

西方社会直到相当晚才认识到用狄尔泰的思想发展某种社会理论有多么困难。韦伯就是一个很好的例子——只要认为必须根据政治实践来说明社会实践,主体间性的概念就不能适当地应用到社会理论上。古典政治理论局限于统治者—被统治者的区分中,无法超越公论(consensus)的概念。而且,正如查尔斯·泰勒(Charles Taylor)一针见血指出的那样,公论中个体可能享有的意义是从其种种社会关系中抽象出来的。相反,主体间性的意义则"植根于社会实践"而且其本身"是由社会现实塑造的"。[58]

事实上,西方社会理论目前面临的挑战或许是应放弃对自由理性公论徒劳的追求,而代之以发现主体间性经验的价值。孔子有关"正""政"之间关系的洞识或许会成为说明此问题可资借鉴的重要资源。

重新审思《论语》中所引"正"与"政"的互为性论述,或许很可能会引起这样的反应:即孔子并非暗示"正"对所有人都有政治功效,他只是针对那些当权者来说的。一个极端的例子表现在《论语·季氏》中,其中,秩序的主要根源似乎集中在统治者身上:

孔子曰:"天下有道,则礼乐征伐自天子出;天下无道,则礼乐征伐自诸侯出。……天下有道,则政不在大夫。天下有道,则庶人不议。"

Confucius said, "When the way prevails in the empire, ritual actions, music, and punitive expeditions come from the Son of Heaven; when it does not, they come from the various nobles… When the way prevails in the empire, responsibility for effecting sociopolitical order does not lie with the ministers; when the way prevails in the empire, the common people do not debate political issues."

然而,必须被理解为是以已获和谐的共享性质为参照的,在此一和谐内每个人拥有自己的特权及其相应责任:

> 子曰:"不在其位,不谋其政。"曾子曰:"君子思不出其位。"(《论语·宪问》)[59]
>
> The Master said, "Where one does not have the position, he does not plan its contribution to sociopolitical order." Tseng Tzu said, "The reflections of the exemplary person do not go beyond his position."

这就是说,个人贡献的范围是由其政治地位决定的。对孔子来说,"身正"与产生有社会政治影响的地位是彼此暗示的。"正"只有在参与到社会和政治环境中才可能发生,而社会和政治身份地位只有伴随个人修身成就才无可非议。

我们下文对"君子"的探讨也将会揭示,孔子竭力避开天生的本质主义观念。"君子"是一种修之而得的高尚而非与生俱来的高贵。孔子对文明社会和不文明社会的区分也持同样态度。正如萧公权所言:

> 然而,最使我们感兴趣的是孔子运用文化标准区分野人与君子这一事实……由于他们之间的区分不是任何一种固定界限,而是根据文化水平的高低有所波动,因此它完全失去了人种意义,而成为一个纯粹的文化概念。[60]

对孔子来说,社会和政治的区分体现在个人修身及其对社会政治和谐的贡献。

孔子对"群而不党"的强调进一步体现了审美秩序的优先性。一个形式结构优先的社会和政治中,"统一"比"差异"、"同"比"和"更受推崇。举一个古典中国的例子,比如法家(Legalism),其政治哲学立基于对已设规范的遵从,"刑名"(accountability)的概念就是确保遵从预先设定的公职和责任。任何背离规定形式的行为都会受到惩罚。这与孔子恰形成了对比,孔子强调有益政治行为的前提是当权者拥有调整现有政策以适应不断变化的环境的能力。[61]孔子给出了人类团结一致的限度,表明尽管我们通常会依赖其他人的意见和良好意愿,但我们却必须学会在突发的情况下能够做出个人决断:

子曰:"可与共学,未可与适道;可与适道,未可与立,可与立,未可与权。"(《论语·子罕》)

The Master said, "You can learn with him, but cannot necessarily share his accomplishments; you can have his accomplishments, but not necessarily share his stature; you can have his stature, but not necessarily share the contingencies of his circumstances."

事实上,孔子认为政治上因循守旧表示这个人无权拥有权威地位。孔子反复根据"和而不同"的理想来描述社会和政治的参与:"君子和而不同,小人同而不和。"(《论语·子路》)杨伯峻[62]在解释这一相当含糊的一节时引导我们参照《左传》来理解：

> 公(齐侯)曰："唯据与我和夫！"晏子对曰："据亦同也，焉得为和？"公曰："和与同异乎？"对曰："异。和如羹焉，水火醯醢盐梅以烹鱼肉，燀之以薪。宰夫和之，齐之以味，济其不及，以泄其过。君子食之，以平其心。君臣亦然。君所谓可而有否焉，臣献其否以成其可。君所谓否而有可焉，臣献其可以去其否。是以政平而不干，民无争心。故《诗》曰：'亦有和羹，既戒既平。鬷嘏无言，时靡有争。'先王之济五味，和五声也，以平其心，成其政也。……今据不然。君所谓可，据亦曰可；君所谓否，据亦曰否。若以水济水，谁能食之？若琴瑟之专一，谁能听之？同之不可也如是。"[63]

这里被译为"harmony"的"和"与被译为"agreement"的"同"之间的差异是"协调"(attuning)和"调和"(tuning)的不同。"协调"指的是两种或两种以上的成分相交、融合为一个和谐的整体，同时有利于且加强所有成分的潜能而不牺牲其独特、鲜明的个性身份。"调和"则通过使某一成分符合现有标准而寻求一致性，以至于某一成分的增强有可能是以牺牲其他成分为代价的。

《论语》中其他几个章节也明显表达了与《左传》该节类似的意思，其中孔子尤其谴责政治事务中的派别主义：

> 君子周而不比，小人比而不周。(《论语·为政》)

The exemplary person associates openly with others, but does not caucus; the small person is the opposite.

君子……群而不党。(《论语·卫灵公》)

The exemplary person...gathers together with others, but does not form cliques.

或许最明确表达孔子追求审美和谐而非形式之"同"的例子就在《论语·子路》中：

孔子对曰："……人之言曰：'予无乐乎为君,唯其言而莫予违也。'如其善而莫之违也,不亦善乎？如不善而莫之违也,不几乎一言而丧邦乎？"

Confucius replied, "...People have a saying: 'I find no enjoyment in being ruler, except that no one contradicts what I have to say.' If what he has to say is good and no one contradicts him, that's good. But if what he has to say is not good and no one contradicts him, is this not almost a case of one dictum bringing about the downfall of the state?"

在这些章节中,孔子都主张一种能够顾及到参与者种种不同观点的社会政治的和谐。

我们已经强调孔子重视"宽"(tolerance)的价值而且确实"疾固"(detested inflexibility)[64]。"仁者"行无偏私亦不逾矩。当然,这种"宽"是一种能够完全展示特殊性的社会政治秩序观念的必要条件。正如孔子所言:"君子贞[65]而不谅。"(《论语·卫灵公》)对那些一举一动影响到社群的人来说,这一审美秩序规约的人类社会,"宽"是一个首要标准。[66] "宽"这一概念被以许多不同的方式表达,它是孔子理想社会组织观念的一个主要成分,而且也确实是那些堪当楷模之人必备的品格:

子曰:"居上不宽,为礼不敬,临丧不哀,吾何以观之哉!"(《论语·八佾》)

The Master said, "What is there to look at in a person who in holding a position of influence is not tolerant, who in performing ritual actions is not reverent, and who in performing funeral rites does not grieve?"

如果说孔子强调"成人"应"克己复礼",那么"恭""宽""敬"就是所有人成长的先决条件。如同"人"的社会性生成,社会和国家的性质也体现在传统和当下、"礼"之承传意义与当下践行者赋予意义的对话中。

说到底,这种社会政治秩序自"下"而"上"的生成,其所需的理想君主就是"无为"。孔子这样描述传统中最贤明的君主:

子曰:"无为而治者,其舜也与? 夫何为哉? 恭己正南面而已矣。"(《论语·卫灵公》)

The Master said, "If anyone could be said to have effected political order while remaining nonactive, it was Shun.

What was there for him to do? He simply made himself respectful and took up his position facing due south."

这一"无为"的姿态是统治者"敬"和"宽"的一个功能。而且,该节并非《论语》中的一个例外。正相反,它完全可被视为是对为政者得当之举的概述。我们第四章论述"德"这一概念时,将会同时从个体与整体两方面对其进行相当详尽的探讨。那些在与整体审美合一中充分实现其独特性的统治者是真正的"无为",因为他不向其臣民施加压力:"子曰:'为政以德,譬如北辰,居其所而众星共之。'"(《论语·为政》)[67] 贤明的统治者绝非以权力压制百姓,而是把对秩序的追求立基于差异的丰富性,组织臣民力量推动其最能创造审美和谐的方向:"宽则得众,……公则说。"(《论语·尧曰》)

2. 刑、法、礼

孔子重视典范作为行为标准的价值。这体现在他对"礼"和另一种获得社会秩序方法的"刑"的对比上。"礼"使自发实践和谐行为成为可能,而"刑"只制约表面行为。"法",尤其是"刑法"的存在,无论它有多么必要,也意味着"礼"的缺失。对孔子来说"礼"是典范,是效仿的对象。而作为对象,它们只能以制度化的形式存在。它们首先是体现君子行为意义的模式。"礼"是一种"刑"无法实现的典范模式,因为"刑"不能像"礼"那样表达君子有意义的行为。

由于君子本人总是"礼"的个体化创造而拓展的独特成就,

自然，有意义地履行"礼"就像效仿君子，必然优先于"刑"。事实上，孔子主张的是说服教育而非强制惩戒：

> 季康子问政于孔子曰："如杀无道，以就有道，何如？"孔子对曰："子为政，焉用杀？子欲善而民善矣。君子之德风，小人之德草，草上之风，必偃。"(《论语·颜渊》)
>
> Chi K'ang Tzu asked Confucius about effecting sociopolitical order, saying, "What if I kill those without *tao* in order to encourage those with *tao*?" Confucius replied, "You are the sociopolitical order. Why must you use killing? If you want to be good, the masses will be good. The *te* of the exemplary person is wind while that of the small person is grass. As the wind blows, the grass bends."

君子教化未开化之人的"德"，远非强制性或强迫接受的，而是整合和参与百姓主体间性的"成人"行动中的潜能。其如春风般的影响力培养和激发百姓向一种无需"刑"即可获得理想社会秩序的状况发展。"风"是化育而非强制的，而"草"则是善于吸纳而非屈从的。这就是说，它们会以一种自然互惠的方式彼此影响。

孔子理想的社会是一个无需"刑"的社会："听讼，吾犹人也。必也使无讼乎！"(《论语·颜渊》)[68] 当然与此同时，我们也必须小心不能曲解孔子对"刑"的态度。毫无疑问，孔子主张通过教育和榜样的作用实现社会政治秩序。然而，强调教化却并不妨碍为"刑"留出余地——尽管遗憾却有必要对抗可能产生的秩序分裂的危险。[69]

西方传统中,"法"或者作为神圣命令,其超验根源为它们提供了最强有力的正当性;或者作为种种理性原则,能体现社会最大稳定性的公正和繁荣的行为和交往规范。这二者都是立法者的产物。上帝示法于摩西,将之颁布给犹太人,汉谟拉比和梭伦为各自的社会编制法典。但显然这些情况都存在一种法的精神约束力,每一个都有一种授权于法且维护其权威的超验根源。

正如我们前此对"礼""义"的讨论所表明的那样,对孔子来说,"礼"的根源是个体之"义","礼"能延续的理由在于其践行时所凸显"义"的力量。"义"的特定行为是传统礼仪的基础,尽管它们绝大多数都随历史消逝,然而,生命力得以维系的"礼"都始终需要践行"义"。

因此,要想知道"刑""礼"之间的区分,就必须明了:礼是践行个体之"义"的富有意义的行为,而刑是只有强制功能的非人道的权宜之策。西方传统中,"刑"就其所受的礼遇来说,一直被认为有着某种外在于人的起源。人的个体性力量源于外在规范,这一主张[70]的一个结论就是超验的"法"。一个突出个人主义的社会必须使法成为秩序外在决定的根源。因为公论在一个高度个人主义的社会中几乎不可能实现。在这种情况下,"法"就必须首先用于外在行为,且必须拥有制裁力量以惩罚威胁。不管赞同这些外在强制法律或规范需要付出多大的代价,它们需要和加强的那种个体性始终在西方传统中备受珍视。

由于这里主要关注的还是社会和谐的性质问题,因此,我们还是得回到审美秩序与理性秩序的对比中。确保理性秩序依赖已有的关系模式,在其真正意义上几乎不依赖任何具体情境。我们这里可以将社会秩序称为服从或符合原则或规范的功能。这些规范的最终根源必然是精神、或上帝的意愿、或人类的理性、或获得公共认可的开明的利己心。拥有理性形式的社会秩序不可能完全依赖道德典范来实现。

李约瑟在其对中西"法"概念的对比中,将西方自然法(natural law, jus naturale)与中国的"礼",成文法(positive law)与中国"法"的观念相提并论。他说:

> "成文"法带有现世统治者命令的性质,服从就是一种天职,违背则会受到惩罚。这无疑体现在中国"法"的观念中,就像基于伦理……或古代禁忌的社会习俗是由"礼"体现的那样。然而,"礼"却还包括种种礼仪模式和祭祀行为……中国几乎没有"普遍法"(jus gentium),因为中国文明的"与世隔绝",无法借鉴于其他拥有普遍法的民族。但中国确实有一个自然法,即圣王和百姓都一直认可的文化习俗实体,这就是孔子所谓的"礼"。[71]

尽管这些范畴间如此宽泛的类比某种程度上是讲得通的,但最有意义的还是它们的差异性而非相似性。孔子对"法"的认识当然可以作为早期中国传统一个很好的代表。他不特别用"法"来指称"刑",这应该说是一种时代误置。传统上,"刑"这一概念先于"法","刑法和刑罚"(penal law and punishment)都是由"刑"表示的。

古典中国传统中,"礼"衍生于效仿自然秩序和规律性的愿望。我们已经指出,这种效仿并不意味着顺从任何设定的普遍规范或法则。事实上,早期中国传统只承认自然自发产生的和谐,人类则努力与之协调以求能与之融为一体,继而同时丰富自然和自身。自然中的和谐,远非某种抽象的自然法,而是建构存在过程的彼此相关的成分相互协调、无限开放的成就。

同样,人类社会所实现的和谐也不可简化为"普遍接受的伦理原则"。[72] 人类也像自然,尽管常常觉察不到,却必须不断转换以适应始终变换的新环境。因此,应把中国的"礼"与古典西方自然法的概念区别开来,因为,前者是一种产生于过去却又必须为当下需要而改变的秩序。礼不可化约是个人性的,因为它总带有特定参与者的痕迹。

孔子没有说过"礼"是由普遍伦理规范建构的,也不认为是对普遍伦理规范的回应。相反,孔子显然表示"礼"之最终根源乃在于人类努力获得与社会和自然环境的"宜"。正是为了"宜",个人才拥有变更和拓展社会和自然结构的权力(如果不是说责任的话)。上文我们已将"礼"定义为发展和展现个人之"义"的手段和作为个人修养的必备之具。"礼"是主体间性的,因为它不仅承载着先人之义,同时也载负当代人所投注的意义。富有意义地履行"礼",更需要践行者的个体之"义"获得此继承意义——与之相宜且使之发扬光大。

将西方的成文法与中国的"法"(或者说孔子的"刑")相提并论确实是有问题的。古典中国传统中,由于"法"也表示一种形式化的意义投注,因此它与"礼"有重合的部分。这就是说,"礼"和"法"拥有一个共同的出发点。另外,"法"也和"礼"一样意在组织规划社会。然而,"法"与"礼"显然不同,因为,它既不是基于主体间性融为一体的也不是个体性的。"法"的实施不需要被施予者的主动参与。正因此,"法"所致力的社会秩序不能像"礼"那样表现同等长久的特殊性或偶然性。

对于被告来说诉讼的意义是外在和强制的。在中国传统中,只要用"法"来维持秩序,那么就始终要改善"法"对案件无能为力的状况,只有将仲裁责任委托于贤明之人才会充分把握每一案件的特殊性。即便如此,裁决也只是权宜之策。因为,用"法"来实现秩序并不要求主动参与,它对百姓的转换或教化作用甚微。相反,由于它本质上是限制和强迫的,它也真正制约了他们"成人"的种种可能性。

中国传统中,"礼"和"法"代表的是质的选择。只有在那些无法借助"礼"实现和谐的情况下才会吁求"法"。"法"可被合理地描述为衍生于"礼",却没能保证当事者有意义的参与。因而,孔子断言:"……礼乐不兴则刑罚不中……"(《论语·子路》)

而"礼"所实现的秩序中,"礼"和履行"礼"的百姓是彼此限定、相互提升的。"礼"会产生而且促进某种永恒特殊性需求所表达的自然生发的和谐。社会在对"礼"的信念中有可能最大限度实现质的和谐。而在"礼"不能生效之处,"法"则仅被用做一种强制手段,以防止社会无法更为有效、持续地遵守"礼",进而导致社会混乱无序。可见,此种社会秩序乃是借助"礼"获取和谐是其本质目的,而"法"所实现的强制秩序只具实用辅助的价值,只是达到更高目的的暂时手段。

3. 耻和罪

这儿还有一个区分有助于说明西方遵从法与中国致力寻求审美和谐的悬殊。既然孔子赋予"礼"以实现社会政治秩序手段的作用,那么,他也在积极寻求在百姓中培养一种知耻感。孔子关心的是"耻"(shame)而非"罪"(guilt),此点意义重大,因为这两个概念类似于礼与法的区分。由于"罪"标志着承认违反了某规定行为,因此,它是以法为导向的。而"耻"则是以礼为导向的,因为它表达个体对他者如何看待自我的意识。"罪"是指向个体的,因为它以个体与法的关系为条件;而"耻"则趋向于社会性,以个体与他者的关系为条件。

"罪"并不经常出现于《论语》中,且总是表达对成规的侵犯:

> 子谓公冶长:"可妻也。虽在缧绁之中,非其罪也。"以其子妻之。(《论语·公冶长》)
>
> Confucius said that Kung-yeh Ch'ang could be allowed to marry his daughter. Even though Kung-yeh Ch'ang had spent some time in jail, it was not because of any guilt on his part. On that, Confucius gave his daughter to him as wife.

反之,如果我们考察《论语》中许多出现"耻"的章节,会发现它的运用总关涉疏忽责任,且常会因此受到他者欺侮、疏远和

羞辱:"……恭近于礼,远耻辱也。"(《论语·学而》)

我们可通过参考麦克奈特(Brian McKnight)近来在《仁慈的品格》(*The Quality of Mercy*)一书中对"赦免"(amnesties)和"宽恕"(pardons)的研究,说明"耻"在中国文化传统中的重要意义。这一研究有一个清晰的推论,即在中国,诉讼发现原告"可耻"与发现他"有罪"是一样的。这也就是说,法庭和监狱系统或许因为经济原因,并不是准备长期关押罪犯以作为对其不道德行为的惩罚。赦免与宽恕,不管是哪条指令,实际上每两三年都会打开监狱大门,放那些关押的人回家。在这种情况下,法庭不得不严厉对待罪大恶极的罪行,同时依赖诉讼过程中的"耻"来约束轻微的冒犯者,且恢复他们尽社会责任的义务。"耻"在判决中也是重要考虑的事项。断肢或肢解的惩罚使冒犯者无法以全身面觐祖先,而使之背负违背"孝"道的耻辱。

理解孔子社会政治哲学很重要的一点是,他青睐且追求审美和谐却并不排斥有实效价值的秩序,这些已经确立和规定的秩序发挥巩固作用,以避免内在产生的秩序溃败。审美和谐的优先与对理性秩序实效价值的认可,二者之间质的张力可用《论语》中一段核心却常被曲解的话充分说明:

道之以政,齐之以刑,民免而无耻,道之以德,齐之以礼,有耻且格。(《论语·为政》)

Lead the people with administrative policies and organize them with penal law, and they will avoid punishments but will be without a sense of shame. Lead them with *te* and organize them with ritual actions, and they will have a sense of shame and moreover will order themselves harmoniously.

显然,基于规章、法令的强制秩序与通过榜样、参与和道德教化实现的政治和谐截然不同。[73]

该节太经常被解读为二者必择其一的管理策略。但必须谨记的是,对孔子来说,社会是一种创造性成就。政策和法律不能最充分地实现社会和政治秩序。孔子相信要获得真正长治久安的政治和谐,就必须赋予"教育"以优先性,在最根本意义上"源自"个人本身的转化性。因此,他划出了灌输和教育之间的清晰界限。这种个人直接参与的最佳状态只能在一个自立、自制的社会中实现。在该社会中,修身养"德",并且激励全社会的效仿,以及对"礼"富有意义的践行。

孔子赋予具体特殊性的多元和多样性以优先权。该特征通过由"德"才可产生的效仿行为来表达的,而非强调使用强制政策和法令来实现社会政治和谐。这表现在孔子倾向于个人对"礼"的践行,而反对运用外在的法律和惩戒。这一点也体现了孔子不在个人利益和公共利益、社会领域和政治领域以及伦理学和政治学之间进行区分。注重培养百姓的"知耻感"就是它的一个例证。它更体现在这一事实上,即从百姓的角度来说,社会政治秩序是他们实现的而非为他们制造出来的东西。社会和国家的管理是签名性的,它展现特定参与者的性格,他们的差异,以及他们参与的性质。最后,我们对比权力行使的秩序与创造性行为自发产生的秩序,也可看到孔子对审美秩序的倾向。

四 君 子

孔子哲学思想中原则的内在性使之不可能借助不是基于个人和社会行为的种种内在形式(礼)的社会政治规范。这就是为什么典范在孔子的社会思想中如此重要的首要原因。那种从个人和社会制度的具体范型抽象出的规范或理念,只有作为强制秩序时才会起作用,而对修身的教育目的没有任何作用。

抽象原则和传统典范在社会稳定上所起的作用有相当重要的差别。孔子主张只有典范,而不是抽象原则对满足人类的个人和社会需求来说才是最有用的,从这一主张我们找到了解开孔子形而上学不可知论的钥匙。

西方传统中,指导性价值、规范和原则的根源多来自上帝或形式的超验领域,或理性结构或自然秩序。具体历史社会中的个人或制度或多或少都服从这类原理,因而道德活动首要指涉的一般都是原理,而非个人和制度本身。此概况极少有例外。如果说西方文化中的典范人物,我们可能马上会想到耶稣和苏格拉底。

耶稣基督在某种意义上似乎是个典范,尽管我们必须极小心地确定此处究竟何谓典范。因为基督是"肉身的逻各斯"。他是一个超验的逻各斯的典型例证,这个逻各斯指涉的是一个永恒不变的世界。而苏格拉底,至少在柏拉图笔下是爱洛斯(eros)的化身,这种爱欲是对知性完美的渴望,是最终驱使他遵从自己的原则选择不公正的死,而非使该理念受损的生。是对知识的欲望和对不朽的希望塑造了苏格拉底这个凡人的存在。苏格拉底和耶稣都体现的是一种关涉超越于现实世界的规范、标准、理念或原则的生存。在基督教中,严格来说人或许只能在一定程度上模仿基督。基督本质的纯粹神性多于人性,而且完全超越于人类领域。耶稣更是一个"中间人"(mediator)而非榜样,而且他的救世基本上是根据恩赐和赎罪的教义表达的,而非借助任何激起效仿的冲动。

苏格拉底更接近于孔子意义上的典范。对苏格拉底的效仿就是对一种追求知识的生活的效仿,一种不会损及价值和理念的生命的效仿,而价值和理念二者放在一起就代表哲学精神。然而,苏格拉底作为一位历史人物的形象是隐晦模糊的。而且,柏拉图的这一文学创造后来又常被视为柏拉图主义的例证(爱欲、辩证法、直觉善的形式),而非实际效仿的榜样。这就又像基督的情况:那个超越于现实世界之上的永恒不变的世界才是"模仿"的真正对象。这也就是说,不管是耶稣还是苏格拉底,他们都是中介性的,也正在此意义上是工具性的。而孔子是个圣人——他凭其本身成为效仿的对象。

或许有人会指出,西方传统中某些具有超凡魅力的人实际确实起着道德典范的作用。我们对这一观点的反驳相当直截了当:那些具有超凡魅力的人(the charismatic),正如该术语所暗示的那样,"超凡" = "天赐"(*charisma* = gift),一个人"天生"带有外在于他的启示源。具有超凡魅力的个体常常是一个先知,符合神的使者的功能。他或许可以说是个中间人,但却完全不是榜样。模仿以赛亚或耶利米谁会觉得不自在?这种想法完全错置了。预言者和非凡人物不是榜样,而是规范和原理的调停者。这些预言家和超凡个体的伟大之处在于创造了一个他们自己与普通人之间的距离,继而暗示他们是"超人"。这样他们可能有的任何榜样作用都被严重削弱了。

那么,孔子所理解的典范的作用更确切地说是什么？对孔子来说,存在就是以某种方式存在。因此,典范是一种存在方式(modus essendi)的实现。不是先在之"道"的例证,而是新道的产生。在孔子这里,"存在方式"与"行为方式"(modus operandi)类似。在最根本的意义上,典范是为"道"添加一种新的存在方式。它是"义"特殊的制度化。仁人通过个人之义实现或创造了"礼"。"仁"人的"行为方式"为将要成"仁"的人提供典范。但效仿的动态过程既需要敬意又需要个人的创造性。这就是说,我们不能在任何字面或形式意义上模仿榜样,或者仍然只是达到仁人本人的那种创造思想和行为。那怎么才算是对典范的真正模仿(创造性的模仿)？

"模仿"(imitation, mimesis)是一个与"表现"相对的概念,模仿就是再现(re-present)。柏拉图和亚里士多德谈论艺术是对自然的模仿(也就是对自然的再现)。但他们对自然定义的显著差异当然意味着模仿结果的不同。对柏拉图来说,要模仿的是事物的形式或结构;对亚里士多德来说,模仿的是有机功能(organic functioning)。亚氏的概念更接近模仿典范的观念。而且,亚里士多德将悲剧视为一种模仿的艺术形式,认为悲剧的首要目的引起怜悯与同情,这说明了模仿行为的某些内容。模仿典范体现的是对功能、过程、行为和现象的模仿。这种模仿有唤起的效果。

这自然把我们再次引向"礼"的表达和唤起功能。以个人之义来设定"礼",就不是对某种抽象形式的空泛模仿;它是榜样的再现,是对"礼"的再设定。这种模仿不是简单的重复;它要求自我也成为典范,因而要求我们成为"仁"人,一个有意义的存在。

理解儒家的典范需要强调两点:首先,典范不仅是使历史中的圣人得以留存的手段,它也是激励创新的方法。对榜样的模仿不是复制,而毋宁是一种将新意义引入我们周围环境的实践。服从或证明原理实现的是我们所谓的逻辑或理性秩序;相反,对榜样的模仿却体现的是审美秩序的实现。审美秩序的实现要求新的多元意义的产生,该意义是模仿者独特性的一个功能。我们只需思考一下为了实现"知","学"和"思"之间的关系,就会明白模仿行为如何既体现连续性又有创新性的特殊意义。一个更显然的例子,就是在"仁"的实现上"礼"与"义"二者之间的关系。以"义"践行的"礼"要求戒绝纯粹重复的模仿,使得"礼"的再现同时获得新意义。

这将我们引向典范作用的第二个重要观点:典范或许既有个人形式也间接带有礼(制度)的形式。因此,孔子之吁求周礼,也是对人类适当典范行为的吁求。但这些典范制度,比如"礼"只有在属人的情况下才是有效的,就像周公被视为因其"义"而集"礼"于一身的人。认识到这一点至关重要。因为这表明:对孔子来说,典范的根本意义立基于作为"仁"之例证的君子。

儒家传统借助榜样而非原理所产生的最有意义又富戏剧性的一个推论就是,它成了塑造权威意义的方式。权威的首要意义就是具有创造性经验的修身的个体。"权威"根本上意味着是自我创造者。没有理由认为人应当创造他人或被他人创造。

在自我创造的过程中,我们也同时创造着一种氛围,一种秩序,其中我们找到我们生活、行动的环境资源。我们解释世界进而为自我完善创造一个可能性的和谐整体。这样,就产生一个与他人潜在不同的世界。在这些情况下,没有一个人有权利支配他人,因此,自我完善过程中创造世界所产生的问题之一,就是尽可能让我们的创造行为不产生破坏的结果。因此,为有利于以反成性为基础的创造性关系就应避开基于二元论的权力关系,那么,与此相一致,自我和自我世界的创造过程就包含为他人快乐而奉献自我。[74]在自我创造的"权威"行为中我们获得了卓越的美德。为他人欢乐而奉献自我同时也就要求他人的敬意。

这一权威概念的根本推论就是,当我们把支配社会行为的传统道德规范视为美德和敬意关系的审美成就时,它或许就获得了更恰当的理解。这就是说,获得正当权威所必需的社会条件,涉及以主体间性为基础的无数动态的敬意模式的存在。敬意模式需要以"恭"(humility)表征的社会交往,其中"恭"可理解为特定经验语境中对个体适应的合理意识,也就是主体间语境下对个体内在之德及其相关性的意识。"恭"的首要条件就是意识到自身之德以及与己不同的他人之德。

展现美德和心怀敬意二者都立基于自我创造,这是意义重大的。"敬"不是自我牺牲,尽管自我牺牲的表面行为可解释为敬意行为。敬意是对公认的美德的反应。这种反应不能是被迫的。敬意"向外"(ec-static)引领我们体验和经历他人。敬意的对象也"向内"(en-statically)体验到自己是价值的载体。人为、常规或者其他虚假的敬意行为只能导致异化。例如,行"礼"时轻浮妄为、敷衍潦草往好里说是没有意义,更有可能是悖礼之举。这种异化是假意奉迎或被动情绪造成的。减少这种异化结果的行为就可以使个体自我创造性成为社会交往的典范。

展现美德和心怀敬意也不可避免会有过失。我们总会误以为,自己或他人之德只与特定情形相关。另外,"权威"行为会使我们卷入地位、便利、福利——甚至生命危险的漩涡。这些危险都是我们所描述的此类社会交往的主要部分。犯这样的错不可避免导致价值的丧失:自由被夺走,力量会被误导,美丽将衰减,真理会流失,意义变得不再有价值,神圣也将会消亡。我们个人和社会存在将充满了局限、愚昧、无知和乖谬等种种可能性。

我们在创造自我存在时会犯错,这是显而易见的。我们应把痛苦和冒险的考验作为这一自主性的自然后果。我们这样说似乎把孔子的思想极端化了,即它似乎责成我们去冒险并暗示我们应当学会如何承受苦难。但这确实是孔子哲学居于核心的"仁"的观念表达的含义。

其中最突出的就是冒被认为是民众反抗的危险。拒绝服从践踏了个人或他人权威的法律,是坚持以审美观念看待社会政治秩序可想而知的结果。这种行为涉及的危险是很多的:自然,我们有可能错误评估了法律的性质；或者我们的违法行为会鼓动他人以暴抗法。但在孔子看来，允许民众反抗是必要的，因为，它是检验权威是否掌握在仁者手中的根本方法。

中国无论古代还是近代，民众反抗都反映了个人根本上与其社会和政治环境共存的观念。正是这一原因，它成为新王朝建立的一种主要现象。从商朝的叔齐、伯夷到宋朝的文天祥、陆秀夫以及明朝的史可法、王夫之，民众反抗一直针对的是人们不能认同的政治力量。

同样，对法阳奉阴违也是一种冒险。因为仁者自由地遵法行事，是在以特定行为表示对法律美德的敬意，且以这种方式取消法律的他性。仁者以其独立尊严做他乐意而为的事情。当然，让一个人理智地相信法律的美德实在太容易了，因为，对它的反抗就意味着诸多麻烦。于是，我们就会变得阳奉阴违，而这最终会破坏我们与法律发生冲突的勇气。在孔子看来，只有以"义"践行的"礼"与"法"才可杜绝这种异化。

作为典范的君子

《说文解字》中"君"是由其同韵字"尊"（位尊）来定义的，继而衍生出"敬"的意义。有意思的是，"君"和"尊"都各自有一个意思为"聚"的同源词——"群"和"僔"。而且，"尊"还有一个同音同源词"撙"，"撙"的意思是"适当、节制"。《说文解字》进一步分析了"君"的词根，认为，这是一个最初从"尹"（命令、治理、管理）派生的会意字，后来由于"治"民者乃发号施令者，所以它还从"口"。《系传通论》对《说文解字》做了这样的注解：

> 君者，尹也，正也。长民之通称也。天下之所取表正也。表正则影正，表曲则影曲。口以出令也……君，群下之所归往也。

"君"字中"尹"这个部首意义重大，《说文解字》将之释为"治"，并称"握事者也"。

总之，"君"的词源学信息提供了下面一些联想：（1）位尊；（2）表敬意；（3）秩序、文明、修养的典范，其个人品格吸引在下者的效仿和积极参与；（4）己之身"正"借政治责任和交流获得更大扩展。"君"在其社会政治环境中是秩序的一个根源。该秩序不是预先指定的模式，由君子本人实证继而强加于他人；它根本产生于君子对社会政治环境的参与。

常谓孔子之前典籍中"君子"一词有强烈的政治含义。它意指"君（主）"的子辈，即"君的儿子"。这就是说，君子是一个专门表示出身和地位高贵的词，而不是一个表示个人成就的范畴。[75]孔子以古典中国哲学演进的典型模式，借用了这一政治名词并且重新定义了它。参与社会政治成为自我修身的必要组成部分，而修身也成为获得社会政治地位和影响力的必备素质。这种个人修养与政治责任彼此关联的关系，却一直以来常被表示"手段"和"目的"的术语表述着，这并不适当。例如，萧公权就谈道：

该词(君子)的古意含有拥有地位的人应当修德的普遍意义,而孔子则倾向于强调为获得地位而修德。[76]

顾立雅(H. G. Creel)完全撇弃了"君子"的政治含义:"……'君子'一直以来被孔子专门用来表示道德意义上的'gentleman'(或用理雅各广为人知的译法'superior man'),没有任何其他含义。"[77]这些分析都遮蔽了修身和政治责任,教育和社会政治秩序的相互性。正如杜维明恰当表明的那样:儒家思想中没有可以证明道德/社会政治区分的私人/公共区分:

君主的道德完善远非个人私事,而是其领导才能的一个决定性特征。他必须认识到私下所做之事不仅有象征意义,而且与其领导能力有直接关系……[78]

孔子并没用新道德素质来代替"君子"先前确定的政治品格;他所做的就是坚持认为政治责任和道德发展是彼此相关的。个人修身必然包含对家庭和社会政治秩序的积极参与,不仅仅是为他人服务,而且是利用这些场合唤起同情和关怀,以利于个人成长和完善。换句话说,人格的成长和完善如果缺乏政治责任,是难以让人信服的。孔子自己说得很明白:

不仕无义。……君子之仕也,行其义也。(《论语·微子》)

To refuse office is to withhold one's contribution of significance...The exemplary person opportunity to serve in office is the occasion for him to effect what he judges important and appropriate.

由此看来,至少有两个理由反对孔子修身与政治责任相互包含的主张。首先,孔子在几个场合都论及"道不行,君子不仕"的观念:"天下有道则见,无道则隐。"(《论语·泰伯》)但是为避昏政不仕并不意味着放弃为"政"的责任。相反,君子恰恰是为服务"政"更根本的"家"的层面才不"仕":"……施于有政,是亦为政,奚其为为政?"(《论语·为政》)"政"最终还是派生的,因而必须回到其最直接的层面,从较远的政治秩序趋向它的根本——家庭和个人秩序。

可能提出的第二个反对理由,即孔子本人有限的政治经验——此点明显挑战了政治地位和个人成就的相关性。但考虑到历史上孔子的事业不断由其追随者发扬,以致占据了越来越重要的政治地位[79],乃至将孔子提升到"素王"[80]。这说明,随着孔子个人价值逐渐获得公认,其政治地位也相应提高。

《论语》中"君子"与一系列其他有关个人完善的范畴相对照:圣人(sage)、仁者(authoritative person)、善人(good/adept person)、贤人(person of superior quality)、成人(complete person)、士(scholar-official)以及大人(great person)。要想理解君子的含义,我们必须用这些范畴作为参照和诠释资料。孔子以何为基础建立了这些区分?刘殿爵谈道:

对孔子来说没有单一的理想品格,而是相当丰富多样的。最高的是"圣人"。这一理想如此之高以至于几乎不曾实现……较低一级的是"善人"和"成人"……但无疑,对孔子来说君子才是拥有理想道德品格的人……[81]

陈大齐对这几个有关个人完善的范畴在《论语》中出现的具体情况进行了详细分析。他认为,这些范畴表达了个人完善的不同程度,可根据一个相对等级定出它们的次序。[82]圣人、仁者和君子这三种最著名的称谓,很大程度上可根据其层次的不同明显区别开来。圣人比仁者和君子都要高:

子曰:"圣人,吾不得而见之矣;得见君子者,斯可矣。"(《论语·述而》)[83]

The Master said, "As for a sage, there is no chance for me to meet one. I would be happy with meeting an exemplary person."

子贡曰:"如有博施于民而能济众,何如?可谓仁乎?"子曰:"何事于仁,必也圣乎!"(《论语·雍也》)

Tzu-kung said, "If there were a person who extended beneficence to the masses and was able to assist the multitude, what would you say? Could he be called an authoritative person?"

The Master replied, "Why stop at authoritative person? Certainly he is a sage."

而且，在陈大齐看来，同样很显然的是"仁者"应排第二，在君子之上："子曰：'君子而不仁者有矣夫，未有小人而仁者也。'"（《论语·宪问》）孔子既不肯承认他是圣人，也不认为自己是仁者。[84]然而，尽管他也明确否认自己是君子[85]，《论语》却暗示他可被称之为"君子"[86]。另外，他不愿意叫他任何一个学生为"仁者"[87]，但他却确实称呼甚至一些不够上乘的学生为"君子"[88]。

将资质的不同转换为等级差别似乎有文本为证，而且其中当然也有现成与学术分析相一致之处。但它却丝毫不能说明问题，而且搞不好还容易引起误导。

首先，《论语》强调这几个有关个人完善的范畴是内在关联的，因此不允许相互排斥：

> 君子之道，孰先传焉？孰后倦焉？譬诸草木，区以别矣。君子之道，焉可诬也？有始有卒者，其惟圣人乎！（《论语·子张》）
>
> In the *tao* of the exemplary person, what is to be conveyed first and what is to be placed last? The *tao* is analogous to the plant world in that category distinctions can be made. But how could there be any "error" in the *tao* of the exemplary person? It is just that it is only the sage who knows the route from first step to last.

除了圣人这个范畴包容一切，其他几个范畴的次序似乎都站不住脚。例如，虽然君子"而不仁者有矣夫"（《论语·宪问》），但仁仍显然被描述为君子的决定性条件：

> 君子去仁，恶乎成名？君子无终食之间违仁，造次必于是，颠沛必于是。（《论语·里仁》）
>
> Wherein does the exemplary person who abandons his authoritative humanity warrant that name? The exemplary person does not leave his authoritative humanity even for as long as it takes to eat a meal. In moments of haste and excitement, he sticks to it. In situations of difficulty and confusion, he sticks to it.

因此，与陈大齐的论断相反，仁者是否高于君子，这一点根本并不清楚。例如，下面一节中，仁者和君子是可互换使用的：

> "仁者，虽告之曰，'井有仁焉'，其从之也？"子曰："何为其然也？君子可逝也，不可陷也；可欺也，不可罔也。"（《论语·雍也》）
>
> "If the authoritative person were informed that there was another person in the well, would he jump in after him?" The Master replied, "How so? An exemplary person can be sent on his way, but he cannot be entrapped. You can cheat him, but not confuse him."

可见,仁者和君子远不是各自独立的范畴,而是彼此包含的:"曾子曰:'君子以文会友,以友辅仁。'"(《论语·颜渊》)事实上,我们很容易找出一整串用相同语言描述仁者和君子的章节。[89]

当然,陈大齐的真正问题在于,他只给出了一个空泛的排序,而缺乏明确说明区分这种种不同范畴的各自特定内涵和标准。此外,更糟糕的是,他掩盖了这些范畴的相关性,以致给人这样的印象,即我们似乎在分析个人的不同模式。

或许说明个人完善这几个范畴另一个更有效的方式即,首先承认孔子将它们全部视为个人成长有机过程的不同方面,而这个有机过程就是对"圣"的追求。圣人这一范畴被排在最高位,因为它最富涵容性地展现了整个完善过程的顶点。其他范畴由于各自代表这一目标某一独特关注点或重点,因此是可以有区分的。与此同时,它们又根本上是彼此关联的,因为它们都贡献且涵纳于圣的实现中。因此,可以这样来说明不能对它们做独立范畴分析的模糊性:即它们不仅是彼此相关的,而且有时甚至是共同发展的。正如我们已经看到的,即使君子带有重大的社会政治意味,它必然也体现了"仁"强烈的人际色彩。

"仁"和"君子"作为成圣目标的两个向度,其相互重合说明仁者的许多特征同样也是君子的显著特点。而且,就二者都作为个人成长整体目标的特定方面而言,其在"致学"、修身养性上都是一致的。[90]"圣人"这个范畴不仅与个人价值紧密相关,而且也与发挥政治作用有很强的关联。"圣人"之所以高出"君子",其独特之处在于,圣人的成就集意义、价值和目的之根源于一身,它既展现了个体的超凡绝伦,又唤起无限仰慕之情。个体成为神明般的人物,一个拥有宇宙般均衡力量和影响力的人。[91]

因此,对孔子来说,君子是一个质的术语,表明一个不断致力于个人发展的人,其成长过程通过修身和社会政治领导能力来展现。既然"君子不器"(《论语·为政》)[92],即不可根据特定技巧或专门技术来描述君子,那么,一个人之所以成为君子,就靠的是他对人类秩序贡献的"质",而非他所做具体工作的"量"。孔子反复在君子和他所谓的"小人"之间做出对比,强调君子这一素质的根基。君子能够与整体合而为一且展现自我,"小人"则迟钝、分裂、故步自封。[93]"小人"对社会和谐完全没有质的贡献,反而会使之减损。即便其行为尚可容忍,他所贡献的也不过是简单的"同"而非质的增加——"和"。[94]

正是个人完善过程中君子要参照的这一社会政治框架,使得该范畴突显出来且有理由将之译为"exemplary person"。而且,既然个人完善只能在社会经验和社会活动中实现,那么,君子交流和沟通的形式就成为吸引同情和参与秩序的重要促进因素。由于孔子认为言出必行,因而,他格外关心君子的"言责"。[95]言行一致是个人完善、实现整体性的基础。而个人完整性("诚"[integrity])又是社会融合的基础。

君子被当成社会政治秩序的第一动因。他依靠修身成为典范来履行这一功能。典范的作用对孔子来说如此重要,以至我们必须尽力使之获得透彻表达。

孔子顺着审美这条路线来解释君子作为社会典范的作用。

效仿典范是一种品质活动。对典范的反应根据个人独特的能力、环境和兴趣而定。通观《论语》，我们看到许多典范人物：尧、舜、文王、武王、管仲和颜回。孔子授课内容显然高度重视编年史和古代诗歌，它们都衍生于中国文化演进的特定历史事件。孔子借助历史典范和诗化的人物形象，说明他首先从理想行为的具体例证出发构织他的社会政治秩序。而且，即便孔子认为这些历史人物值得效仿，他同时也清楚表明，效仿不是被动重复某种确定行为。事实上，他要求学习者必须对榜样行为做出批判性评估，并加以改造以适应自己的情况。让我们重温前面所引的话：

> 子曰："不降其志，不辱其身，伯夷、叔齐与！"谓柳下惠、少连："降志辱身矣，言中伦，行中虑，其斯而已矣。"谓虞仲、夷逸："隐居放言，身中清，废中权。我则异于是，无可无不可。"（《论语·微子》）[96]

The Master observed, "Po I and Shu Ch'I were two men who were unwilling to compromise their dispositions or bring disgrace on their persons." With respect to Liu Hsia Hui and Shao Lien, he observed, "They compromised their dispositions and suffered disgrace, but were reasonable in what they had to say and thoughtful in what they did. That was all there was to it." As for Yü Chung and Yi Yi, he said, "They lived in seclusion and said what came to mind. They were unsullied in their persons and what they abandoned was expedient under the circumstances. But I am different from these in that I do not have presuppositions as to what may or may not be done."

该节文本无疑有讹误,但意思还是清楚的:必须对历史典范的行为加以审慎的思考和评价,而且只应遵从那些与己相宜的行为。这成为《论语》中一个反复出现的主题:即必须发挥批判能力来运用榜样力量发展自我,这种批判力不仅用在历史典范身上,而且对当代社会的风云人物也应如此:

子贡问曰:"乡人皆好之,何如?"子曰:"未可也。""乡人皆恶之,何如?"子曰:"未可也。不如乡人之善者好之,其不善者恶之。"(《论语·子路》)[97]

Tzu-kung inquired, "What do you think about someone whom everyone in the village likes?"

Confucius replied, "That is not good enough."

"What if everyone in the village disliked him?"

Confucius replied, "That is still not good enough. Better if all the good people in the village were to like him and all of the bad people were to dislike him."

实际上,孔子强调效仿榜样的修身者应关注其人际交往的点点滴滴:

子曰:"三人行,必有我师焉。择其善者而从之,其不善者而改之。"(《论语·述而》)

The Master said, "Walking in a company of three, I will surely find a teacher. Selecting out their good points, I follow them; identifying their faults, I improve myself accordingly."

子曰:"见贤思齐焉,见不贤而内自省也。"(《论语·里仁》)[98]

The Master said, "In meeting someone of superior quality, reflect on how to become his peer; on meeting someone who is not of superior quality, turn inward and examine yourself."

孔子认为"政"(社会政治秩序)与通过人际效仿而实现的"正"(个人秩序)是共同发展的。其中,他非常突出地关注独特性,不管对典范,还是对个人需要根据自我意向选择适当的效仿都是如此。

典范之成为典范不在于他做什么,而在于其行为的性质:他如何做。因此,孔子反对把掌握技能视为君子的根据。孔子本人急于把"鄙事"与圣明的智慧区别开来,认为他个人的多才多艺只不过证明荒废了青春:

太宰问于子贡曰:"夫子圣者与?何其多能也?"子贡曰:"故天纵之将圣,又多能也。"

子闻之,曰:"太宰知我乎?吾少也贱,故多能鄙事。君子多乎哉?不多也。"(《论语·子罕》)

> The Master said, "In meeting someone of superior quality, reflect on how to become his peer; on meeting someone who is not of superior quality, turn inward and examine yourself."

一个人是以其作为人的成就的品质而被视为典范的。"君子不器"这句话背后是这样一个预设：即有修养的人因为修养而比专门技师更会做事。这是因为，他懂得技术对人类经验整体质量的含义。中国传统对政府官员的教育正是在这一预设下进行的，专门技术训练一直被视为次要的东西。而且，从中国历史也可看出，从孔子本人到共和国各阶段历史人物都表现出这样一种倾向，即无论这个人选择做什么，不管做政治家还是运动员、是审美家还是哲学家，都只有成为"君子"，才会出类拔萃。

君子是"义"的践行者，是"礼"的具体化身，是个人和社会政治秩序的典范。他既是传统的承续者，又是传统创造性产生的基础。他吸引社会成员参与到他所实现的秩序中，为他们提供榜样，提供展现他们个人修养和自我创造性的机遇。他的表率作用在各方面都发挥一种教育功能，因为他的影响力唤起他人参与社会并实现品格的转化。他的存在就是为了最充分展现对整体和谐秩序做出贡献的个体。就此，既展现了他个人的独特性和创新，也保证了他人独特性和创新的最充分表达。

君子既是"知"的榜样，也是"仁"的典范。他通过对传统和周围事件的独到认识，进而传播其最优秀的部分，而获得他的典范地位。正如我们讨论"思"时所谈到的，"知"并不是接纳所有的可选择性;虚拟思辨不是它的基础。君子的榜样行为依靠这一事实,即我们因"仁"而不"惑"。君子的实现不是因为为思想和行动选出了一条最好的路,而是在可能之域中达致一个特定的关注点,从而不再有"惑"(two minds)。只有在读了我们下章对"天命""德""道"等概念的探讨后,才会深刻认识到如何获得这种关注点。

注 释

〔1〕 关于实践概念的更为完备的讨论,参阅郝大维《莫测的永生》第 238 页及其后。

〔2〕 罗斯金(John Ruskin):《现代画家》(*Modern Painters*),第 3 部分(系列 1,第 2 章),Boston: Dana Ester, 1873; rep. Classic Publishers 1919。

〔3〕 因为"逻辑"(logical)和"理性"(rational)的词源学词根为希腊词"*logistikos*"(λογιστικός)以及拉丁词"*rationalis*",所以我们用"逻辑"或"理性"秩序表达"order"之为"尺度"(measure),拥有"模式"和"规则"的规律性的意思。我们选择"审美"(aesthetic)来指称那种根据其特殊性来解读的独特个体构成的秩序之理由需要进一步阐释。我们用"审美秩序"这一术语是希望利用希腊词"*aisthetikos*"(αἰσθητικός)所暗指的"直观"(immediacy)和"专注"(preoccupation)的含义。个体对周围环境的直接感受是不需要概念或观念中介的。周围世界在某种意义上是"感觉的"而非认识意义上的领受,它体现于非概括化的独特个体中。由这些个体展现的各种不同秩序,是由每一个体的独特性建构而成的,而非构造于从这些个体中抽象出的种种成套的形式关系。

这一逻辑秩序和审美秩序对比最初的灵感或许可以说来自怀特海《观念的冒险》一书的第三章。但我们的哲学取向与怀特海哲学目标的重大差异却不允许我们无条件认可他的论述。有关我们的逻辑/审美区分更为详尽的研究,可参阅郝大维:《爱欲与反讽》(第131页及其后)以及《逻辑、神话、混沌:追求差异的形而上学》(第1—24页)中的相关论述。

〔4〕 雷金庆(Kam Louie)在其《中国当代对孔子的批判》一书中,勾勒了此论争的近来的发展。这一不同的马克思主义观点的一个代表性论点是赵纪彬《论语新探》中有关"释人民"的讨论。

〔5〕 参阅《论语》之《里仁》《颜渊》《微子》和《子张》中相关篇章的讨论。

〔6〕 参阅《说文解字》中"人"的定义。

〔7〕 《礼记·礼运》。

〔8〕 在中国文化传统中,只是到了更为晚后(或许是宋代)才逐渐用"仁"来表述。

〔9〕 参阅《论语》之《学而》《宪问》相关篇章。

〔10〕 例如《论语·卫灵公》中有:"君子求诸己,小人求诸人。"

〔11〕 参阅《荀子·法行》。

〔12〕 《春秋繁露·深察名号》。

〔13〕 参阅高本汉:《汉文典》。

〔14〕 也可参阅《论语》之《公冶长》《子路》《子张》相关篇章。

〔15〕 《论语·为政》。

〔16〕 《论语·为政》《论语·雍也》。

〔17〕 《论语·公冶长》。

〔18〕 《论语·雍也》。

〔19〕 《论语·子路》。

〔20〕 《论语·泰伯》《论语·颜渊》《论语·子路》《论语·卫灵公》。

〔21〕 杨伯峻:《论语译注》,第69页。

〔22〕 《论语·学而》。

〔23〕 参阅《论语·子路》。

〔24〕 例如《论语·泰伯》:"民可使由之,不可使知之。"

〔25〕 关于"德"作为"particular focus"的深入探讨,请参阅第四章。

〔26〕 参阅《论语》之《学而》《雍也》。

〔27〕 《论语·泰伯》中也有"仁以为己任,不亦重乎"的表达。还可参阅刘殿爵:《孔子:〈论语〉》,《序言》第 18 页。

〔28〕 《论语·泰伯》。

〔29〕 理雅各:《中国经典》,香港:伦敦教士协会,1861—1873,第三卷,第 158 页。

〔30〕 参阅《孟子》之《梁惠王上》《梁惠王下》《公孙丑上》《滕文公上》。

〔31〕 参阅《论语》之《雍也》《子路》相关篇章。

〔32〕 贾谊:《新书·大政下》。

〔33〕 《论语·尧曰》。

〔34〕 《论语·颜渊》。

〔35〕 参阅《论语》之《先进》《子路》。

〔36〕 理雅各:《中国经典》,第三卷,第 288 页。

〔37〕 同上书,第 292 页。参照《孟子·万章上》。

〔38〕 参阅《论语·述而》:"天圣德于予。"

〔39〕 《论语·阳货》:"天何言哉?四时行焉,百物生焉……"

〔40〕 《论语·雍也》,还可参阅《论语·述而》。

〔41〕 《中庸》第二十章。

〔42〕 霍布斯:《论公民》,第 25—26 页。

〔43〕 同上书,第 26 页。

〔44〕 同上书,第 24 页。

〔45〕 黑格尔:《黑格尔法哲学》,第 258 节。

〔46〕 关于技术抑制公共领域生命力的作用更充分的探讨,参阅郝大维《莫测的永生》,第 157—165、346—366 页。

〔47〕怀特海:《观念的冒险》,第54—55页。

〔48〕参阅下文第237—241页(本书旁码)。

〔49〕如霍克海姆(《批判理论选集》)和哈贝马斯(《认识与兴趣》)。

〔50〕参阅奥特迦·伽赛特:《民众的反叛》。

〔51〕卜弼德:《儒家某些基本概念的语义学》,第323页。

〔52〕同上。

〔53〕亦可参阅《论语·子路》其他章节。

〔54〕古典中国思想的发展正表明了这一现象。或许,我们可以用我们所归纳的秩序的两个根本不同意义——理性或逻辑秩序与审美秩序的区分,来描述古典中国哲学进化过程中的典型转换。孔子死后,他的学说被诠释成几个流派。在这些彼此抗衡的流派中,或许最重要的就数以《孟子》和《中庸》为代表的一派和以《荀子》为代表的一派。有一点可以说明,即《荀子》与《孟子》尤其是《中庸》对审美秩序优先性的强调相反,《荀子》受到政治统一之后带来的语言、度量衡、法等的统一趋势的有力影响,发展了儒家逻辑秩序的方向。儒家思想中的这一转换尤其从诸如荀子对"理"的呼吁,及其严格区分"礼"和"法"等观念中表现出来。此点有助于解释作为老师的荀子与他法家的弟子李斯和韩非的关系。如果我们注意到汉儒如董仲舒因受到荀子的启发而对后者倍加颂扬,从而造成了该时期国家儒学(定为一尊)的产生,同时,儒学之定为一尊很大程度上是通过由秦承继而来的法家体制阐明的,那么这一从审美秩序向逻辑秩序转换的思想产生的影响就很值得思索。

　　在道家这一方,如果我们循着《老子》和《庄子》内篇的内在宇宙向着道教两重世界的方向追溯,我们也可看到类似的转换。从《淮南子》对上面所提《庄子》内篇的再诠释中也可找到对这一转换方向的有趣说明。与《庄子》意在反对某种绝对起源的"道"相反,《淮南子》第二章却恰恰提出相反的假定并用其来描述实在的宇宙演化的一系列日趋深幽的阶段。值得注意的是,正是秦代晚期和汉代早期中国古代文献中各种宇宙论的出现和发展,宇宙论理论中才产生了逻辑秩序概念的端倪。

〔55〕 萧公权:《中国政治思想史》,第103页。

〔56〕 另可参阅《论语》之《颜渊》《子路》其他相关章节。

〔57〕 请参阅狄尔泰和伽达默尔的著作。

〔58〕 查尔斯·泰勒(Taylor Charles):《诠释与人的科学》,第179页。

〔59〕《论语·泰伯》亦有"不在其位,不谋其政"。

〔60〕 萧公权:《中国政治思想史》,第140页及其后。

〔61〕 参阅《论语·子路》。

〔62〕 杨伯峻:《论语译注》。

〔63〕《左传·昭公二十年》。

〔64〕《论语·宪问》。

〔65〕 评注者一般都将"贞"解读为"正"。

〔66〕 参阅《论语》之《阳货》《尧曰》。

〔67〕 关于"无为"在孔子政治理论中之重要价值的深入讨论,参阅安乐哲:《"主术":中国古代政治思想研究》,第29页及其后。

〔68〕 亦可参阅《论语·子路》:"善人为邦百年,亦可以胜残去杀矣……"

〔69〕 参阅《论语》之《尧曰》《子路》。关于该问题的充分探讨参阅安乐哲:《"主术":中国古代政治思想研究》,第115页及其后。

〔70〕 参阅上文,第23页(本书旁码)。

〔71〕 李约瑟:《中国科学与文明》(卷二),第519—520页。

〔72〕 同上书,第519页。

〔73〕 前者可从该节第一句中对"政"作为"管理政策"(administrative policies)的含义中获知,后者是由该节最后一个字"格"之截然相反的意义表征的。评注家对"格"的诠释多有不同,其中最有名的就是"正"(to order),但此处显然没有强制的含义。郭象的注解含有强烈的涉及个人

的意味,即,这一"正"是自反性的——即是"自正"(self-ordering)。朱熹将"格"注为"至"(to reach to, arrive at),郑玄解之为"来"(to come, to be attracted to),都表明直接特定地参与到现有秩序中的同样认识。

[74] 关于权利和创造性此种区别的探讨,请参阅郝大维:《莫测的永生》第249—250页,《爱欲与反讽》,第244—250页。

[75] 例如,可参阅萧公权:《中国政治思想史》,第118—119页。

[76] 同上。

[77] 顾立雅:《中国治国术之起源》(卷一),第335页,注62。

[78] 杜维明:《中庸》,第70—71页。

[79] 刘殿爵:《孔子:〈论语〉》,附录(一)。

[80] 《淮南子·主术训》,参阅安乐哲:《"主术":中国古代政治思想研究》,第205页。

[81] 刘殿爵:《孔子:〈论语〉》,附录(一)。

[82] 陈大齐:《孔子学说》,第247—251页。

[83] 也可参阅《论语·季氏》。

[84] 《论语·述而》:"若圣与仁,则吾岂敢!"

[85] 《论语·述而》:"……恭行君子,则吾未之有得。"

[86] 参见《论语》之《八佾》《述而》《子罕》《乡党》相关篇章。

[87] 参见《论语·雍也》。

[88] 参见《论语》之《公冶长》和《宪问》。除了经常使用相对来说比较明确的圣人、仁者和君子诸范畴,还有其他几个范畴由于出现很少而较有争议。孔子从来没有见过一个圣人(《论语·述而》),但承认颜回是贤人(《论语·雍也》)。颜回也被描述为是个仁者(《论语·雍也》),拥有与古代贤人一样的特征(《论语·述而》)。因此,贤人不归于圣人,但至少与仁者一样高。尽管善人有时和圣人相提并论(《论语·述而》),但显然该范畴要低一筹(《论语·先进》)。成人只出现过一次(《论语·

宪问》),该范畴的内涵和性质似乎因时而定,过去的标准要高。尽管"士"似乎专指下级官员,但成为士人亦是一个极为成功的地位。但该范畴似乎与其他范畴并不等同。最后,大人也只出现了一次,是君子"三畏"之一(《论语·季氏》)。因此,大人至少比君子高,而且由于尧这位受尊敬的圣王被描述为"大"(《论语·泰伯》),所以"大"是直接与圣人相关的。

[89] 例如:(1)……仁者不惑……(《论语·宪问》《论语·子罕》)

……君子不忧不惧……(《论语·颜渊》)

(2) 樊迟问仁,子曰:"爱人。"(《论语·颜渊》)

……君子学道则爱人……(《论语·阳货》)

(3) 唯仁者能好人,能恶人。(《论语·里仁》)

子贡曰:"君子亦有恶乎?"子曰:"有恶……"(《论语·阳货》)

(4) 夫仁者,己欲立而立人。己欲达而达人。能近取譬,可谓仁之方也已。(《论语·雍也》)

子路问君子。子曰:"修己以敬。……修己以安人。……修己以安百姓。"(《论语·宪问》)

(5) 为仁由己,而由人乎哉?(《论语·颜渊》)

君子求诸己,小人求诸人。(《论语·卫灵公》)

(6) 司马牛问仁。子曰:"仁者,其言也讱。"(《论语·颜渊》)

君子……慎于言……(《论语·学而》)

君子欲讷于言……(《论语·里仁》)

君子于其言,无所苟而已矣。(《论语·子路》)

君子一言以为知,一言以为不知,言不可不慎也。(《论语·子张》)

(7) 樊迟问仁。子曰:"居处恭,执事敬,与人忠。"(《论语·子路》)

> 孔子曰："能行五者于天下,为仁矣。"……"恭,宽,信,敏,惠……"(《论语·阳货》)
>
> 有君子之道四焉:其行己也恭,其事上也敬,其养民也惠,其使民也义。(《论语·公冶长》)

〔90〕 例如,二者都可根据行为举止的风貌和品格来描述。参阅《论语》之《学而》《雍也》《季氏》和《子张》相关章节。

〔91〕 参见安乐哲:《古典儒家的宗教性:一种比较分析》,第 7—23 页。

〔92〕 还可参阅《论语》之《子罕》《卫灵公》。

〔93〕 参阅《论语》之《为政》《里仁》《雍也》《述而》《颜渊》《子路》《宪问》《卫灵公》和《阳货》相关章节。

〔94〕 《论语·子路》:"君子和而不同,小人同而不和。"

〔95〕 参阅《论语》之《学而》《为政》《里仁》《子路》《宪问》《卫灵公》《季氏》《子张》相关篇章。

〔96〕 参阅上文第 127 页(本书旁码)。

〔97〕 还可参阅《论语》之《为政》《述而》。关于此问题更深入的讨论请参阅蒙罗:《当代中国"人"的概念》,第 6 章《运用典范》(The Use of Models)。

〔98〕 还可参阅《论语》之《学而》《子罕》。

第四章　五十而知天命

一　孔子的宇宙论

怀特海对现代科学文化的演进有过堪称经典的分析,他写道:

> 评价一个时代的哲学,不要首先将你的注意力集中在其拥护者感到必须捍卫的文化阵地。不妨去注意一些根本的假定,这些假定在该时代各种不同体系中都不知不觉有所反映。[1]

为了揭示孔子思想中的某些根本的宇宙论假定,我们需要考虑与孔子同时代的哲学家们设定的那种宇宙论,以及孔子主要弟子根据孔子思想推出的宇宙论。同时,我们还会论及能把孔子思想与当代西方哲学论争联系起来的一些主要问题。因此,我们对孔子思想中宇宙论观点的讨论就可能有严重的时代误置问题。因为,显然我们在用完全不同的现代观点挖掘孔子思想。我们所抽取的孔子思想的种种宇宙论内涵,孔子本人几乎完全不感兴趣。我们不准备为此表达歉意。因为,该书一个公开的目的,就是表明能与当代有关联的孔子思想的一些内容和倾向。如果不借助这种外推法,是完全不可能做到的。

我们不能避开时代误置的另一原因,盎格鲁-欧洲读者有可能带着或隐或显的先行设定来接近孔子思想,而其中许多设定与中国古典哲学思想的假定有重大差异。除非我们揭示出孔子思想也有类似的设定,否则很容易招致根本的误读。我们"导言"所谈几个"悖常假定"已对此做过一般论述。这儿,我们将详细加以论证,以继续实现《作者辩言》中的任务。

其实,就中国语境而言,我们这样做也同样必要。最早从孟子开始一直到新儒家,众多孔子的信徒都从宇宙论维度挖掘孔子的主要思想并形成不同学派。这使得后来《论语》的诠释者都必须考虑声称源自孔子一脉的宇宙论思想。既然如此,我们对孔子思想的新诠释,就更有必要这样做。

想要揭示孔子思想的宇宙论维度实际是一件很棘手的事,因为该层面不像他思想中个人、社会和政治维度那样容易把握,即便我们对现有资料做了最深入细致的研究。事实上,《论语》中的孔子对宇宙论问题的态度如果说不是敬而远之的话,那也是模棱两可。孔子一谈到此问题,要么前后矛盾,要么表现得含糊其词,相当令人迷惑不解。

孔子一方面显得竭力回避任何宇宙论概念的讨论:[2]

> 夫子之言性与天道,不可得而闻也。(《论语·公冶长》)

One cannot get to hear the Master talking on natural tendency or the *tao* of *t' ien*.

子罕言利与命与仁。(《论语·子罕》)

The Master seldom spoke on personal profit, causal conditions and their possibilities or authoritative humanity.

尽管他对新情况和新的可能性保持开放态度,但他却并不臆测或推想:"子绝四:毋意,毋必,毋固,毋我。"(《论语·子罕》)对鬼神这一不可知领域,孔子总是保持一种敬而远之的态度:"敬鬼神而远之。"(《论语·雍也》)

他避开超越经验知识之外的问题,而且谨慎地将那些问题的讨论限定在直接经验范围内:

季路问事鬼神。子曰:"未能事人,焉能事鬼?"曰:"敢问死。"曰:"未知生,焉知死?"(《论语·先进》)

Chi-lu asked about serving the gods and the spirits of the dead, but the Master replied, "If you are not yet able to serve other people, how can you serve the spirits of the dead?" He then asked about death, but the Master replied, "If you do not yet understand life, how can you understand death?"

还有"子不语怪,力,乱,神"(《论语·述而》)[3]。这些章节所展现的哲学家形象,是一个只关心通过其个人经验能理解并影响生活方面问题的人。我们通过孔子对待"天"(通常被译为"Heaven")的态度,也能进一步充分感受到孔子对自我关心范围的限定。事实上,由于他的立场如此暧昧难辨,以至于诠释者们根据他们各自不同的诠释学目的,既可将其解读为一个有神论者也可以是一个无神论者,而且都有明确的文本来支持。

孔子对宇宙论问题的缄默,并非不愿表露和分享他深刻的见解。他明确宣称愿毫无保留地将全部思想授知于学生:

子曰:"二三子以我为隐乎?吾无隐乎尔。吾无行而不与二三子者,是丘也。"(《论语·述而》)

The Master said, "Gentlemen, do you think there is something I am not telling you? I really have no secrets from you. There is nothing I do not share with you; that is the kind of person I am."

与不回应宇宙论问题相对照,孔子反而坚持知"命"(该术语常常被翻译为"fate"或"destiny")是成为"君子"的必要条件:"不知命,无以为君子也。"(《论语·尧曰》)

当孔子说他自己"五十而知天命"时,矛盾显然就出现了:如果他知"命",他总是愿意分享他的见解的,那么他又为什么"罕言……命……"呢,尤其用他自己的话说,"知命"对君子的修为如此至关重要?

这个问题的部分答案或许是,由于孔子重点关心的是社会政治问题,因此他在这一领域发挥了自己最富创见性的洞识。孔子哲学的基础是宇宙论,它是一个根源于传统的出发点,孔子基本上原封不动地把它吸取进来，成为他与弟子讨论已预设的前提。他的贡献不是阐明一个新的宇宙论，毋宁是把一套既存的预述运用到他特定的社会和政治环境中。这些前提实际很大程度隐含在其哲学传统中大多数人的哲学反思中。

如果此论正确，这也说明陈大齐的看法很有道理。陈大齐默认了孔子哲学的关涉范围，他也将自己的诠释限定在那些与人类直接休戚相关的问题上：个人、社会和政治的实现。陈大齐对孔子思想做了广泛研究且贡献颇大，但他从没有分析也不想说明孔子思想的宇宙论层面。由于孔子本人拒绝谈论宇宙论问题，因此，对孔子思想的可靠诠释就应避免借助这些冷僻、深奥的概念。事实上，过多考虑玄思问题有可能会削弱孔子对成人种种现实问题的强调。

另外，孔子似乎同许多被称为智者或圣人的先师们拥有一个共同特征——即对形式化的抽象语言持保留态度。在这方面，他同释迦牟尼一样，后者也明确避免讨论抽象的形而上学问题；同时也很像耶稣，耶稣喜欢用寓言表达思想，绕开神学教义的抽象概括，而诉诸直接的具体经验。这每一位智者在传达慧识时都表现了对字面语言明显的不信任，而倾向于一种更为诗性的表述方式。鉴于沟通和交流在孔子哲学中所起的核心作用，我们将在第五章详细阐释这一倾向的来龙去脉。

孔子对那些他认为超出实际切身的问题的保留态度，并不意味着他进行人类经验规划时完全脱离宇宙论假定。尽管孔子不讨论玄思问题，但这种不言而喻的知识直觉却潜在地成为他哲学论述的基础。我们也有把握假定，孔子的主要弟子同样心照不宣地领会了他隐含的宇宙论观念。

然而,今天孔子思想的大多数研究者却持有一个相当迥异的宇宙观。我们只有弄清楚孔子思想产生和表达的宇宙论环境的特征,才有可能纠正我们自己的预设。这方面我们所拥有的材料确实相当零碎,但至少在社会和政治哲学层面,他的哲学思想体现了对实现秩序和和谐的思考和表达。孔子首先坚持认为他的思想有某种一致性,这从他描述的"道"中可以看出,而且,他自己也明确说:"参乎!吾道一以贯之。"(《论语·里仁》)前此我们有关孔子社会政治思想所预设的"秩序"意义的探讨,只是勾勒了一下此"道"的轮廓。这里,我们将说明该思想最形式化的抽象维度。

西方传统中,宇宙论带有两种主要含义。其一,一般本体论(*ontologia generalis*),关涉存在物的"存在"(being of beings)问题。其二,与"科学普遍性"(*scientia universalis*),即"原理性科学"(science of principles)的意义相关。[4]海德格尔是前者的典型代表,他的哲学追问:"为何是有而非全无?"后者则以怀特海为代表,强调:"什么样的有?"哲学家们正是据此试图描绘潜在于事物及其彼此关系之下的种种原理。科学普遍性的主题是存在物的原理,而一般本体论的主题则是原理的存在(原型,*ar-chai*)——即构成存在的原初实体。

传统上,这两种思想形式一直都并非像我们上面所描述的那样区分鲜明。大多数思想家都试图同时提出这两种问题,尽管在某一哲学体系中占优势的总是其中之一。[5]重要的是要意识到,一般本体论和普遍科学二者都是神话—逻辑(mythos-logos)论证的功能(下章我们将对此详细论述)。[6]二者都依靠宇宙从无序向有序的转化,将这设定为理性秩序发展的基础。无论是从混沌的"虚无"(nothingness)到有序的"存在物"和"存在",还是从"混乱无序"(confusion)向"秩序原理"(principles of order)的转换,西方宇宙论思想从根本上来说都是宇宙发生论。

但古典中国思想的问题则相当独特。中国古代相对缺乏突出的宇宙发生论传统,这妨碍了思想理性化,说明无序到有序的理性意识的形成。古典中国思想很难感受到像"神话—逻辑"这种对比的影响力。正因此,传统西方形而上学和宇宙论认识的这两种模式哪一种都不太可能成为儒家宇宙论思想模式或诠释范型。那么,我们能否找到一个从根本上正确理解儒家思想的范型呢?

事实上,这样一个范型在本书开篇已有所表露。从"几个悖常假定"起,一直到孔子社会理论对逻辑秩序和审美秩序的区分,我们都描述了某种"情境化艺术"(ars contextualis)[7],一种总体审美观,该术语既可用来表征孔子"宇宙论"的内涵,又可用来描述其思想方式的主要构成。下面,我们要阐述的正是这一"情境化艺术"。

支撑孔子审美宇宙论的几个主要概念是"天"(或"天命")、"德"和"道"。根据我们的分类,"天"或"天命"属"主导"(authorial)概念,"德"是"创造"(authoring)概念,而"道"则是"权威"(authoritative)概念。该概念群的详细阐明将会为理解孔子思想独特的审美视角提供基础。我们就从"天"开始说起。

二 天和天命

1. "天"的历史演进

201　　"天"字的词源引发了许多思考和推论。高本汉的诠释很有代表性。他认为"天"是拟人的神的象形字:大写的人。[8]另有人认为,天是"大"字加一横,"大"字代表成人,一横则代表头顶的苍穹。《说文解字》用"颠"来定义"天","颠"与"天"读音类似,并且多次用以表达"天"。"颠"是头顶的意思,引申为"至高无上"。这样,该字就被认为是由"一"和"大"两部分组合而成。这促使一些注者将"天"视为会意字,两个成分都跟"天"的意义有关系。《说文解字》将"天"定义为合"一大"之意很是重要。《道德经》这样形容"道":

> 吾未知其名,字之曰道,吾强为之名曰大。大曰逝……[9]

另外,"道"在《道德经》中常指为"一"。[10]可见,在老子的这个"道"与《论语》的"天"的表达中可找到一种很实用的遥相对应关系。孔子说过"唯天为大……"(《论语·泰伯》)而另一章,孔子也表现出不寻常的玄思,用上面所引《道德经》描述"道"那样的语言来描述生命存在的节律:"逝者如斯夫!"(《论语·子罕》)

有关"天"的词源的这几种说法导出了对"天"的一个解读,

即,天既是拟人的神,又是对存在过程一般的、非人格表述。这一事实更让西方诠释者围绕该字争论不休。[11] 那么,"天"是否应完全被视为拟人化的神,还是某种非人格力量?事实上,这一争论都是错误的。尽管正确翻译该字确实需要找到"天"和西方"deity"概念之间的重要差异,但这些差异却集中在超验而非拟人化神论(anthropomorphism)问题上。因此,我们的论证就必须考虑到,"天"出现在那些与孔子最为密切相关的文献之前的历史渊源和发展。

对现存历史资料的分析表明,在中国文明发轫期,存在着几个主要的"神"的不同概念。甲骨和铭文上的考古学资料表明商代人并不认为"天"是"神"。更正确地说,他们的宗教仪式——至少宫廷的庆典——集中在"帝"或"上帝",一个与祖先崇拜密切相关的概念上。"上帝"被赋予拟人的个体神的形象,如现实世界君主一样统领人类和自然世界。他的规律性和确定性能够干预人类事务,而且也确实如此。

已故的君主也被称为"帝",也会加入"上帝"的世界。这一事实强化了这一认识,即神是与已知世界没有隔阂的人的延伸。神的世界与人类社群有着同样的结构和状况,并且也多是以同样方式运作的。事实上,"帝"的世界就是现实世界运行的一个活生生的方面,是为社会提供语境和意义的另一维度。

这种对祖先世界的关注和依赖是祖先崇拜发展的基础。宗教仪式重在其影响现实世界事务的能力。其中,重要的是占卜,我们或可将其解释为大臣们无需打破他们维护的政治权威而向君主进谏的一种形式工具。

"天"对周人来说似乎有了某种宗教意义。周于公元前11世纪克商。而在此之前,它是尚武的半游牧部落联盟。没有文献确证"天"是否或在何种程度上被认为是人格化的神。"天"也指"天空"。这也许意味着,在史前时期,"天"很大程度上是一种非人格化的统一力量,与人类世界保持着一定距离。

以下事实巩固了上面的猜想:即周代哲学文献中,"天"有一个逐渐向非人格化转变的倾向。这首先表现在早期将"天"的意志等同于公论,进而将"天"定义为存在的展开过程中可察觉到的有规律的模式。前一种倾向在《尚书》中已初现端倪[12],到《孟子》则有了更充分的发展;"天"的后一种表达当然出现在道家文献中,儒家著作则集中体现在《荀子》一书。卫德明(Helmut Wilhelm)在对《易经》的研究中谈到,古代,"帝"和"天"的地位和性质是一样的,在这一点上,彼此可互换使用:

> 但在《易经》产生的时代,"天"字用得多。而在那些非常具体表达神的地方则会用"帝"。例如,象征创造的帝们之间的较量。[13]

尽管如此,将"天"理解成某种非人格化力量,是否就是恢复了周的原初思想还只是一种推测。

认为"天"应被理解为某种非人格化力量的第二个理由是:事实上在这一时期已逐渐发展出这样一种观念,即天、地、人的统一构成了存在的万事万物。三者各有自己的特点,每一个都与其他两个彼此关联。重要的是,这一过程是没有终始的;或者确切地说,它是一个有着相同韵律、内在秩序和某种循环节奏的过程。

　　充足的文献资料一致表明,随着周取代商,文化上比较落后的周代统治者将他们原初"天"的观念与文化上较为先进的商代更为人格化的神进行了同一。"天"和"上帝"在《尚书》和《诗经》中常是互换使用的。在此,我们或许可以推测,周人模仿"帝"与商王室的人际关系,也主张一种类似的与"天"的家庭关系。这反映在周朝统治者所谓"天子"的称呼上——授命于掌管天的"父"。没有理由认为,在周初之前,"天"曾像"帝"那样被视为是人类的祖先。不管周代"天"的最初轮廓是什么样子,它无疑在西周时已具备了拟人化的特征。它在文献中被描述为奖惩随意,感觉就像人类统治者那样行事。尽管周似乎确实将宗祖神("上帝")提升到某种原始宇宙力量的更高层面,但无疑商对"天"的人格化有更大的贡献。然而对我们这儿的分析意义重大的是,尽管该时期有一个明白无误的神的拟人化解释,但"天"和"帝"二者谁都不是超验的神。正是中西文化传统的这一区分,必然决定着描述它们的范畴和概念结构的差异。

2. 天与超验

　　在"超验"对古典中国传统的"适用性"问题上,评注者们的观念相当混乱。例如,尽管"天人合一"是杜维明用以诠释早期儒家的核心特征,但他却在很多情况下都坚持认为"天"有某种超验维度。[14]牟宗三在用康德诠释中国哲学特质时也说:

> 天道高高在上,有超越的意义。天道贯注于人身之时,又内在于人而为人的性,这时天道又是内在的。因此,我们可以康德喜用的字眼,说天道一方面是超越的,另一方面又是内在的(immanent 与 transcendent 是相反字)。天道既超越又内在,此时可谓兼具宗教与道德的意味:宗教重超越义,而道德重内在义。……[15]

牟宗三和杜维明的解析都表达了"天"的内在性,二者也都强调"天人合一"。但"transcendence"这一概念则含有独立性,似乎并不适合诠释儒家思想。

选择"transcendence"来诠释古典儒家思想的一个原因在于,该词的一个权威却也相当含糊的翻译"超越",掩盖了严格的超验存在或原理那根本的独立身份。而另一方面,描述超验原理和世界相连的范畴的"dualism",其中文译法"二元论"("二元论"字面含义是"two-source theory")却很好地抓住了"独立性"内涵。

但牟宗三的情况不仅仅是一个翻译的问题。他断言:

> "天命"的观念表示在超越方面,冥冥之中有一标准在,这标准万古不灭、万古不变,使我们感到在它的制裁之下,在行为方面,一点不应差忒或越轨。如果有"天命"的感觉,首先要有超越感,承认一超越之"存在",然后可说。[16]

他继续说道:"那是一个道德秩序,相当于希腊哲学中的'公正'

(justice)。"[17]牟宗三显然想把一个绝对的超验归之于早期中国传统,这恰恰是我们所要反对的。

《论语》中的"天"毫无疑问是拟人性的。在周初它等同于拟人化的神——"上帝",但到晚周几位哲学家又将其描述为自然规律和秩序,"天"有一个逐渐的祛拟人化倾向。尽管孔子的一个重要贡献是强调人应对自己及其环境负责,但他仍然认为"天"可随意干预人类事务,可见,他对"天"的认识无疑还保留了拟人性的神的痕迹。他认为自己担负传承祖先文化遗产的神圣使命便充分说明了这一点:

子畏于匡,曰:"文王既没,文不在兹乎?天之将丧斯文也,后死者不得与于斯文也;天之未丧斯文也,匡人其如予何!"(《论语·子罕》)
When Confucius was surrounded in K'uang, he said, "Since King Wen has already passed away, does not culture thus reside here? If *t'ien* is going to destroy this culture, those who follow us will not be able to participate in it. If *t'ien* is not going to destroy this culture, what can the people of K'uang do to me!"

"天"同样还被描述为圣人的创造者[18]、决定富与贵的力量。[19]

既然"天"是一种能够知人[20],而人却无法欺天[21]的力量,所以,我们得"畏天"[22]。事实上:"获罪于天,无所祷也。"(《论语·八佾》)"天"除了具有这些明确的拟人特征,它更被描述为万事万物生生不息的根源:"子曰:'天何言哉?四时行焉,百物生焉,天何言哉?'"(《论语·阳货》)

《论语》中所描述的"天"的形象显然是拟人性的神。但并不因此可得出"天"就等于西方的"deity"。相反,只要对照一下二者深刻的差异,这种相似性可能助长的任何比附都行不通了。这些差异首先集中在西方"deity"的超验性和"天"无可置疑的内在性之间的不同。这一反差更重要的层面在于,孔子"人"的概念表面似乎也拥有同样"神性的人"的特征,而实际却绝非如此。我们马上要讲到西方与孔子"宗教性"概念的差异。

古典中国传统总体上更喜欢用内在和自然概念解释存在。这类概念不会发展宇宙发生论。现象就是"so of themselves"——自然。即便偶然有对起源理论的指涉也暗蔽在对转化更为突出的探讨中。上面所引《论语·阳货》(天何言哉?四时行焉,百物生焉)即是明证。就此,"天"就不是一个生成了世界且与世界保持绝对距离的先在创造性原理。它更确切地说是一个自然产生的现象世界的总称。"天"完全是内在的,所有建构它的成分都不会独立于它而存在。说现象创造天和天创造现象都同样正确。因此,"天"和现象的关系是一种彼此依存的关系。"天"的意义和价值是其种种现象意义和价值的一个功能。"天"的秩序由彼此相关的成分之间获得的和谐来表达。

中国古代封建结构使"天"成为最终主宰化身的形象,这与我们上面说的宇宙论的"天"并非不一致。"天"作为"天子"的始祖与其子孙后代有着内在的关系。生身之父活着是儿子的楷模,死后亦受其眷顾和保护。而子辈则成为祖先精神的化身和延续。他们彼此关联,彼此诠释。"天"作为主宰者与他的"帝国"有种比拟关系,主宰者就是他的"帝国"的命,而"帝国"也正是主宰者的化身。

在考察"天"这一观念时,我们必须根据适合该传统的身心范畴来界定。这就是说,应当充分意识到在孔子思想的坐标系中,任何对天的诠释只要参照身体的特征就必然意味着默认了其所关联的心理方面。

杜维明强调这种根本的相关性,他指出"自知也就是知天"[23],这可被认为注解了孟子所谓"知其性,则知天矣"[24]这句话。

古典中国思想范型的这一独特现象,不是靠事物来证明某种先在理念。既然个体既决定整体也为整体所决定,那么,它的发展和形成就是根据展开过程的性质术语描述的连续行为:诚(sincerity)、中(focus)、全(integrity)、义(appropriateness)、和(harmony)、感(intensity)。

3. 天命

我们已从几个方面对"天"这一概念进行了理解。我们进行了该概念的哲学分析且从词源学角度考察了其本源意义。我们试图通过对古代文献著作中"天"的用法的考察,为孔子思想建立起一个历史语境。尽管《论语》本身并没有给出"天"完全清晰的表述,但我们把这一历史倾向与《论语》相关章节的研究结合,已恢复出一个与其本义相适的"天"的定义。另外,我们也尝试将其扩展到孔子思想的其他维度，以求能以一种连贯一致的方式解读孔子宇宙论结构。相信在我们讨论完"天命"和"德"这两个概念之后，就有可能概述出孔子宇宙论观念的根基。

《说文解字》从词源上将命字分为"令"（to command）和"口"两部分，并将其定义为"使"（to command, to cause）。古代文本有无数"令"和"命"换用的例子。这样，显然"命"所表示的一个根本意思就是"下令、使执行"。

"命"在与语言和沟通的关系上，似乎与其他几个构成孔子思想基架的核心概念都一样，突出了"口"的重要性。"命"在其他几种古词典中的定义也都强化了"口"在"命"作为某种用言辞表达和传达的命令这一意义上的限定作用。《尔雅》将之释为"告"（to inform），《广雅》释为"呼"（to call, to speak）。或许，最值得注意的是，"命"不仅同"名"一样意味着"命名"（to name）；而且，有时也确实与"名"换用。

"命"后来逐渐用来指称限定社会存在的某些特定情况：寿夭、禄位、福寿——不仅是一时之"命运"，而且是"生命"本身。至少早在周克商时，"天命"（the command of t'ien）就用来作为君主能否继续在位的一个条件。在古代文献中，"天命"常被描述为跟治国威望有关，而且与之彼此牵动。

唐君毅在概述古代哲学文献时总结道：

> "命"这个字代表天和人的相互关系……我们可以说，它既不是仅外在地存于天，也不仅内在地存于人；而是存在于天人的相互关系中，即存在于它们的相互影响和回应，彼

此取予之中。[25]

唐君毅的这一解释反映了《左传》对"命"的定义:"民受天地之中以生,所谓命也。"[26]《孟子》所谓:"莫非命也……"[27]《孟子》解释了"命"的普遍存在且试图将之与"天"区别开来:"莫之为而为者,天也;莫之致而至者,命也。"[28]这似乎在说,"天"指的是自然和人类世界自然生发的过程本身,而"命"则表示它生发的条件和可能性。"天"不是"他者"的产物。

"命"作为决定个别现象产生的因果条件,既是其诸种可能性又同时是其局限性。"命"是所处境遇种种局限性共同导致出的未来。同样,"天"本身也可根据限定它的条件来表征。《中庸》引《诗经》曰:"惟天之命,于穆不已",随即评论道:"盖曰天之所以为天也。"[29]这并不意味着"天"是由"他物"所生,而是由特定因果条件以某种特定方式决定的。

如果"天"确实指从某一特定视角对整个存在过程的认识,那么,唐君毅将"命"定义为"天和人的相互关系"[30]就没有错。这就是说,"命"可比于像"势"(conditions or circumstances)这样的概念,因为二者都可描述构成既定事件基体的现有种种条件——身体、心理或环境——的结合体。但也正如唐君毅的定义所表明的那样,由于"命"似乎总涉及人类视角,这两个概念还是有着重要的不同。

如果"命"被理解为决定世界的特定人类视角的种种条件和可能性,那它必然涉及对现象因果渊源的解释。另外,因为命不是意义和价值超验根源的宇宙发生论意义上的概念,那它就是对创造个体世界的条件性环境的解释。因此,"命"完全是个体"创造的世界"。这说明了"名"和"命"之间显而易见的关系:"命"就是"命名"世界。叶山(Robin Yates)的墨家研究也给出了同样的结论:

> 在我看来,事实不应该是:中国曾经有精致的创世神话,后来流失在传承过程中。中国人的创世实际是通过命名对关系和界限的划分——无论地理、政治、宗教还是社会——它被描述的就像一个历史事件。[31]

"命"以一种散点的方式体现了对存在过程的观察。区分个别事物既是对它的"命名",也是意识到它所出现的语境。而该语境被理解为"自我"语境还是"他者"语境取决于命名行为达致的特定焦点(particular focus)。如果一个人趋向被动存在,其个人的秩序和意义是从其实际的文化语境中衍生出的,那么,他大体上是外在权威的产物。而如果一个人将自我秩序和意义播撒于世界,那么,他就是其环境的创造因素。当然,这一"创造世界"的过程是一种互相创造,是由"天"所代表的可能性范围与个人理解、选择和实现其中某些可能性的能力共同塑造的。

"命"与关系性概念"礼"有重要相似之处。"命"的宇宙论维度使其成为"因果条件"(causal conditions),它似乎一直都有个从统治者中心的社会作为"命令"之"命"的历史发展线索。这一发展轨迹与"礼"的拓展类似,"礼"也是从早期仅限于表达统治者与神的关系,发展成泛指整个社会结构的一般概念。

"命"包含"礼"是因为文化一致本身就是一套首要的因果条件；而"命"又超出了"礼"的概念，是因为它包括所有的条件——生物学、社会、经济、地理、历史等等。

"命"和"礼"的另一个相似之处在于它们都是可以改变的。既然人是意义和价值的最终根源，那么文化一致性就随时可以重组和再诠释。事实上，尽管"命"为未来设了某些限制。但没有哪一种既定因素是颠扑不破的。每一要素就其相关于人类社会而言，都有一个人类的意义。因为人类是给出命名的根源，他可以通过改变"名"的意义来改变世界。从历史上看，类似的环境却可以形成人类经验如此不同的文化结构，这一事实正表明了条件受诠释行为影响及其可变性。

在我们转入《论语》中"命"的具体例子之前，我们将首先看一下孔子的许多注者在"命"的认识上的一些共同看法。其中刘殿爵所译《论语》一书导论中提出的观点最为清晰和系统。他说：

> 无论早期著作中"命"是否作为"天命"的缩写来使用，但毫无疑问，到了孔子的时代，它已发展为具有不同的独立意义的术语。[32]

刘殿爵为这一区分做了进一步解释，指出"命"就是 Destiny："不是人类作用的产物""人类对此无能为力"。这样，"命"就成了我们最好随任之的某种神秘事物。将孔子归于宿命论的说法，历史上最早可追溯到《墨子》，《墨子·非儒》中对孔子有言辞激烈的批评：

> 有强执有命以说议曰:"寿夭贫富,安危治乱,固有天命,不可损益。"[33]

刘殿爵认为,"天命"同"命"相比,前者是一种道德诫令,指示"人该如何行事"。这样,人应当理解和遵从"天命"。刘殿爵基本上认定孔子是个"温和的命定论者",按照事实和价值来划分"决定者"和"被决者":

> 一个人富贵寿终与否均取决于"命"。无论他做出多大努力结果都不会变。这样,就他的运势来说,"命"就是他抽到的签。[34]

刘殿爵认为,只有认识到人类存在那些先定因而无法逃脱的"实在"本质,才会使人相信反抗命运是徒劳的,也才会反而激起他"专心追求道德的完善"。人尽管不能操纵他的存在,他却可以掌握自己屈从或违背这些前定的道德诫命,这些道德诫命体现在作为"义"的"天命"中,在刘殿爵看来,"天命"就是"义"既定的原则。

刘殿爵宣称《论语》中"天命"和"命"的根本区别是"理解孔子思想倾向的关键",这很可能是站不住脚的。正如他本人承认的那样,早期著作中"命"常被用做"天命"的缩写。《孟子》及其后来的一些著作中"命"也是这种用法。《论语》似乎不可能是惟一例外。尽管古代文献中显然有把"天命"专门用做朝代延续更替的政治理由的传统,但正如我们上文所论,在孔子的时代,该因果条件的概念已从君主及其朝廷扩展为用到一般人身上了。

《论语》中"天命"和"命"都在这一宽泛的意义上使用。如果说它们之间有某种区别的话,那就在于"命"可同时在狭义和广义上使用。"天命"特指从特定视角建构的存在整体的诸因果条件,"命"却不仅指涉整体,还可专指个别现象构成的因果关系。

其次,将"命"译为"Fate"或"Destiny",且将"天命"解释为某种道德诫命,都带有强烈的超验意味。"to destine"(注定)这个动词在盎格鲁-欧洲传统中的意思是"打结、牢固"(to make fast or firm)、"预先固定"(to fix beforehand)、"先定"(to predetermine)。"Fate"有着类似"已给出"的意思——神的判决。这些术语的专有名词都强化了这样一种观念,即某种独立于人类的原则、力量或动因在为人类立法,或者至少规约其中的某些方面。因此,把"天命"视为某种外在、客观存在的道德诫命就与天人的"合一"关系相抵触。因此,我们将论证:"命"建构了存在的因果条件,这些条件既不是先定的也不是不可动摇的。人是他自身在这个世界上存在的决定性力量,现有条件及其境遇都会因他的参与而改变。个体的成熟是对种种可能性做出回应的结果,而这些可能性本身是由个体行为与其环境相互作用决定的。

将孔子诠释为命定论者最有力的例证就是《论语·雍也》中这段话:

> 伯牛有疾,子问之,自牖执其手,曰:"亡之,命矣夫!斯人也而有斯疾也!斯人也而有斯疾也!"[35]
>
> Po-niu was ill. Confucius went to look in on him, and, grasping his hand through the window, he lamented, "It is due to the force of circumstances that we are losing this man. That such a man could have such an illness! That such a man could have such an illness!"

该章表明人几乎完全不能掌握自己的命运。但这并不是说,人完全只能听之任之。实际上,《论语》中的子贡就同其经济和社会地位进行抗争:

> 回也其庶乎,屡空。赐不受命,而货殖焉,亿则屡中。(《论语·先进》)
>
> Yen Hui has almost made it, but he is consistently in poverty. Tzu-kung does not accept his circumstances and has gone into business. And in his ventures he is consistently on the mark.

君子也是可掌握自己生死权利的人:

> 今之成人者何必然?见利思义,见危授命。[36](《论语·宪问》)
>
> But to be a complete person in these times one need not go so far. He need only consider what is appropriate at the

sight of personal profit, be willing to lay down his life at the sight of danger.

显然，如果"命"先定而不可动摇，那么子贡既不能拒绝也无法改变它，君子的死生也不会受他自己支配。还有下面这章：

司马牛忧曰："人皆有兄弟，我独亡。"子夏曰："商闻之矣：'死生有命，富贵在天。'君子敬而无失，与人恭而有礼，四海之内皆兄弟也。君子何患乎无兄弟也？"（《论语·颜渊》）

Ssu-ma Niu lamented, "Everyone has brothers except for me."

Tzu-hsia said to him: "I have heard the saying:

Life and death are a matter of *ming*; Wealth and honor lie with *t' ien*.

The exemplary person is deferential and faultless, respectful of others and refined, and everyone in the world is his brother. Why would the exemplary person worry about not having brothers?"

该章常被引述论证"命"的"命中注定"（Destiny）的观点。刘殿爵将其视为最佳例证。但事实上这段话意思似乎恰恰相反。孔子的学生子夏引用了一句广为流传的名言，表明有些情况常被认为不是人力所能左右的。然后，他又以其中一个似乎肯定无法改变的情况（无兄弟）为例，说明情况可改变的条件。

首先,我们知道历史上的司马牛其实有一个兄弟——桓魋,[37]这个人曾威胁过孔子的生命。[38]司马牛在这里不认这个兄弟,不根据"确凿事实"来说"兄弟情谊",变更了一个表面上无法变更的事实。子夏则给了一个更好的例子,说明反之亦是有效的——一个无兄弟的人可通过重新定义何谓有兄弟(即通过改变它的意义和指涉的基础,即其"名")来改变他无兄无弟的状况(他的命)。他认为手足关系道德上(兄弟般)的标准胜过生物上(一奶同胞)的标准。这段话根本不是证明宿命论,反而是说明"命"的变动性,说明描述个人的因果环境——"命"时,事实和价值的不可分离性。

"天命"和"命"之间的关系或许可这样表述:一个已获得像君子或圣人这样高级整体性的人建立了某种与"天"的内在关系,这种关系使他通过理解力和影响来运用"天命"。一个人自控力越弱,他就越感到命运的无法抗拒;一个人的自控能力越强,他自觉到自己在决定外在条件时所起的主导作用就越大。当世界尊重他的道德,他就为世界"言说",即他为"天"说话。这样,是环境强加给个人意义还是个人主动为情境引入意义,从这两个不同角度,体现了个体语境意义的不同。

诚然,该诠释部分延续的是刘殿爵的观点。此推论基于以下重要限定:"命"比"天命"更少一些个体被环境条件控制的意思,控制力主要是由个体自我实现程度所决定的。同时,也是衡量个体是否值得为其付出最大努力的部分标准。为了为真正有意义的事业积蓄力量,终究有一些战役我们是绝不会去抗争的。原则上君子或圣人影响环境的能力是无限的。用西方哲学传统的一个至理名言来说就是:"哲学无非是学习如何去死。"人只要能做出有意义的反应,甚至最"命中注定"的环境也会显著改变。

无论如何,孔子对"命"和"天命"的理解多少比传统认为的要开放得多。回想我们在讨论"成人"行为上对"义"的探讨,显然,"礼""义"的相互关系就像我们所诠释的"命"和"天命"的关系。因为,以"义"践行"礼"正是以一种有意义的方式对个体既定语境做出反应的典型例证。

三 德

1. 古代文献中的"德"

"德"这个概念实在深奥难懂。孔子专门指出:"知德者鲜矣。"[39]实际上,由于许多学者始终无法弄懂"德"到底是什么,且因往往一笔带过,这使得德在古代著作中一直都是个困扰不安的谜。例如,刘殿爵在他翻译《道德经》时,仅用一小段就将其打发了,认为"《道德经》中'德'这个概念并非特别重要,且常用在更常规的意义上"[40]。相反,我们却认为正确理解"道"和"德"之间的关系,是理解道家宇宙论和该宇宙论所支撑的整个哲学大厦的关键。正是这个原因该著作被称为《道德经》——"道"和"德"之"经"。刘殿爵认为《道德经》中的"德"是在常规意义上使用的,这无疑是正确的。但将常规意义解释成"物性"(the nature of a thing)[41],这在一个拒斥实在论之"本性"以及

"事物"之终极目的论,并将"自然"(uncaused self-arising)视为主要规范的哲学中,"性"这个概念的引入即便不是完全的误导,至少也是不恰当的。《道德经》和《庄子》内篇中的思想似乎都谨慎地避免使用"性"这个术语——我们最好顺着他们的方向前行。[42]

牟复礼对萧公权《中国政治思想史》的翻译,充分表明了多数先秦文献中"德"的突出地位和含糊不明的特点。该书中,他把"德"译为:"ethical nature""spiritual powers""Power""moral excellence""power imparted from the *Tao*""*virtus*"(在事物内在独特品格的意义上)"moral force"(引自韦利)"the powers native to beings and things",有时则只好简单音译为"*te*"[43]。"德"除了本身修养或增加的"德行"(virtue)或"力"(power)的意义外,它还拥有"恩惠"(favor)或"仁爱、大度"(bounty)等扩展的意义,进一步还有"感恩"的意思。儒家和墨家一般都将"德"释为"德行",而道家则常用其指称"力"的秩序。

我们当然不会指责牟复礼用词太泛;中国古代思想家也往往喜欢用同样的词来表达他们各自迥异的价值观。而且,我们认为,"德"还有一个更根本的意义,其各种意义都以此为基础而且彼此相关联。

有些学者非常强调"德"在儒家和道家中的区别,以致使之截然对立。[44]尽管这两个学派在对"德"的诠释上确实着重点不同,但我们认为根本的区别在于,他们反映的是意义的不同层面而非不同的概念内涵。道家关注以宇宙论为主导的对存在之循环过程的说明,其中"德"被视为范畴性的(categorial):个体的呈现(the presencing of a particular)。而《论语》中"德"则似乎专门用于社会和道德意义:由"敬"所体现的个体影响力所具有的规范力量。但如果我们展开儒家社会理论之下潜在的宇宙论思想,或者说如果我们从道家著作中抽掉"德"的社会政治含义,我们会发现他们对"德"的理解是极为接近的。事实上,我们认为,儒家和道家表面的不一致,其背后却是很少论及的共通性。[45]正是这一潜在于"德"众多含义下的核心思想的存在,使我们有理由借助《论语》之外的其他著作重新建构该概念。

在运用文献从概念层面分析"德"之前,我们想先从语言学意义上考察一下该概念。《说文解字》非常突出地将"德"定义为一种现象:"升"(arising, presencing itself)。尽管传统注者竭力要将该诠释约束在某种更为常规的范围内——即"德"的同源词"得"(to get)上,但他们的论证却缺乏说服力。[46]

"德"字有三个成分组成:彳(慢走,to move ahead);第二个成分多数词源学家解释为"目"(𥃭);还有"心"(the heart and mind)。"目"和"心"这两个成分或许暗示"德"的展现过程具有一定的方向性。它是存在转化的内涵和禀性:一种自我诠释的"升"。

在语源学分析上还有另一向度。普遍存在的一个学术观点即"德"字是"悳"(有时看到的是"直")字的一个变体。[47]"德"的这一较早形式是由"直"构成的,"直"字常用其派生义"笔直"(straight),但或许最好把它理解为在有机配给的环境中"笔直生长"这一更为根本的意义。[48]"直"的有机性的维度由其同源词"稙"(to sow)和"植"(to plant)表现出来。"悳"字"心"的成分再次强化了有机体萌生和成长这一根本意义。《说文解字》专门有变体字"惪"的独立条目,用其同音同源字"得"将其定义为"外得于人,内得于己也"。[49] 最后,语源学意义中的一个重要事实,即"德"与其早期形式"惪"都源于"直"的表音范畴,"德""惪"同音。

前述分析所用资料仅具提示意义,我们不可夸大其重要性也不能忽略它们的假设性。尽管有这些局限性,但这些信息还是能从两个方面为我们提供帮助:首先,它们提示我们在其不同哲学内涵分析中应注意的几种意义维度;其次,它们为我们重新挖掘和建构"德"的深刻含义提供了结构和语言。

通观先秦文献,"德"似乎拥有一个根本的宇宙论意义,其他含义正是由此派生的。在道家文献中,"德"表示个体作为存在过程中潜在力量焦点的产生。作为整体场域的这一动态过程被称做"道",而该场域中个体化存在——其不同的焦点,则称之为"德"。比如,《道德经》宣称:"大道泛兮,其可左右,万物恃之而生而不辞……"[50]

由此可见,"德"和"天"在本体论意义上并没什么不同,只是在聚焦或着重点方面有所区别。"德"表示整体的特定倾向性。在那些首先强调人的古代著作中,"德"自然通常用在讨论人。但即便是《论语》和《道德经》这样的著作,它也被广泛用在诸如普通百姓(民德)[51]、马(骥之德)[52]、朝代(周之德)[53]、邻里[54]、家庭[55]和国家[56]等特定现象。其最通常的用法是表征整体可变的关注点。而且,由于所有的关注点都通过种种敬意模式彼此相关,因此,不同的诠释就能够扩展或缩小关注范围。

在区分"道"的某一方面以及建构起某一体察视角上,"德"所起的是个体化作用。正是这种个体化功能,使"德"和"性"(natural process)经常相提并论。[57]"性"这个概念通常被译为"nature",这有可能成为引起种种误解的根源。令人遗憾的是,碰到诸如"天命之谓性,率性之谓道……"[58]这样的句子,"性"就被解读为某种类似"本质性"(essential nature)的东西。"性"不是某种天生的本质,一个已完成和终结的先定潜在。考虑到孔子哲学强调过程的倾向以及"生"的字面意义(生命过程,成长),"性"就必然应该被理解成是"nature-in-context"的过程。这就是说,如果让"事物"脱离"环境"来讨论"物性"(individual nature),则只能使之成为一个抽象概念。

"性"进一步表明,尽管存在过程的每一关注点都是独特的,但仍然可基于相似性而与其他独特性聚合。表达各自独特性的"异"将被悬搁,而它们的相似性则被命"名"。"异"突出表现于已发展的状态下,而"性"则常与未发展的潜能相连。当然,"性"这个概念有某种功能性价值,但它会受到这一事实的限制,即没有两种个性是完全等同的。连孔夫子也说:"性相近也,习相远也。"(《论语·阳货》)当整体由独特性表征时,其被称之为"德";而当它由构成成分之间的相似性表达时,则被称之为"性"。或许由于这样解释的"性"违背了道家思想,道家认为万物皆有其"德",因此,《老子》和《庄子》都不用性。

"德"尽管最常用来表示体察整体的独特视角,但它同时也是灵活可塑的,可跨越任何特定的部分/整体区分,且因此也涵容整体存在。如《道德经》所谓"常德""恒德""玄德"以及"上德"都显示了"道"和"德"的相合。《道德经》宣称：

> 知其雄,守其雌,为天下溪。为天下溪,常德不离,复归于婴儿。
>
> 知其白,守其黑,为天下式。为天下式,常德不忒,复归于无极。
>
> 知其荣,守其辱,为天下谷。为天下谷,常德乃足,复归于朴。[59]

《易》用同样的语言描述了"人"的延纳：

> 夫大人者,与天地合其德,与日月合其明,与四时合其序,与鬼神合其吉凶。[60]

"德"之提升、聚结达致个体与整体完全合而为一,这时,"道"和"德"之间的区分就消除了,作为个体化概念的"德"转化为整体化概念的"德"。《道德经》还有："含德之厚,比于赤子。"[61]"赤子""朴""大人"都是对人与周围环境浑然一体境界的隐喻。"赤子"同样如此,它是一个所有存在现象都可一视同仁被聚焦、被经历的全部因果关系的基体,因此,可被用来表示隐喻"道"的"德"。道家著作中常见暗指"德""道"之间这种延纳和相合的比喻有"朴""玄"和水。这些比喻强调了这样一种观念:即任何独特性当根据其内在关联性来看待时体现的就是存在的全部过程,且据此志在于"道"。统观古代文献,"德"之

叠入于"道"的现象常以悖论的方式表达出来:

> 上德不德,是以有德;下德不失德,是以无德。……故失道而后德,失德而后仁……[62]

《庄子》也将"德"描述为某种一体化原则:

> 之人也,之德也,将旁礴万物以为一……
> 自其异者视之,肝胆楚越也;自其同者视之,万物皆一也。夫若然者,且不知耳目之所宜,而游心于德之和;物视其所一而不见其所丧……[63]

显然从经验的角度,在存在过程中能够实现一种和谐的秩序,一种规律,一种模式,它为多样性引入某种融通的视角,使"多"趋向"一"。存在过程中一种显然在经验上实现的模式,为多样性带入某种统一化视角,"一"就是"多"。

2. "德"的哲学重构

早期儒家突出地将其关注重心限制在社会和政治问题上。正因此,修"德"就起着融合的作用:"德不孤,必有邻。"(《论语·里仁》);相反,心胸狭窄、自私自利则导致:"事君数,斯辱矣;朋友数,斯疏矣。"(《论语·里仁》)正如上文所述,在孔子看来,体现人与人类整体合一的行为被称为"仁"。当然,"仁"与"人"同音且等同于后者。这种行为克服了分离和不连续性而趋向整一与和谐。这就是说，个体之"德"的延纳和凝聚可根据"仁"来描述。前此我们已表述，"仁人"根本上是主体间性的，根据其社群来定义。正如其人格是开放扩展包容性的，因此，其可能性范围以及个人影响力也相应扩充。他之所以能够成为"大人"，是因为他的关注点超出纯粹的自我。如果一个人成为意义展现和意义创造的特定焦点，那么其赋值的能力也相应增加。但他的重新赋值不是任意妄为；而是通过寻求适当诠释环境加以协调和引导的。我们已反复强调，孔子相信人类是世界的创造者，他参与的比例越大，其创造世界的效力就越大。

孔子认为，君民之间政治上的关系可根据"德"来表述。当臣民人格扩展达到能够与其自然发展同延的程度，君就可用"得"（getting them）或"得民心"（winning them over）来表达。而另一方面，在君通过"敬"获得与民自然天性同延的过程中，民也会分享其价值观念和道德洞识。这就是所谓"德"之"予"或"恩德"。由于民之"德"融于君之"德"，因此，君之潜能就增强了，成为一种使小人之德（弱德）必偃的风[64]，众星共之的北辰[65]，人所认同的文化的创造者和传承者[66]。君因其德而成为敬意的对象。

而道家传统则将关注范围超出人类世界而扩展到全部存在领域，个体之"德"与"道"合一的行为称作"无为"（acting naturally）或"自然"（self-so-ing）。道家也同与之针锋相对的儒家一样，把突破个体身我之间的区别视做自然行为整体化以及"德"的扩展的先决条件：

（颜回）曰："回坐忘矣。"仲尼蹴然曰："何谓坐忘。"颜回曰："堕肢体,黜聪明,离形去智,同于大通,此谓坐忘。"[67]

通过消除"自我"与"他者"的界限,颜回之"德"与"他德"融合为一且专注于彼。早期经典讲"崇"德。[68]孔子把"崇德"定义为克服偏执乖谬的判断,主动为世界赋予意义和价值:

子张问崇德辨惑。子曰："主忠信,徙义,崇德也。爱之欲其生,恶之欲其死。既欲其生,又欲其死,是惑也……"（《论语·颜渊》）

Tzu-chang inquired about "accumulating *te*" and sorting things out when one is of two minds. Confucius replied, "To regard doing one's best, living up to one's word, and accommodating oneself to what is appropriate as one's most important concern, is to accumulate *te*. You love something and want it to live; you hate it and want it to die. To want something to die when one already wants it to live is a case of being of two minds[that is, of muddled judgment]…"

由于"德"在我们的哲学分析中既是"义"的原动力,又是"义"所追求的目标,因此,《论语》中此处以及其他地方"崇德"与解惑之间的关联就值得重视。[69]这就是说,修"德"体现的既是一种意向性行动,又是为实现意愿所必须获取的支持。带有意向的个体与这些支持的焦点一致。与此同时,个体通过克服其独特性,通过适应"他者"的自然倾向与意志,使之融入自身的诠释境域,从而与"他者"共同发展。

这种同延性在政治上表现得相当清楚。其中,君的统治表达的民意是通过协调百姓自然倾向继而奏出君民共属的文化的和谐乐章。在这里"德"试图最大限度实现和谐的各种可能性,但这与公平对待个体独特性之间总会有一种张力。这一融合使弘德之人关注整体,且因而处处获得回应和效应。

个体之德的拓展使其存在更有影响力,他言志述事的能力也变得更明确。不管是作为艺术家、政治领导人物还是教师,他都能够组织好他的环境,表达他的种种和谐——表达、诠释和展现他的文化。

最有助于理解"德"的一个比喻是道家经典中用的"契"。《道德经》有言:

> 有德司契,无德司彻。[70]

该节相当晦涩,但《庄子》第五章却给予了很好的说明。该章标题为"德充符",讲了一系列肢体不全之人的轶事。在正常情况下,如果从一般的价值观念来看,这些人恐怕会被鄙弃于社会之外。他们身体的残损通常是受断肢刑罚的结果,必然属受社会排斥之列。然而他们却通过克服自我、修德使己与社会环境的自然发展相融合,因此,以德"充符",不仅与他们的社会和谐融洽,且还产生了相当大的影响力。他们"德行"之高,以至于成为确定社会价值和建立社会风气过程中的重要因素。这一新秩序是由构成它的要素"德"的自然趋向决定的,而且正是此方向的反映。

道家传统中充满德性之人被称为"真人"。"真"的意思是"true"或"real",由它的词根"化"(transform)标志。《庄子》中存在过程常被表达为"物化"。由于道家的"真人"修己以与其周围环境的自然倾向相融合,因此,他就成为越来越有影响力的万物的"转化者"。从一个不同的焦点来说,他不是化己而是化他者;从其漫入整个语境的角度看,他又成为自我转化过程中一个更大的中心。就其更大存在为创造和创新提供可能性来说,他确实如此。就其将全体之德涵容个体独特性而言,他也同样成功。真人与"他者"的融合实际是合于"德",即他推动和诠释着所有与之适逢的自然表达;他的手表达泥土,泥土也表达了他的手。

"真人"既包含他的社会环境之德也包括自然之德。例如,庖丁的合牛之德,充德之人以其对牛之自然肌理的表达和诠解而成为一个出神入化的屠夫;[71]而与粘土合德之人,也通过表达和诠释土的自然机理成为鬼斧神工的能工巧匠。[72]因为他不是一个"否-整合"的自我,因此能够向整个自然环境之德打开,使得环境有助于他变得更富生命力和价值,而他为环境所做的贡献,则巩固、加强和诠释了其自然取向。他的存在因合整体之德,因而发扬光大,最终惠及所有的存在。

将这些语言学、概念信息等连缀在一起,会发现"德"似乎表示个体在其语境中的"显现"(升)。对中国古代哲学家而言,个体在意识且"感受"或"理解"环境中其他个体的意义上,他的世界是"活生生的"。"自然"这一表达既是生理上的又是心理上的,它意味着真实的存在是自成和自知的。而且,"知"就是对其他事物关注的兴趣,从而也是价值的投射。中国传统中,个体独特性的概念及其"本质",不能够根据实在论意义上的差异性来解释,而应当根据构成存在的"气"中万物种种之特殊的鼓荡和转化加以宽泛的理解。个体的范围是可变的,视其诠释自我和被诠释的不同方式而定。个体因语境而成为独特的"焦点",无论从什么方向和程度,它都可以分别被解释为"自我"或他者。个体的出现不是任意和混乱无序的,而是由某种内在推动力来表征的,正是这一推动力以其自身倾向性和自我导向诠释着这个世界。自我通过自我取向与其语境间的折中表达会找到一个适当方向。好比放入锅中的各种调料必须与所有其他调料溶合才可能最充分地显露自我的风味,与环境中的其他个体保持和谐亦是任何既定个体充分展现自我的必要前提。因此,诸个体向适当方向的聚集构成了世界的统一和谐与规律性。

　　作为新的诠释者,现象的潜能靠的是自我诠释的广度和质量。个体通过敬意和谐模式得以播撒而与其他个体共同发展,而且会逐渐涵纳扩充自然产生的其他个体。随着个体拓展自我吸收更大范围的"升",其自我诠释的潜能也相应增加。

四　道

1. 孔子之"道"

　　"道"在《论语》中出现了大约一百次,是诠释孔子思想的一个核心范畴。而且,我们会很容易看到,对该字的哲学分析会使我们对孔子宇宙论的特殊诠释更让人信服,因为,到目前为止该宇宙论还只是根据"德"和"天命"来表达的。

"道"字由两部分构成,"辶"(to pass over[经过], to go over[越过], to lead through[导向])和"首"(head[头], foremost[首先]),两个成分都有助于理解该会意字的意义。从这两个部首来看,"道"似乎本应是动词性的。首先,几乎所有以"辶"为部首的字都是动词性的。此外,《尚书》中"道"在众多地方被用在开渠通道"导引"河流,以免河水泛滥堤岸的语境中。而"首"这一成分也暗含"引领"(to lead)或"给出方向"(give a heading)的意思。如果将动词性的"道"视为原意,那么,它的几个派生意也很自然就出来了:"导向"(to lead through);"路"(road, path);方式(way)、方法(method)、技艺(art)、教导(teachings);解释(to explain)、讲述(to tell)。[73]"道"在最根本的意义上,似乎意味着主动筹划以"开创新路"(road making),进而通过意义扩展逐渐表示"(筑好的)路",因而可行于其上。

《论语》的注者们习惯将"道"名词化,将其解释为某种被责成遵守的先在理念。尽管《论语》确实专门涉及了这种意义上的"道"和对它的被动追从,但这却是在一种不赞成的意义上使用的:"民可使由之,不可使知之。"(The masses can be made to travel along it, but they cannot be made to realize it.)这就是说,仅使百姓采取一条现有的道路与"开创一条真正的路"是迥然有别的,后者更为艰难。我们将论证,知"道"就是通过加强和适当开扩我们文化前驱建立的生活道路来经历、诠释和影响世界。这种生存方式继而会为后代提供某种路标。因此,对孔子来说,"道"首先是"人道"。

孔子常常将"道"描述为某种由前代继承的遗产:

文武之道,未坠于地,在人。贤者识其大者,不贤者识其小者,莫不有文武之道焉。夫子焉不学?而亦何常师之有?(《论语·子张》)

The *tao* of Wen and Wu has not fallen to the ground—it exists in people. Those of superior quality have grasped its essentials, while the inferior have grasped a bit of it. Everyone has something of Wen and Wu's *tao* in him. Who then does the Master not learn from? Again, how could there be a single constant teacher for him?

"道"存于人,由人发扬、习得。[74]而且,每个人都是以特有和在质的意义上不同的方式接受和体现"道"的。文化传统中承续来的"道"有时就是代表性的历史人物:如文王和武王。[75]有时,它又等同于诸如"三代"或"古"这样的历史时期。[76]由于这些历史人物和历史时期是人类特定经验的真正象征,因此,这种归因于历史与"道"的"杰出人物":君子、善人、圣人[77]几乎没有大差别。尽管孔子有时选择将"道"等同于遥远的历史人物以及人类成就的崇高典范,但他也同样坚持认为"道"就在我们身边——我们的当代人、老师、甚至是家人。[78]"道"也常用于孔子本人,不管是用做"吾道"还是"子之道"。[79]

理解孔子之"道"(仅限于人类世界)需着重注意的是,人不仅是"道"的传承者,而且事实上还是其最终的创造者。

"义"的一个重要作用即它是"道"最初的根源。文化传统中承续而来的"道"在君子产生意义和价值的行为中获得传承和进一步拓展:"隐居以求其志,行义以达其道。"[80](《论语·季氏》)事实上,君子在"道"无法昭彰之处不是要做个隐遁者,而是要继续之,而且通过个人为世界赋"义"的能力使之获得新生:"君子之仕也,行其义也。道之不行,已知之矣。"(《论语·微子》)

《论语》中"道"的隐喻特质表明它有双面性,既是获得的遗产同时又是个人的贡献。"得道"被认为是为求道之人提供方向:"谁能出不由户?何莫由斯道也?"[81](《论语·雍也》)"道"是一个由文化环境构造的门户,个体就此走出他自己的路。它是一个起点,一个路标,而非最终的目的地。

社会好比一个我们锻炼技艺的车间,过去的经验是创造性获得"道"的预备阶段:"百工居肆以成其是,君子学以致其道。"(《论语·子张》)"道"是由求道者艰辛创造和哺育而成的,它的形成根本上靠的是人类行动:

君子务本,本立而道生。孝弟也者,其为仁之本与。(《论语·学而》)

The exemplary person works at the roots, for where the roots are firmly set, the *tao* will grow forth. Filial piety and fraternal deference—these are the roots of becoming a person.

人绝非仅是靠践他人之迹就可成就的,此论强调的正是这一常被忽略的"道"的创造性维度。[82]人类对"道"的发展和弘扬负有一种主动创造的责任。这样,"道"就是历史地综合累积而成的,而求道者打开有价值的领域:"人能弘道,非道弘人。"[83](《论语·卫灵公》)

"成人"之"仁"和"成世"之"道"的直接关系对阐明"道"的这一或然性很有帮助。"道"在整部《论语》中虽不是一直根据"仁"限定,但也是与之反复关联着的:

> 士不可以不弘毅,任重而道远。仁以为己任,不亦重乎? 死而后已,不亦远乎? (《论语·泰伯》)[84]
>
> The gentleman-scholar must be strong and determined, for his task is a heavy one and his way is long. Where he takes as his task becoming authoritatively human, is it not a heavy one? And where his way ends only with his death, is it not indeed long?!

人在其独特个体性与其独特境遇之间动态的相互作用中,既被限定又同时限定自我,因此,"仁"始终是深奥不明和难以拘定的。"道"是由一个发展的人和一个变化的世界共同决定的生死大道。

"道"根本上源于个体"成人"的努力,因此,它包含组织和建构人类经验历史过程的方方面面。它是在各种不同文化兴趣域中,由全部人类成就的和谐所统一的一个成就世界的过程。

孔子最钟爱的学生颜渊(颜回)描述了人在追随这难以捉摸的"道"一路上所要付出的艰辛努力,强调多亏孔子的不辍教诲,使他得以继承孔子的道路:

> 颜渊喟然叹曰:"仰之弥高,钻之弥坚,瞻之在前,忽焉在后。夫子循循然善诱人,博我以文,约我以礼,欲罢不能,既竭吾才。如有所立卓尔,虽欲从之,未由也已。"(《论语·子罕》)
>
> Yen Yüan heaved a deep sigh: "The more I look up at *tao*, the higher it soars; the more I penetrate into it, the harder it becomes. I am looking at it in front of me, and suddenly it is behind me. The Master is good at drawing a person forward one step at a time; he broadens me with culture and regulates my behavior with ritual action. Even if I wanted to quit, I could not. And when I have exhausted my abilities, and seem to have established myself, it rises up. Even though I want to follow it, there is no road to take."

自然,我们也会在《孟子》中找到颜回之"道",而且是将之与古代圣人禹和后稷相提并论的。[85]这儿无疑表述了一条由文化先辈们铸造且一直都向求道者开放的路,使他们的道得以由生命的起点走向终点。但环境(命)会变,世代也会荒废和迷失道:"道之将行也,命也;道之将废也与,命也……"(《论语·宪问》)

孔子本人就生活在古之"道"迷失之世,时命导致无法通达一种有质量的生活。这样,就需要人担负起为未来的人清除、开创出一条新路的责任:"天下之无道也久矣,天将以夫子为木铎。"(《论语·八佾》)《论语》的一个主题就是强调有些人必须肩负起恢弘、回返古之"道"且找到新起点的责任。[86] 而当一个人不能通过"仕"而弘道时,他还可以身退以"卷而怀之":

直哉,史鱼!邦有道如矢,邦无道如矢。君子哉,蘧伯玉!邦有道则仕,邦无道则可卷而怀之。(《论语·卫灵公》)

How straight is Shih Yü! When the *tao* prevails in the state, he is like an arrow, and when it doesn't, he is still like an arrow. And what an exemplary person is Ch'ü Po-yü! When the *tao* prevails in the state, he serves in office, and when it doesn't, he rolls himself up to be bucked away.

"道"是人类文明绵延不断的过程,是一代又一代的人们勘察和铺垫出的人类经验的一种诠释。尽管"道"的具体化总是体现于某个个人的独特视角,但历史人物与其时代的绝对区分却消泯在"道"融合汇通的扩展中。"道"的统一是由这样一个事实表达的,即每一当下视角都是所有过去现象的作用,也是所有未来可能性的基础。过去不仅会投射到现在和未来,而且从现在来看,过去本身亦是受到了不断的修整和重铸。因此,孔子进行中国文明当下文化的改造,而且他本人也不断被后代的视角及其不断转换的价值观所重塑。

或许，我们可以用性质术语对"道"加以描述，即它是由连续不断的视角整合和带入可理解性之中的文化之流的汇集。由于"道"带有各种各样的价值域和不同程度的成就，因此，其较低的层面可被描述为"小道"[87]，如果还不至于"道不同"[88]的话，其更高的核心层面就是人一生所志的"道"[89]。

"善人"之"道"和"君子"之"道"都达不到"圣人"。[90]显然，《论语》中所谈的不是完全不同的"道"，而是根据不同程度的关注点和涵容性而获得的不同视角：

> 君子之道，孰先传焉，孰后倦焉，譬诸草木，区以别矣。君子之道，焉可诬也？有始有卒者，其惟圣人乎！（《论语·子张》）
>
> In the *tao* of the exemplary person, what is to be conveyed first and what is to be placed last? The *tao* is analogous to the plant world in that category distinctions can be made. But how could there be any "error" in the *tao* of the exemplary person? It is just that it is only the sage alone who knows the route from first step to last.

"道"诠释文化兴趣每一领域的价值，它是多面的：有"师之道"[91]"射之道"[92]"为臣之道"[93]"天道"[94]。考虑到孔子特别关注社会政治问题，因此，《论语》中，"天下之道"、邦国之道处在核心地位。[95]每一历史阶段的每一重要文化人物都不仅以其独特方式取"义"于其独特的社会环境，而且还以其前无古人的贡献,使"道"之原动力趋入一个新的进程。

我们可强调个体之"道"的独特性,或者强调其作为潜能之源的连续性。但强调"道"的多向性和个体创造性的同时,我们却不希望忽视其根本的连续性。但我们认为,一直以来对孔子思想中连续性的热情关注,压制了对另一品格的感知与欣赏——那就是"道"所固有的创新性与独创性。

2. 道与超验

我们花很大功夫勾勒和论证了孔子之"道"这一概念中人的核心创造性作用。我们将个体之"道"解释为以特定的人类方式来关注世界。如果将我们的诠释与把孔子之"道"视为某种超验原理的秩序做个对比,或许就很容易理解我们诠释的深意。由于我们反对某种已有的对孔子思想的解读,因此,与我们是不乏相对照立场突出代表的。

韦利在他所译《论语》一书的导论中,将"道"定义为"某种一贯正确的统治方法":

> 因此,"天下有道"意思就是有一个好的治国之法;或者可以说是"治国之方"。孔子相信"古人有道",有"治国之方"。这就是说,他相信古代君主贯彻了"一贯正确的统治方法",当今治国之策就在于重新发现这一方法。[96]

韦利意识到这一有限的定义不足以涵括《论语》中所有的"道":

似乎还有其他的"道";因为孔子谈到了"此道"和"吾道"。但一般而言,就像我们从有关周代的创建者以及他们之前那些半人半神的人的故事中所推知的那样,《论语》中的"道"只意味着一种——"古之道"。[97]

刘殿爵不愿将"道"的范围仅限于政治领域,将之释为"宇宙和人类真理的总和":

孔子赋予"道"的价值可从他所谓"朝闻道,夕死可矣"(《论语·里仁》)的话里看出来。在此意义上,"道"似乎包括宇宙人生真理的总和,而且不仅涉及个人,也谈到国家的"有道"或"无道"。[98]

同韦利一样,刘殿爵也强调"道"之某种暂时的个人化用法:

"道"还用于另一种有细微差别的意义。它还被称之为个人之道,比如,"先王之道"(《论语·学而》),"文武之道"(《论语·子张》)或"夫子之道"(《论语·里仁》)。在这种专门用法中,"道"自然只能是所涉之人追循的"道"(方式)了。[99]

而且,刘殿爵仍然将"道"更重要的用法与西方思想发展史中如此突出的超验原则相联系：

> 因而，"道"是一个表示高度情感的词汇，非常接近西方哲学和宗教著作中的"Truth"这个词。[100]

芬格莱特对"道"的诠释算得上是最充分翔实的。他将"道"定义为"一贯之道"（way without crossroads）[101]，他的意思是，"道"是一种"单一、确定的秩序"：

> 孔子信奉单一、确定的秩序，这一点我们只要注意一下孔子所视为正"路"之外的另一条路也就显而易见了：即枉道、无道或便辟之道。这就是说，对"秩序"来说，"另一种选择"只能是无序、混乱。[102]

对芬格莱特来说，"道"，这大写的"the Way""the Path""the one Order"具有必然性和绝对性。它的意义独立于它所贯注的个体而客观存在，因此，它是某种超验的道德原则：

> "道"曰：任何处于我目前状况下的人都应如此——我的"名"不固属于"道"或"礼"。"道"的所有方面都有一个内在的一般性，实质上不指涉个别。我的个人存在是或然、条件性的，而"道"并非如此。"道"不仅独立于这样一种指涉，而其道德权威也的确不依靠对我（作为独特存在物）的参照。[103]

尽管将"道"解释为某种超验观念的评注者会与芬格莱特的某些结论相左,但芬格莱特所做的似乎也只不过是以一种系统的方式展现了将孔子归于超验。我们认为这一归属最严重的后果就是它大大残害了孔子"人"的观念。

在芬格莱特看来,运用这一客观存在的判断标准实属公认的事:

> 我们或许会意识到不会有两种同样有效的选择,这假定了只有一种正确行为。因此,自然这样的问题是成立的:"这怎样,这是对的吗?这是正道吗?"用更通常的话来说,关键不是要做选择而是要描述对象或行为客观上是对还是错……不是从各种矛盾倾向中选出(choosing)或决定(deciding)一个,而是对之加以区分或"辨"别(discriminating)……总之,我们的任务是根据知识而不是根据可选择性提出的。[104]

这当然暗示人是按照客观标准塑造和认识的:

> 《论语》中人的基本概念就是,他是生于这个世界(更专门说是社会)可被塑造为真正的人的潜能……如果他没能够按照理想来塑造,那么,正是由于这一欠缺他背离了"道"。[105]

这一由"道"限定的"人"的概念摒弃了人自愿创造有意义生活所必需的个人自主性:

> 人不是一种根本上自主的存在——他身上没有与生俱来的内在决定性力量,而是有一种力量会从所有真正的可选择性中为他做出选择继而塑造他的生活。[106]

芬格莱特认为,要"行道"就必须驱除个体意愿,使"自我"顺从"道"的尊严:

> "行道"……会增强、稳固个人的"目标"或方向,使之得以坚定不移地走在真正的"道"上:他是一个文化人。"行道"使"道"巨大的精神威力内化于他。[107]

芬格莱特对"道"的解释使"人"成为"道"的精神性赖以体现的渠道或媒介。意义和价值的本源是这一客观的"道",人的成就越大,人的独特性就越少,"道"性就越大:

> 由于"君子"的意愿是"道"这一理想产生、形成和实现的媒介,因此,"君子"之"我",作为纯粹的个人是一目了然的……它是一种表达,虽然没有创造性却很恰切地表达了这句话的精神:"不要成就我的意思,却要成就你的意思。"(Not my will, but Thine be done.)[108]

事实上,对芬格莱特来说,"个人"在任何重要的意义上其目标都是"道"。不管是背离了"道"因而不可称之为"人"的人，还是为屈从更高理念放弃个体独特性从而成"人"的人都是如此：

> 理解"君子"之志的含义乃是认识"道"，而非作为个体之人的"君子"。"自我"体现于个人主义者的意志上，而"道"则体现在君子的意愿上……根本不会有个人意愿的置入，不管是通过生理、心理、法律或政治手段，相反，一切都自然地协调在"道"所限定的互敬互爱的和谐中。[109]

我们认为，这样诠释"道"未能给出孔子"人"的概念的全部意义。该诠释将人的实现化约为某种外在已有的图式，剥夺了人作为人之意义和价值根本创造者的角色。据此，"成人"的工作基本上就是一种逻辑命题，其中，个体必须满足某些必要条件以完成先定的产品。自我决定变为顺从和模仿，创新是一种过失。人的实现更是一种产业，而非艺术；是复制而非创造。芬格莱特的诠释与孔子的"成人"观念是相抵触的，在后者那里，"成人"是某种不受限制的开放行为，其中，文化积累以及随之而来丰富的可能性促成的是真正的质的生长。

用芬格莱特自己的比喻来说，人类的交响曲已经谱写和编配，"成人"就是以"创造性展现原创音乐精神"[110]的方式来演奏它。尽管芬格莱特确实允许演奏者必须"以某种创造性的、艺术的充满活力的方式"诠释乐谱，但他将这种"创造性"与西方后浪漫主义所赞颂的"具有高超原创能力的作曲家不仅在旧形式中创造出新乐章，而且还创造新形式"[111]的"创造性"区分开来。

如果芬格莱特的分析正合孔子原意,并且如果孔子认为,人更应被理解为演奏者而非创作者,那么,我们就会得到孔子对"乐谱"的另一种表达。我们会期望对"道"起源的解释,一种关于其内容更为清晰的说明,以及对与之奏和的人的更为直截了当的描述。我们将会期望一套反映真理的指挥规则,一旦找到即可广泛普及。而且我们还会期望,会有一条明显标示的"一贯之道"和一个明确的目标。

然而,却有一个事实与芬格莱特的理解相悖,即在孔子那里,称职的指挥能够适应观众的变化。宽容和灵活的态度渗透在孔子思想的方方面面。同样,"道"也具有非常突出的不确定性,它的多样性和多义性明显体现在它与不同历史人物、人类成就和广泛的文化趣味的普遍关联中。另外,"道"的内在结构——"礼"——本身也是可变的。"礼"源于人之"义",只有个体的独特性才会使之获得重塑和用之得宜。最后,孔子所赋予行动者与行动的反成性关系以及知行合一,都要求"道"是某种需要实现而非仅仅遵从的东西。所有这一切都证明,对我们理解"道"来说,芬格莱特"遵循乐谱定好的路子"[112]来演奏的音乐表演大师是一个尚欠火候的譬喻。

五 天 人

1. 点域论

有关部分/整体关系的概念有几种模式。部分有可能是整体的一个构成成分；或者，部分是有机体功能上相关的成分。前一个例子中，各部分并非本质上相关；第二种情况，各部分在符合有机体的目的或功能的意义上彼此内在关联。第三种模式则体现为，整体作为一种全称或原型，部分则是特称或引证。在这一情况下特称是证明全称的一类条目中的一个。但与我们的研究最为相关的则还有一种，其中，部分在预示的意义上反映或包含整体，该模式是一种全息模式。

从全息的观点看，"部分"与"整体"的关系最好根据点和域（focus and field）的观念来描述。个别是一个焦点，它既为语境（它的场域）所限定又限定后者。域是全息性的，也即，它的建构方式使得每一个可识别的"部分"都包含整体。从根本上说，一个既定部分与其整体会在场域被以某种特别强烈的方式聚焦时变得完全一致。根据这一模式，"德"指确定某一可识别"部分"（如一个人）诠释"整体"（即其社会环境）的模式。就像我们上面所论，"天"是"德"（作为其确定关注点）的万物之域。

我们用特定点（particular focus）意在强调这样一种观念，即，每一关注点都是建构其独特语境的可选择性整体的中心。所有的可选择性焦点体现了可选择性整体的概念。在此模式中，没有一个覆揽的整体，没有一个包括所有点的单一语境。个别焦点间的关系是由每一焦点提供给全体的不同视角决定的。从种种可选择性特征中抽象出的"全体"本身，仅仅是由诸可选择性焦点限定的秩序附加的总和。

"道"（整体指称）是"天"功能上的对等物。儒家和道家或隐或显都把存在理解为某种由种种互补力量的相互作用构成和产生自身运动的过程。该过程是由循环式的语言来描述的：盛/衰、盈/亏、浓/淡、聚/散。所有存在构成一个连续统一体，据此，每一状态都建构于由它自身推动力和确保它的诸条件基体决定的转化过程中。"德"不是根据分离的、实在论意义上的自—性（self-nature）来理解的，而应理解为存在过程中的一个焦点。当展现其独特性和差异性时，它是个别；当根据决定它的诸条件整体来看时，它是万物的场域。

我们的根本观点即，早期儒家和道家在很大程度上分享一个由"点域"观限定的共同的过程宇宙论。道家传统中，该宇宙论在《道德经》（"道"与"德"之经）中"道"与"德"的反成性关系以及其他相关文献中有明确阐明。从个体"德"的视角在全体和整体性意义上看待的存在过程（或场域）被称为"道"。但当根据诸单个统一体的整体来看，该场域又是个体化的点（或德）的组合。

早期儒家传统中同样隐含的宇宙论体现在作为场域的"天"和作为焦点的某种确定的社会关系中。由于儒家将其关注重心主要限定在人类世界，因此，道家道—德反成性功能上的儒家对等物即天—人，即"天"和个体化的人。"天"和个体化的人之间的反成性关系体现在对"天人合一"根本的信奉中：天和特定的人的统一。

当然没必要非用诸如"焦点"和"场域"这样技术性的词来说明"天"与"德"或"天""人"之间的关系。倘若我们出于谨慎要给出一个必要限定，我们或可同样适当地借用一个中国佛教中的例子。想一下法藏"立镜现相"的故事：

唐代佛教圣人法藏受武则天之令说《华严经》六相十玄之义。法藏在一室的四方四角和上下各处都布上镜子，然后在中间置放一尊佛像。法藏手执一灯照向佛像，示范诸镜所映佛影又如何返回镜中，造成光影交织，佛影叠映的无限之景。法藏以此为例说明万物圆融互聚的特征，成为华严宗诠释传统教义"法界缘起"（codependent arising）的基础。

我们并非主张孔子是个佛教徒。我们的观点更简单，尽管或许同样更具戏剧性：法藏"立镜现相"所表明的"圆融互聚"现象是古汉语的特点，我们稍后将会有详尽讨论。孔子理解的社会关系的概念使他根据礼和社会角色来描述个人，此观念与汉语本身的功能性特征是一致的。尽管我们确实承认孔子极少愿意谈他思想的宇宙论含义，但我们仍然认为，倘若他愿意谈的话，他的观点跟道家或华严宗的宇宙论思想也不会根本上截然对立。

我们不应该过分强调这一共性在宇宙论思想上的价值。孔子声称不愿明确谈玄思有其重大的社会学深意。孔子思想中的救世主义向度强调自我实现的具体人际和社会环境。孔子不是通过玄思提供"救助"。空洞的玄思不仅无用而且实际上还是有害的，因为它会妨碍"成圣"的努力。尽管如此，我们还必须注意到隐含在孔子哲学思想中的宇宙论信念。

考虑到《论语》对社会政治问题的首要关心，因此，尽管它并未对部分和整体关系提供完全清晰的表述，但却强烈暗示了这一效果。例如,尧就是因为具备为君为人的典范资格,因而被描述为可比于"天":"大哉,尧之为君也！巍巍乎！唯天为大,唯尧则之。"(《论语·泰伯》)孔子本人也被用专有的宇宙词汇描述:"仲尼,日月也,无得而逾焉。人虽欲自绝,其何伤于日月乎？多见其不知量也。"(《论语·子张》)一个可比于"天"的人,也愈加为世所瞩目:"君子之过也,如日月之食焉:过也,人皆见之；更也,人皆仰之。"(《论语·子张》)

《中庸》对孔子的描述或许是"天"与"完人"之间暗合关系最清楚的表达。一个人因为有德行且获得其他人的尊敬,因而逐渐变得可比于"天";而"天"也相应会变成孔子式的人,因为孔子从自己角度以同样的敬意模式所诠释的整体的"天",为人的世界设定了榜样:

> 仲尼祖述尧舜,宪章文武。上律天时,下袭水土。辟如天地之无不持载,无不覆帱。辟如四时之错行,如日月之代明。……唯天下至圣……溥博如天；渊泉如渊……故曰,"配天"。[113]

圣人因与世界合德进而滋养和发展了万物的归一,因而,他可称之为"配天":"大哉圣人之道！洋洋乎,发育万物,峻极于天。"[114]

和其他几个概念的情况一样,我们这里对孔子的诠释在某种程度上也与西方存在主义传统有所回应。[115]我们承认这一相似性,但却强调孔子的"存在主义"在为个人—社会关系的点/域模式限定时,则会失去它许多"存在主义"的典型品格。"天命"作为意义的最普遍表达,是由现存事物之域中所有相关之焦点建构的。尽管它似乎指涉任何个体的点,但在孔子看来,似乎只有在那些已拥有"德"性,通过榜样的方式使之成为意义和价值聚焦点的人身上,才可获得"天命"。获得该成就的前提是明"古之道"。明"古之道"的人成为"天"之"焦点",即"天人"合一之"点"。

2. 孔子思想的宗教性

尽管"天人合一"这个表明天人一体的专用语并非产生于早期古典时期,但它却是理解通常所谓中国宗教性根本特征的一个有利的表达。[116]它强调点域的彼此依赖,而非个体之间的分离和独立。"天人合一"需要用整体来诠释充分整合的个体。

从传统的角度概括而言,对创世主和人类的二元论,古典中国给出的是另一种解释:人是这样一个连续统一体——他在努力实现自身时成为神。《孟子》有谓:

> 可欲之谓善,有诸己之谓信,充实之谓美,充实而有光辉之谓大,大而化之之谓圣,圣而不可知之之谓神。[117]

杜维明在对《中庸》的研究中发展了这一主旨:

> 天人之间的关系不是一种不可调和的一对一关系,而是不可分割的一个整体。在此意义上,圣人作为人之为人

最真的体现不是与天同在,而是表现为与天相合……尽管天与人之间有某种概念上区分的可能性,但在本质上,在其最深的实在上,它们组成了一个牢不可破的有机的连续统一体。[118]

先秦著作中,我们会发现有所谓"天命之谓性",[119]《论语》中有"天生德于予"(《论语·述而》)的论述。为了不至于将这些章节解读为含有某种超验的神,我们最好仔细注意其他著作同样显然不支持天人区分的论述。例如,《庄子》就反复将人的实现描述为"配天"[120],这并不仅限于道家的神秘主义。《孟子》宣称"万物皆备于我"[121]以及"知其性,则知天矣"[122]也同样表明天与人的相合。《中庸》不仅谈"高明配天"[123]而且更为明确地将孔子论述为:

肫肫其仁,渊渊其渊,浩浩其天。[124]

杜维明谨慎对待《中庸》这些章节中所表述的孔子:"当然,这里'配天'的表述并不意味着暗示孔子在某种意义上就是被神化的。"[125]但事实是孔子是被神化的,或者更确切地说,孔子神化了自己:一切传统共同的"宗教"之根本含义就是"结合"——个体寻求整体化,寻求整体中的适当语境。但在犹太—基督教传统中,神代表秩序、价值和存在的意义,宗教就表现为个体与上帝的结合或沟通。而在孔子的内在宇宙中,个体处在一个消弭了部分与整体区分的世界,他得以成为万物之域中意义和价值的一个独特焦点,通过整合实现这同样的结合事业。

在孔子"仁"的定义中可找到这种整合:"克己复礼为仁。"[126]个体在克服自我/他者区分的过程中,通过礼仪化行为成为真正的人。而在其完全成为"天人"的过程中,人成为"神"。

西方的"宗教性"在最根本的意义上,指个人完全投入到对万物所在的整体之域的意义和价值的感知和理解。怀特海对宗教直觉提供了一个生动的说明:

> 就像原始森林中一片孤零零的沼泽地中一朵小花那纤妙的美丽。没有任何动物会敏感地感受到它全部的美。然而,这美仍是宇宙中庄严的事实。当我们纵览自然,想到动物对它的每一份奇妙的欣赏又是那样的浮光掠影,一瞬即逝,当我们意识到每一朵花那每一部分的细微构成和每一份细小的颤动,而我们又是怎样无能去感受这全部——我们的意识就会产生感受细微之于全体的价值。这是对神圣的直觉力,对神的直觉——这是所有宗教的基础。[127]

或许,这一宗教直觉最深切的形式就是反思:人了悟到应敬畏个体之"义"之于整体的价值。当个体将自身视为从其个体视角解读的整体的中心点时,这一了悟最为深刻。

中西传统对这一部分与整体、焦点和场域的关系的看法是不同的。在犹太—基督教传统中,上帝是超验的根源,意义和价值的标准,宗教性根本上被理解为崇拜。施莱尔马赫(Schleiermacher)把宗教定义为某种绝对需要的感情就表明了这一点。

道德作为符合一定的行为规范,依靠源于神律和信念而成为宗教。上帝和整体意义似乎能够主动降临于世。甚至人与人之间的爱也是由参与到上帝确保的爱"agapé"而实现的。因为道德就像领圣餐、祈祷和忏悔这样的礼仪行为涉及敬畏,它具有展示个体对卓越秩序信奉的作用。

古典儒家体系的宗教性则根本不同:宗教不强加遵从或附属的命令,而是要求人像一个有权威的典范一样建构自我。这就是说,意义、价值和目的不是一个叫做上帝的人所给定的标准而存在的,而是创造于人与其语境、人与天的相互作用中。

对孔子来说,不仅是"天",而且展示意义的人也是尊崇和敬畏的对象:"君子有三畏:畏天命,畏大人,畏圣人之言……"(《论语·季氏》)在人和天的相互作用中,人因对现有意义的尊崇和体现而成为"权威"(authority),而且他还会进一步成为"创造者"(author),对现有意义做出创造性调整并创造新的意义。

中国传统的宗教性由于长久留存于文化传统的制度和结构中,因此确实要求对传承的意义和价值的尊敬。这显然体现在对"礼"的认识和富有意义的创制的重视。但宗教性还有更多的含义。它要求个体之义(道德判断)能够为传承意义进行主动的赋值、改造和扩展。这就是说,"礼"最终的起源、得以延续的工具以及创新的源泉都来自于个人之义的践行。人并不是仅仅通过尊敬和模仿某种已有秩序来追求与整体的合一。以真正"礼"的方式践行的能力是"成仁"的先决条件。正如孔子所谓:

"人而不仁,如礼何?人而不仁,如乐何?"(《论语·八佾》)人拥有某种主动、参与的作用。他并不是仅追随指定的法律、规范,他还参与对它们的制定。他并非仅追随"道",他还可以弘道。

古典儒家从作为"权威"典范的圣人中找到意义和价值的根源。这与根据超验的神或原理来决定意义和价值根源的传统是迥然有异的。西方是由某种先在的标准决定着人存在的意义;而儒家中的典范则因其成就会引起其他寻求"成人"之道的人的创造性模仿。如果说最深远的宗教直觉实际是感受关乎整体的个体之义,那么,古典儒家结构中个体及其世界(天人)的相互依赖、彼此限定,似乎就成为以特有的宗教语言解释"天人"的重要基础。

值得注意的是,对孔子来说,宗教性需要坚持不懈的努力。儒家感受性所需的"天人"之间独特的内在性关系不可能源自某种生命终结时的大彻大悟,而是必须靠一生勤勉努力来感受和实现的人的意义。

犹太—基督教传统对"崇拜"的强调与儒家关注"成仁"的差异,可通过揭示《论语》中孔子的宗教性来说明。如果我们以西方范畴来解释孔子的宗教性,而且要求他同样重视"崇拜",那么得出的结论只能是:孔子的宗教性只能在有限的意义上成立。孔子不承认作为绝对真理的超验原理的存在,因此他对宗教遵从的程度必然大为减弱。他确实坚持奉行礼仪,但这一敬意的对象是对文化有深远贡献,由祖先和代表传统制度、习俗的神祇们所体现的意义之源。这种敬意也不过是人类宗教性的一个方面。真正的宗教情怀则是,自我独创性的参与以及自身德行能够为个人通过敬意行为获得的意义赋值:"务民之义,敬鬼神而达之,可谓知矣。"(《论语·雍也》)对孔子来说,"崇拜"不能穷尽宗教的意义,宗教更重要的在于人选择过怎样的生活:

子疾病,子路请祷。子曰:"有诸?"子路对曰:"有之。《诔》曰:'祷而于上下神祇。'"子曰:"丘之祷久矣。"(《论语·述而》)

The Master was gravely ill. Tzu-lu asked if he might offer a prayer on his behalf. The Master queried, "Is this done?" Tzu-lu replied, "Yes, there is a eulogy which states: ' We pray for you to the gods of heaven and earth. ' " The Master said, "Then I have been praying myself for a long time."

孔子这里强调的是,人与神的适当关系只有通过一生的修身才能产生,而修身是奉行礼仪与个人能动性的彼此强化。人成为意义的创造者因而具有"配天"的能力,这样,他就不仅是承认和赏识某客观先定的整体的意义,而且还发挥了主动作用。他真正参与到意义创造的事业。因此,儒家传统中,不仅"天"是人格化的"天",而人也是"神"化的人。

六 儒家宇宙论:情境化艺术

对"天命""德"和"道"的探讨,使我们引出了这些术语新的含义。但如果我们想要获得孔子宇宙论连贯一致的整体形象,就一定要突出这些概念间某些独特的关系。这样说显然会遭到批评,即我们似乎人为地扩大了这些概念的一致性,而孔子或其弟子有可能并不这样认为。在引出孔子思想中宇宙论含义时,我们已经大胆地代表孔子说了恐怕比他本人想说的还要多的话。甚至我们更冒险地谈到孔子绝对没有系统性表述的那些概念间的"体系性"关系。为了捍卫我们的合法性,可提醒大家回想一下本书首章所论"thinking through"(通过……而思)的意义:"学"(learning)与"思"(reflecting)二者结合奠定了"知"(realizing)——我们通过说明重要概念以及详细阐述这些概念间的关系来表述孔子的宇宙观,目的就是为了"知"(realization)。

我们已经根据"点域"模式说明了"德"与"天"(或"天命")之间的关系。"德"志在于"天"。对君子和圣人来说,"志在于"的行为就是一种整合与参与的活动,因为,越强烈专注个别,就越完整体现整体。这一专注行为最终是由"天人"表达的。

而"道"与"天"和"德"之间的关系则更有问题。"道"就其作为人类行为结果来说是自然发生的;它是作为文化传统积淀的"成人"模式。"道"与"德"和"天"二者都直接相关。孔子或颜回因其德行在传统中受到尊崇而成为"道",于是继而有了"道德"。同样,"道"也可用于万事万物的整体——"天",因而关涉社会环境——即关涉王权或国家。如果孔子同道家一样关心更大的宇宙问题,那么,"天道"除了表述人类存在已获得的模式外,还会指涉自然环境及其规律和和谐的韵律。但由于孔子真正专注的是人类事务,"天"所代表的范围基本上是人类世界,整体就是人类社会。正是缘于此,"天道"或许只不过是"仁道"——人的文化传统的另一种说法。

通过"思"孔子哲学中某些宇宙论内涵,我们得以进一步证明我们对《论语》某些主要观念给出的有争议的观点。我们始终强调孔子哲学以及整体上古典中国哲学思想的审美维度。孔子思想中的宇宙论观点与我们的强调是一致的。孔子"天""德"和"道"的概念是以审美秩序而非理性秩序为基础的。但如果我们不能够理解这一事实,给这些概念某种理性的解释且试图根据先在决定的原理来理解它们,那么就会严重损害孔子思想的整体性。

孔子不提供某种"存在的一般理论"或"普遍科学原理"的基础。他提供一种审美知觉,一种"情境化艺术"(ars contextualis),其中,"部分"与"整体"("点"与"域")的相互关联——使得万物的彼此依赖取决于由社会角色和功能决定的种种特定语境。"天"是意义的源泉,但它不是纯粹可能性的外在知识库;"天"包括传统的过去,传统是人类行为累积的产物。"德"是个体在自我语境中独特凸现的卓越,它不是实在论意义上给定的,而是同时专注个体与其语境之万物已获得的视角。"道"则是自我实现的个体作为意义和价值的独特焦点时,从其种种行为中自然生发的。正是这样的人对"天命"有某种决定性的影响。

孔子的宇宙论思想或许可解读为与"思"和"成人"相关的过程的普遍化。"天命""德"和"道"之间的彼此关联就像"学""思"和"知"的关联那样:拥有传统、加以反思、然后实现;或者就像"礼""义"和"仁"的关系:确立的礼仪,通过有意义的行为派生和赋予意义,获得"权威人格"。孔子宇宙论是一种普泛化的社会学,一种行为方式的观念,其中,人在以传统为根基的社会环境中产生,与此同时,为适应目前种种境遇(命)的情况下保持对新诠解的开放。

当然,或许同样有理由宣称,孔子对"思"和"成人"的理解是对上述更为一般的宇宙论概念的具体例证。但我们必须对这种说法抱极其谨慎的态度。因为,尽管一种宇宙论概念可以强调与理解整体事物相关的一般概念和专门概念,但要正确理解孔子思想,就应充分认识到他对玄思的搁置,以纠正我们自己凡事从思辨出发的习惯。我们重建孔子思想宇宙论含义的尝试,正是针对后来新儒家的误读,以及当代盎格鲁-欧洲哲学家们的潜在误读。

如果孔子原本是一个玄思哲学家,那么,我们就此可结束对他思想的探讨了。事实上,我们顽固守旧的西方读者或许会相信我们现在已经强调了决定性的问题。当然,事实绝非如此。孔子是第一个也是最重要的教育家、沟通大师。孔子思想的顶端是"圣人"这一概念。探讨"圣人"这一概念会涉及语言的意义和沟通行为,因为它们都相关于"成圣"的过程。沟通,对孔子来说是一种协调行为,一种在沟通者和传达者之间实现和谐的行为。我们将会看到,这一协调行为预设了我们所讨论的孔子的每一重要概念。因此,探讨语言在沟通行为中的作用,将会使孔子感受性获得最根本的表达。

注 释

[1] 怀特海:《科学与现代世界》,第71页。

[2] 韦利对此评注道:"他不谈是否'天'决定所有人类行为……他拒绝给'善'下定义……"(韦利:《孔子〈论语〉》,第138页。)

[3] 孔子和苏格拉底对"理性化"思想的态度有某种有趣的相似性。在以斐德若(Phaedrus)名字命名的一篇对话的开篇,斐德若问苏格拉底对神话真理观的看法,此观点一直受制于诡辩派的理论诠释。苏格拉底不屑于去想这个问题,他说到:"阿波罗神谕告诫我,首先要认识你自己。一个人对自己还一无所知,就急着要认识那些跟他不相干的事,这在我看来是很可笑的。"《斐德若篇》(Phaedrus),选自《柏拉图对话集》(卷一),229e-230a。

　　苏格拉底这里没有说这种思想不可能,《论语》似乎也没有这样的主张,他们只是认为不需要优先考虑这些问题。这里有两个原因:"认识你自己"的训谕总之要比抽象的哲学化思考意义更重大;其次,如果要进行此种哲学化,则应将道德直觉设为它的适当根据。

[4] 参阅马丁:《作为普遍科学的形而上学和作为一般本体论的形而上学》,第219—231页。

[5] 亚里士多德在其哲学工作中将一般本体论和普遍科学二者组合在一起。但他沿着理论、实践和有成效的原理而规划的学科以及他所探讨的知识(episteme, ἐπιστήμη)方法论或他《分析后篇》(Posterior Analytics)中的科学知识,都表明了他首先倾向于分类,这使得他的思想鲜明地向着普遍科学的方向塑造。如果说现代的例子,后期海德格尔显然在他对技术社会及其"计算思维"的批判中就涉及了普遍科学的种种传统问题。怀特海同样没有专门避开本体论问题,他关于作为构成"终极"范畴的"创造性""多"和"一"的学说,以及他根据"本体论原理"所定义的现实世界的真正实体(所有建构现实和可能存在物的条件都必须在构成其所是的

实际实体中找到)都表明了对某种一般本体论的倾向。但显然,怀特海强调普遍科学设定了他处理本体论问题的方式。

〔6〕 参见本书第五章,第254、290—292页(本书旁码)。

〔7〕 "情境化艺术"(ars contextualis)这一术语在这里被用来表达孔子的"审美"宇宙论思想。与考察事物存在的一般特征(一般本体论)或说明普遍科学的原理相对照,儒家感受性可以说预设了语境化的行为模式,其中语境中的所有成分都是由其阐释该语境的贡献或者该语境对该成分的建构所做的贡献评估的。该术语作为描述儒家宇宙论的特定含义会通过"天命""德"和"道"之间关系的描述而变得更为清晰,这也是该章的主要目的。

〔8〕 高本汉:《汉文典》。

〔9〕 《道德经》第二十五章。

〔10〕 《道德经》第十四、二十二、三十九章。

〔11〕 比如,杜维明就明显祛除了《孟子·尽心上》中"天"之明显的拟人化神的特征。他引述刘殿爵"Our body and complexion are given to us by Heaven"的翻译,评注道:"我认为,如果'Heaven'不是被误解为拟人化的神,那么,它相当恰当地传达了汉字'天'的意思。"(杜维明:《人性与自我修养》)

〔12〕 例如,可参阅理雅各:《中国经典》,第三卷,第74页。

〔13〕 卫德明:《〈易经〉中的天、地、人》,第40页。

〔14〕 例如,杜维明:《中庸》,第104、116、127、129页。

〔15〕 牟宗三:《中国哲学的特质》,第20页。

〔16〕 同上书,第16页。

〔17〕 同上。

〔18〕 《论语·子罕》。

〔19〕 《论语·颜渊》。

［20］《论语·宪问》。

［21］《论语·子罕》。

［22］《论语·季氏》。

［23］杜维明:《中庸》,第 116 页。

［24］《孟子·尽心上》。

［25］唐君毅:《先秦思想中之天命观》,第 195 页。

［26］《左传·成公十三年》。

［27］《孟子·尽心上》。

［28］《孟子·万章上》。

［29］《中庸》第二十六章。

［30］唐君毅:《先秦思想中之天命观》,第 195 页。

［31］叶山:《墨家战争观:科技、技术与正义》,第 560 页。

［32］刘殿爵:《孔子:〈论语〉》,《序言》,第 25 页。

［33］《墨子·非儒下》。

［34］刘殿爵:《孔子:〈论语〉》,《序言》,第 25 页。

［35］还可参阅《论语·宪问》。

［36］还可参阅《论语·子张》。

［37］《左传·哀公十四年》。

［38］《论语·述而》。

［39］《论语·卫灵公》。

［40］刘殿爵:《道德经》,第 24 页。

［41］同上。

［42］《道德经》和《庄子》内篇都没有"性"这个词。

［43］参阅萧公权:《中国政治思想史》全篇各处。

［44］如可参阅蒙罗:《古代中国"人"的概念》,第 147 页。

［45］参阅安乐哲:《古典儒道修身思想的共通》。

〔46〕 他们的观点是"升"也表示"登"(to climb)的意思,该词在齐语中也习惯用于"得"。因此,这里的"升"实际上表示"得"。

〔47〕 高本汉:《〈尚书〉评注》,第 120 页。

〔48〕《说文解字》中有"直"字的小篆古体,有"木"字作为部首。

〔49〕 清代注者像段玉裁曾试图扭转该解之"外得于人"的部分,说明"德"之"施惠"之意,但这损害了其语法意义。

〔50〕《道德经》第三十四章。

〔51〕《论语·学而》。

〔52〕《论语·宪问》。

〔53〕《论语·泰伯》。

〔54〕《道德经》第五十四章。

〔55〕 同上。

〔56〕 同上。

〔57〕 例如,《礼记·乐记》称:"德者,性之端也。"我们用"natural tendency"而非"nature"来翻译"性"强调的是其过程和成长的含义,并且避免实在论的"自一性"观念。

〔58〕《中庸》第一章。

〔59〕《道德经》第二十八章。

〔60〕《周易·上经·文言》。

〔61〕《道德经》第五十五章。

〔62〕 参阅《韩非子·解老》与《老子》第三十八章。

〔63〕 参阅《庄子》之《逍遥游》与《德充符》。

〔64〕《论语·颜渊》。

〔65〕《论语·为政》。

〔66〕《论语·述而》。

〔67〕《庄子·大宗师》。

〔68〕《论语·颜渊》。

〔69〕如《论语·颜渊》之"樊迟问崇德、修慝、辨惑"。

〔70〕《道德经》第七十九章。

〔71〕《庄子·养生主》。

〔72〕《庄子·达生》。

〔73〕参阅卜弼德:《〈老子〉首章的语言学注解》,第598—618页。卜弼德还认为"道"的动词性意义是第一位的。

〔74〕这解释了为什么"道"总是"闻"得,而非像我们在"路"的比喻中所认为的那样是"见"得。

〔75〕《论语》之《学而》《子张》。《孟子》中该名单还扩展包括进周公(《滕文公上》)、尧和舜(《离娄上》)、禹和稷(《离娄下》)、孔子本人(《滕文公下》)以及甚至他的学生颜回(《离娄下》)。

〔76〕《论语》之《卫灵公》《八佾》。

〔77〕参阅《论语》之《宪问》《子张》和《先进》。

〔78〕参阅《论语》之《学而》《雍也》和《里仁》之"子之道""父之道"等。

〔79〕《论语》之《里仁》与《雍也》。

〔80〕"达"的意思是"突破"(to break through),就像破土而出的芽苗。

〔81〕正如"由"字字形本身所暗示的那样,意思是"过田而出"。参阅高本汉:《汉文典》。

〔82〕参见《论语·先进》。同样还可参阅《论语》之《阳货》中"乡原"(the village worthy)这一概念,《孟子·尽心下》有详细阐明。

〔83〕该节常常被认为是《论语》中最易引起争议的一节。杨伯峻认为:这一章只能就字面来翻译,孔子的真意何在,又如何叫做"非道弘人",很难体会。朱熹曾经强为解释,而郑皓的《论语集注述要》却说,"此章最不烦解而最可疑",则我们也只好不加猜测。

陈大齐也试图给出该节的意义,却也只是寻常的不充分诠释(陈大齐:《孔子学说》,第 107 页)。

[84] 还可参阅《论语》之《里仁》《宪问》和《阳货》相关章节。

[85] 《孟子·离娄下》。

[86] 参阅《论语》之《公冶长》《泰伯》《先进》《宪问》《卫灵公》《微子》和《子张》相关章节。

[87] 《论语·子张》。

[88] 《论语·卫灵公》。

[89] 参阅《论语》之《里仁》和《述而》。

[90] 参阅《论语》之《先进》《子张》。

[91] 《论语·卫灵公》。

[92] 《论语·八佾》。

[93] 《论语·先进》。

[94] 《论语·公冶长》。

[95] 如可参阅《论语》之《八佾》《公冶长》《雍也》《季氏》和《微子》等相关章节。

[96] 韦利:《孔子〈论语〉》,第 30 页。

[97] 同上书,第 30—31 页。

[98] 刘殿爵:《孔子:〈论语〉》,《序言》,第 9 页。

[99] 同上。

[100] 同上。

[101] 芬格莱特:《孔子:即凡而圣》,第二章各处。

[102] 同上书,第 20 页。

[103] 芬格莱特:《〈论语〉中自我的问题》,第 135 页。芬格莱特并无兴趣在任何形而上学的意义上宣称孔子的"道"是超验的。他的意思似乎只是认为"道"超越于任何既定个体。但我们根据点域观所给出的个体与语境关系的诠释必然会祛除这一超验感,及其所衍及的更强烈

意义。

〔104〕 芬格莱特:《孔子:即凡而圣》,第 22 页。

〔105〕 同上书,第 21 页。

〔106〕 同上书,第 34 页。

〔107〕 同上书,第 35 页。

〔108〕 芬格莱特:《〈论语〉中自我的问题》,第 136 页。

〔109〕 同上书,第 135 页。

〔110〕 芬格莱特:《孔子谈人性音乐》,第 346 页。

〔111〕 同上书,第 345 页。

〔112〕 同上。

〔113〕 参见《中庸》第三十、三十一章。

〔114〕 《中庸》第二十七章。

〔115〕 让人想到的一个就是加缪(Albert Camus)对西绪弗斯神话之悲剧的有名解读。西绪弗斯抗拒诸神的判决,被判应受不断滚石上山此种无始无终毫无意义的劳作。西绪弗斯勇敢的蔑视为这一行动赋予了意义,同时确立了自己的尊严。

〔116〕 正如林义正所谓:"后来的儒家已专门详述了'学'的这一层面,将其描述为'学'从人可'参'天到'天人合一'的水平。这一层面尽管没有专门指称是孔子本人说的,但却盛行于后来的儒家,而且'天人合一'的观念就是从上面所引《论语》章节传承的基础上发展而来。"(林义正:《论孔子思想的基本格式》,第 197 页)。

〔117〕 《孟子·尽心下》。

〔118〕 杜维明:《中庸》,第 129 页。

〔119〕 《中庸》第一章。

〔120〕 例如,《庄子·大宗师》。

〔121〕 《孟子·尽心上》。

〔122〕 同上。

〔123〕 《中庸》第二十六章。

〔124〕 《中庸》第三十二章。

〔125〕 杜维明:《中庸》,第 135 页。

〔126〕 《论语·颜渊》。

〔127〕 怀特海:《思想方式》,第 120 页。

第五章 六十而耳顺

前面对孔子哲学的说明已出现了很多主题,它们中的每一个都可作为孔子思想的核心概念,继而以此为手段展开对其他观念的探讨。下面,我们将采取一条最明显的路向来描述孔子感受性的连贯一致性,即我们将集中在"圣人"这一《论语》最根本的目的概念上。本章首要讨论的概念是"正名"(the ordering of names)、"恕"(deference)和"圣人"(sage)。我们的分析将进入孔子思想最丰富、最复杂、最微妙的方面:语言的意义和沟通行为。

一 沟通的向心性

探讨这些主要概念涉及有关语言和沟通的几个重要问题。其中,不可忽视的是古汉语口头形式和书面形式的区分,这与我们思考孔子思想有密切关系。因为,我们讨论的主题就是作为教育家,作为赋予语言交流以重大意义的人——孔子。罗思文已经总结了我们这方面必须考虑的主要问题。[1]

按照罗思文的看法,汉语口语和书面语的历史演进以及这两种语言形式的比较,都相当清晰地表明古汉语书面形式与口语形式有重大差异。就此,受汉语书面形式制约的论争未必适用于口语,反之亦然。因此,借助对书面语言的分析得出的有关汉语特点及其对思想活动影响的种种观点,就不一定能应用于口语形式。罗思文的观点表明,"Sapir-Whorf 假说"(主张语言的结构会限制本土使用者的思想模式)就不能轻易用到古汉语上。因为,很可能正是口语形式的交流为古代中国思想结构提供了最佳参照,而它又恰恰是我们几乎无法把握的。

罗思文的一篇极富洞识的评论提出了这样的论点:由于表音符号的多样性使得指意音符可被选择来构成汉字,因此,汉字语音成分和符号成分的区分对决定书面语言的性质及其与口头语言的关系并非全然没有帮助。[2] 自然,这说明表音符号的功能并非仅限于表示字的读音。这一合理主张将支持该观点,即古汉语的书面形式不只是口头语言的机械记录。

这些观点尽管确证了我们的语言学分析,却与我们探讨古汉语表达的性质以及体现该性质的现象这一主题无关。本书中,我们从最广阔的文化视野出发来看古典中国思想的演变,已形成了对古典中国文化的一些总体认识,这为我们分析儒家思想的表达打下了基础。前此所论儒家很少借助超验概念,宇宙发生论不受重视的地位,以及没有任何神话—逻辑区分的演进过程等等,这些都将直接支撑我们关于沟通性质的认识。因此,下文对孔子并不使用严格意义上的指涉性语言,因而缺少实体语言的论证,将不会仅限于对书面语言的分析或仅借助口头语言以及它与书面语言的关系来推想,我们更愿运用本书开头提及的"悖常假定"等论述来推进我们的讨论。

对我们讨论语言性质同样重要的是,实际上孔子所理解的交流活动不仅包括口头和书面表达,也包括礼仪行为和音乐,因此,我们也将从这两方面进行解读。既然沟通方式宽泛到连舞蹈和音乐也包括在内,这样一来,口头和书面形式的区分将变得不那么举足轻重。事实上,由于孔子语言注重实际的述行特性,因此,将音乐——即音乐表演——视为正确理解语言和沟通的性质的范式,绝非夸大之举。

听、说、唱、舞、礼仪行为都是沟通和交流的形式,这一点是理解孔子思想的关键所在。本章结尾我们也将详细论述,正是作为所有沟通前提的"顺"(attunement)表明了思想最为涵容的形式——成"圣"之思。

二 圣人的语言学文字学解析

古汉语和现代汉语都是由大量汉字构成的,因此,有种观点就认为,只要多认识汉字就能充分理解汉语。然而,比认识字数更重要的是我们对每个字作为"字象"(word-image)有多大程度的感知:即凝聚在一个字及其种种关联上的暗示和联想,它们构成作者表达和读者的坐标。就拿《论语》来说,尽管它仅有约一万余字[3],然而由于后人的不断研究使种种可能的意义交织在一起,它们的相互影响累积成某种注疏传统,该传统既益发清晰地展现了内在的种种哲学洞识,又不断激发"新"的儒家学派的成长和发展。语言学分析一直都试图探究这些文字下面的意义的传统资源。

在此,我们想解析"圣"(通常被译为"sage")这一概念。首先,我们要展开其词根意义,考察由此延展出的种种关联和联想所交织的关系。在对这一综合概念获得清晰理解后,我们就可在《论语》的特定语境中对其进行评估了。我们将论证,尽管在中国思想各种彼此对立的学派中"圣"的意义是灵活的,但却有一个基本的根义奠定了这种种不同解读的基础,借此以说明不同学派间的重要差异。

应当指出的是,我们为寻求"圣"的意义而对《论语》进行的考察,不只是简单查明该字在文中出现的每个实例。我们需进一步考察的是,《论语》用了几个不同范畴来指称"成人"的各种不同维度(比如,"仁者"作为人际关系的成长,"君子"作为社会政治的成长等)。一旦我们明了这些范畴,将会非常有助于我们理解"圣"的包容性。这就是说,"成人"的其他范畴描述的是"成圣"活动的各独特焦点。[4] 其次,要考虑《论语》中几位作为典范的"圣王"(如尧、舜、文、武、周公等),正如文本所示,他们的行为提供了成"圣"的方法,这样说似乎是可信的。

或许,理解《论语》中的"圣人"最重要的一个资源就是历史人物孔子本人被塑造的形象。尽管孔子谦逊地拒绝"圣人"的头衔[5],但此一谦虚还需比照这一事实,即他宣称自己是周文化的化身,是圣王(文王)的承继者。[6] 而且,有一处太宰称孔子为圣人时,孔子承认太宰"知我"。[7] 不管孔子是否认为他本人是圣人,很少有人会怀疑《论语》正试图按这一方式来描绘他。

《论语》后几章中,孔子几位最谨慎持重的弟子都说"仲尼,日月也,无得而逾焉"(《论语·子张》)。而孟子也一再声称孔子是"圣之集大成者"。因此,"圣"逐渐与孔子相提并论,并逐渐被接受,以至传统上"圣人"就专门指孔子。正因此,《论语》中的孔子更是一个正确理解该概念可资利用的资源。

我们前此对"成人"的探讨表明,一个人是"所有自我的聚焦点"(focus of selves)。人的这一集成概念暗示,"孔子"可被理解为之后两千多年的一种筹谋。马伯乐描述了孔子身后两千年来的历史演进:

> 孔子像所有官方信仰的神那样一步步攀爬过统治集团的所有阶层:公元 1 年其为公,公元 739 年为王,1075 年有一段时间降为公,而 1106 年又升为帝。他甚至在明王朝开国皇帝废除所有曾赋予山川河流、城门沟渠神明或前朝官方崇拜的王、公、卿衔时,还专门开了特例,保留了他的地位和头衔。但这也只是很短的时间,1530 年 12 月 4 日,神宗剥夺了他的地位,只给了他"至圣先师"的称号。这一称号一直保留至今。[8]

重建"圣"这一概念的第一步或许应该看一下《说文解字》对它的解释。《说文解字》是这样定义"圣"的:

> 聖,通也。從耳,呈聲。

无疑,"聖"因为"耳"这一部首与其同源词"聽"有密切关联。"耳"这一词根又进一步将"圣"与"聪"相联。"圣"的词源学分析必然引出的一个结论是"圣"乃听觉锐敏者。正如杜志豪(Kenneth DeWoskin)所说,传统上的"圣人"都被描述为有着大而下垂的耳朵,这体现了"圣"与"听"的关联。[9]另外,古典著作中圣人被描述成首先乃辨音识律之人的形象比比皆是:圣人可听音而洞晓时代和文化特征。[10]《论语》自然也将孔子塑造为具有发达的听觉感受性。刘殿爵在所译《论语》的导论中谈到"听"在孔子修身过程中拥有核心作用。[11]评注者们为证明圣人乃"倾听者",常会引用孔子自论:"六十而耳顺……"(《论语·为政》)

然而,圣人也同样敏于口——我们的意思是"聖"之"呈"这一方面则较少获得强调。这体现在"圣"常常根据其同音字"声"来定义。例如,《白虎通》对"圣"的定义:

> 圣者通也、道也、声也。道无所不通,明无所不照。闻声知情。与天地合德、日月合明、四时合序、鬼神合吉凶。[12]

该节用以描述圣人的语言极为生动。圣人就像天地日月、四时之序,它也体现了一种秩序而且四处播散。圣人这一表达在《尔雅》中获得说明。《尔雅》是周朝后期出现的一部词典,专门解释古代经典著作中的字词。它将"圣"定义为"献"。

鲍则岳(William G. Boltz)近来对马王堆《老子》写本的研究,提供了质疑"圣"之传统解读的理论基础,传统上认为只有

"耳"这一词根单独指示语义。但有理由认为该字"呈"部(to manifest and display)同样拥有语义力量。[13]

《论语》中的"圣人"被描述为以其言改造世界的人:"君子有三畏:畏天命,畏大人,畏圣人之言。"(《论语·季氏》)《论语》中君子的成长,"圣人"的"社会政治"维度都处处密切关联于推动行为的语言力量。[14]孔子就被描述为时刻注意自己言论之人。

孔子很谦逊,绝不自称为"圣":"若圣与仁,则吾岂敢!抑为之不厌,诲人不倦,则可谓云尔已矣。"(《论语·述而》)但《孟子》中所出现的这位拒绝称圣的孔子,则恰恰因为在教与学中致力于交流和沟通,而有资格成为"自有生民以来未有之"的"圣人":"子贡曰:'学不厌,智也;教不倦,仁也;仁且智,夫子既圣矣。"[15]

除了语言学资料外,还有其他因素促使我们恢复"圣"此一创造性贡献的维度。古典著作中,"圣"这一概念常常与"作"(to create)相关联。按照《易经》的说法,"圣人作而万物睹"[16],《礼记》则曰:"作者之谓圣,述者之谓明。明圣者,述作之谓也。"[17]事实上,《白虎通·圣人》一章在引述几处经典文本之后这样说道:"文俱言作,名皆圣人也。"[18]当然还有那句著名的孔子自谓"述而不作"(《论语·述而》)的话,这自然说明孔子谦虚之至不愿称圣,但这句话也反映了"作"的能力与成圣同样的密切关系。

或许这一重新定义的"圣"最重要之处则在于成圣根本上意味着沟通:圣人是沟通的大师。最初《说文解字》的定义中"耳"被界定为"圣"的指意部分,这说明其相当强调交流中"听"的作用。而若进一步考察此一词源学意义,获得对"圣"更为整体全面的把握,则必定既要突出倾听的一面,也要强调其表达的一面。

圣人就是那些以倾听、"耳顺"达致人事洞明的人。圣人"顺"(协和)而后言,则他的话就能产生真正的交流所需要的和谐沟通。后文对音乐作为一种交流形式的探讨,将有机会论证"闻"与"言""述"与"作"之间的区分实际并非那样尖锐。

我们前此对人必然的社会性的探讨,强调个体价值是其拓展自我融入其他自我或与之合而为一的一个功能。在此,我们想进一步说明价值与个人拓展之间的这种关系如何奠定了古典文学中"圣人"和"神"(spirituality/divinity)之间关联的基础。

《白虎通》谓:"圣人所以能独见前睹,与神通精者。"[19]"神"这个词的词源含有拓展、整合以及丰富的意思,而这正是圣人与其他自我之间关系的意义。该字由"示"和"申"两个词根构成,"申"与其古同音字"引"通用。如果我们将"圣"的扩充和整合理解为世界意义之源,那么就不难解释为什么"神"既有人类精神性和神性的含义,又常常会与有节律的"天"相关联。这就是说,一个使自身成为意义之源的人正接近于神。另外,这一扩充和整合也包含整体:人在增强"德"的同时与天合而为一。马伯乐在对孔子的探讨中,论述了这种从人之精神性向神性攀升的过程:

> 我们难道一定要像某些欧化的现代中国人那样,非要说他(孔子)其实不是神吗?由于汉语里没有通常表示高于人的存在的一般术语,所以,这样的问题甚至都不可能提出,因为没有可用的概念来表述……如果用我们的"god"

来描述中国神话传说中的人物,那么,很显然孔子一直以来(至少直到相当晚近以来)都是一个"神"(不是个体的神,而是国家的神),人们向他祈祷,希求他的赐"福"。[20]

三 圣人与正名

1. 古汉语的审美品格

我们已把"圣人"定义为"沟通大师"。"沟通"可理解为人作为聚合的自我,控制和协调其合成之志以传达意义的方法。这"所有自我的聚焦点"内部的整合与多样化的程度反映了个人的素质和精神性。这样理解的"圣人"解释了《论语》中孔子赋予语言述行力量的价值。一个人如果不能沟通,他必然是孤立的,因为他不能将其他自我带入他这个全体性自我的建构中:"不知言,无以知人也。"(《论语·尧曰》)

这可谓是至理名言。因此,我们可暂时停在这个问题上,就此详尽探讨一番古汉语的特质,以作为后面论述相当复杂的"正名"观念的铺垫。古汉语哲学意义上的某些重要特质则会在后面"恕"的讨论中进一步阐明。

西方语言与古汉语存在重要差异乃是公论,尽管对这些差异之所在及其来龙去脉还尚未获得一致认识。本章开头已表明,我们有关古汉语的认识本身,是全书一再论证的更宽泛的文化差异的结果。

陈汉生(Chad Hansen)近来在他所著《古代中国的语言和

逻辑》(Language and Logic in Ancient China)一书中总结的有关古汉语的一些观念,打开了我们所理解的汉语和印欧语系语言及文化区分的门户。[21]陈汉生试图避免借助柏拉图唯实论或依赖心灵主义(精神第一性论)的理解,来建构古汉语分析的理论导向。他的工作立基于对古汉语表达名词性功能的绘制,他认为正是"物质名词"(mass noun)构成古汉语最鲜明独特的风格。简单说,"物质名词"(与"单数名词"[count noun]相对照)就是没有复数形式,不能以定冠词标志,而且是根据部分—整体模式来理解的名词。"单数名词"则相反,立基于一/多关系,因而有复数形式,可由定冠词(an, the)标识。"船"(ship)、"帆"(sail)和"王"(king)都是单数名词(当然指的是在英语中);而"地"(earth)、"气"(air)、"水"(water)和"火"(fire)(在其"元素"意义上)都是物质名词。[22]

物质名词预示了一个与西方思想迥异的语义理论。陈汉生认为,对古代汉语来说,"世界是一个叠加且彼此融会的物质或实体的集合。一个名……指称……某物。心不是内在表征世界上所有单个客体的机制,而是区分由名指称的物的界限的机能"[23]。

陈汉生把奠定中国人理解他们语言与世界关系的理论视角称为"行为唯名论"(behavioral nominalism):

> 我之所以用"行为",是因为中国人将心(mind/heart-mind)视为能动的,这有别于将个体性与特性视为内在心理的表象;心是一种辨识和区别"物"的能力,因而它指导

判断和行为。而我用"唯名论"则因为中国哲学家除了"名"和"物"之外,不致力于追求任何实体。[24]

照此看法,中国式的本体论是"部分—整体的"(merological)本体论,即它们基于某种部分—整体模式,视命名行为为承认或确立边界。"分辨系列客体之成员无异于同一物体在时间—空间上不同部分的划分。'命名'就是分辨或分割实在,使之意如'名'之所指的整合物。"[25]

陈汉生对古汉语的分析最有意义的地方在于,这意味着汉语在任何重要的意义上都不使用抽象名词。我们所谓古代中国缺乏任何严格超验概念的主张也表明了同样观点。全然内在性的视角只能以某种具体语言来表达。

我们赞赏陈汉生避免将古汉语做柏拉图主义或心灵主义理解的努力。我们更赞同根据名词功能的理解使古汉语获得最充分的诠释。我们也同陈汉生一样,强调汉语相对注重实效而非严格语义概念的观点。这就是说,汉语更关注行为术语中语言的功效,而非作为命题真假基础的意义诸问题。

或许,我们与陈汉生意见分歧之处才更有价值。我们认为,就"物质名词"体现一个"实体"或"物"本体论的意义而言,以其为根据来谈论问题是误导的。我们的观点是,过程性本体论更接近孔子以及大多数古代中国思想家所抱持的观念。有了这种现象本体论,就会杜绝生搬硬套某种如陈汉生在分析汉语名词功能时所提出的那种部分—整体模式的错误。再者,我们更愿意根据"点域"模式来思考一般视为"部分"与"整体"关系的问题,这一点我们已经做了些讨论和说明。中国本体论观念更接近"全息性"而非"整合性",它体现了这样的观念:即命名的行为是一种聚焦或协调的行动,其中不同成分以其独特性预示了整体。[26]

而且,陈汉生运用"行为唯名论"这一说法也有误导。唯名论是建立在对柏拉图唯实论辩证法的回应基础上的,这样一来,该学说所能给予的建设性阐明就会很少。它对特殊性和个体性的捍卫太容易暗示一个外在关联的实体世界,其中,关系就像抽象的全称命题一样不真实。[27]最后,我们与陈汉生最重大的差异在于:他的"物质名词假说"表达了某种语言的指向性思想。尽管陈汉生试图避免其本体观点的"实体"(substratum)含义,但显然汉语对他而言指涉一个时间空间上的"物质"世界。相反,我们认为(至少对孔子来说)语言首先不是用来指涉一个客体世界,无论这些客体是"物"还是"属物的"。

孔子感受性的过程性倾向和语言作为沟通行为的实效性功能,以及用"点域"模式来诠释命名的作用,都说明孔子的语言不是一般所谓指向性语言。孔子运用的是我们所谓的"情境性艺术",这意味着语言应放在这样的语言系统环境中来理解,即语言本身可用来解释孔子生活与授业的社会或社群。

语言是自我指涉的。词语的意义是它在社群中使用的一个功能。一个命题是否为"真"是由它在交流者中体现的效果检验的。对孔子来说,语言的"表达效果"(perlocutionary)和"语内表现行为"(illocutionary)诸特征占主导地位:作为具体行为和体现实际结果的语言才是重要的。[28]但它与从语言主动表达和回应(语内表现行为和表达效果)中抽象出的命题意义(其"非语内表现行为"[locutionary]特征,意义与指涉)是不相关的。我们下面对"正名"的论述也将表明,"名""指涉"功能或角色本身就是它的"名"。名/物之间的相互关联似乎并不是孔子所关注的。"正名"的行为并不是获得对世界万物的恰当指称,而是一种协调语言的行为,该行为的实际效果是增加和谐。

与我们当前讨论问题相关的古汉语另一个重要特征,即所谓"反事实"(counterfactual)说法并不重要。[29]因此,像"如果情况不是这样的话……这种事情就会发生"这样的表述在古典中国哲学中并不是很有效。汉语中当然有"如果行为得当,你就会受到表扬"这样形式的表达,但孔子的表达中令人惊异地(对西方学者来说)缺少诸如"如果尧不把天视为效仿的典范……"这样的条件句,我们认为,此一现象正提供了接近儒家感受性的一条重要线索。

古代中国思想中实体语言和假定—推论的表达二者都相对缺乏,这表明科学和道德理性对他们没有吸引力。抽象名词和条件句都是使个体思想和态度脱离主动向世界展现自我的那种理论思维的基础。理论思维意味着个体能客观、冷静地思考其他认识和行为模式。科学和道德理性都常需要考虑到各种可能结果,二者是彼此配合的。"非此即彼"成为道德理性和科学思维的主导模式。

古代中国文化相对缺乏假定—推论以及与事实相悖的科学思想模式,围绕该观点对古代中国文化发展的讨论一直都很多。[30]一个更有争议的论点是:古代中国人不依靠我们通常理解的道德理性。近来有关孔子和古代中国思想的著作都从许多不同的角度捍卫这一主张。

芬格莱特讨论过这一重要观点,但也正如我们上章结尾所述,他也得出了我们认为严重不恰当的结论。我们的分析试图说明,孔子虽然指出了一条"(道德)通途",但他得出的这一结论植根于他所用的语言的特性。[31] 如果说这一特性本身取决于对体验世界之最初模式的选择,而该模式正体现了这种语言发展的特点,这显然说明,孔子在任何意义上都并不排斥思想模式的一切选择和沉思;确切地说,孔子只是排除我们西方人传统上所理解的选择和沉思,因为他拒绝借助理性的抽象形式,也反对运用理论思维。我们认为,孔子的观念明确体现了与艺术活动相关的种种选择或思路。

我们可从"义"这一观念中找到思想和选择脱离道德模式向审美模式转换的关键所在。正如我们所指出的,正是审美之"义"(正当性)才是孔子之"义"的根本意义。作为审美和谐的"义"是和谐的创造者或赏识者具体直接、前认知性的选择。不从道德理性上审议,或者更确切地说没有道德模式,由此推出的结论当然不会是芬格莱特的那个结论:这不是没有个人自主性,不是说个体真正的创造性无法对特定语境中的最终选择发挥作用。相反,可选择性是实在的,而在种种可选择性中做出抉择对任何"义"而言都是必须的。未进入有意识行为的那些选择性仅是表明它们不是反思行为。道德个体处在种种彼此冲突的焦灼地行为模式间,因为每一模式都有自己(部分)的固定后果。艺术家也有抉择的痛苦,不过他们通常对这苦恼的本质不够自觉，因为他们所苦的是完全不同的审美抉择，而这些抉择全都是为了实现最极致的和谐。任何意志冲突的情形都表明了抉择的存在，尽管在后者中，它们的体现是内在的，且无法将其从具体语境中抽象出来。

除了芬格莱特之外，还有一种关于中国思想缺乏道德理性的认识。罗思文曾论证，缺乏审议、责任、义务等语汇表明古代中国文化中没有"道德理论"这样的观念。[32]罗思文的观点和芬格莱特并无太大区别。二者都从康德模式中借来他们的伦理和道德主体概念，其中道德正义必须要脱离直接趣味，而且道德义务是借助反思判断与行为的各种可选择性来认识的。如果说道德规范总是必须根据反思、审议和有意识的判别种种可选择性被认识的话，那么，大家必然会同意，此种道德取向绝不会突出表现在古典中国哲学中。

就科学和道德来说，可以认为西方和古典中国哲学依据的是截然不同的思想模式。古典中国模式的独特性在于它是具体内在性思想的功能，这种思想不把抽象名词或反事实的条件句作为首要表达形式。抽象名词是把命名视为原理的表达，这些原理通过判断力获得证明；反事实条件对西方的道德、科学的教育与实践来说绝对必要，因为它是构制行为可选择性模式之结果的手段。较之于孔子哲学的认识论基础来说，西方不论道德的还是科学的推理与实践都依赖某种迥异的认识论。

当前我们主要关心的问题是孔子感受性的思想意义。本书开篇对"思""学""知"的探讨已指出，对孔子来说，"思"不是根据接纳不同可选择性，或将所思对象置入某种对比观念、原理的矩阵中来诠释的。"思"是一种审美表达,它不是根据某种有意识的判断行为而遵照一般原理对个体进行归类,而是涉及既定情境下直接运用"义"的潜能。而"知"作为"认识到"则涉及预见过程,但却不是有意识的预测。要想深刻认识"思"和"知"的含义,就必须完全领会中国古代语言中缺乏条件句和实体性语言的深意。

下面是对我们主要观点的概括:古汉语的一些特征广泛影响了中国的文化状态,这一点为解答我们探究孔子作为一位沟通大师的行为提供了意义重大的线索。首先,古典中国文化传统很少借助抽象名词与反事实陈述,缺乏超验观念的结论,要求有意义的交流既不能依赖命题与真、假判断行为的分离,也不是凭借作为判断或行为前提的有意识的可选择性。其次,如果"知"与判断没有分化,而且"知"的行为是在没有筛选各种可能性的情况下进行的,那么,认知的观念就极有可能是以审美而非理性认知行为为范型的。再次,如果按最通常的(后康德)对"道德"这一术语的理解,古典儒家思想是没有道德理论的。儒家的道德行为不源于道德理论,也不是靠诸如此类的东西来说明。最后,如果我们的这些观点是对的,那么孔门之"教"的特点显然与那种努力传播重要观念和原则的教义迥然有异,因为这些观念和原则致力于建构和支撑刻意反思与根本判断。

2. 正名

《论语》中的孔子除对"言"的明显关注外,历史上他还一直被认为是古代经典的编纂者,孔子顺六经之言以示新义。据说孔子与《易经》"十翼"的有关——《十翼》乃是对《易经》的评注和概述，帮助有识之人领会"易"之永无休止的过程，且从中有所受益。值得注意的是他有关"正名"的学说。"正名"，我们将之译为"the ordering of names"，但更流行的译法是"the rectification of names"。依照我们所谓圣人是沟通大师的主张来考察"正名说"是有启发意义的。如果说人以及人与人之间的关系需要不断协调且富有意义，那么这些人所借以组织、关联和行为的媒介或形式——诸如语言、礼仪和音乐这样的介质——也需要关注。

在孔子的内在宇宙中，思想和行为、理性和经验以及理论与实践之间彼此关联。另外，儒家哲学始于不可化约的人际关系的概念，其中，自我、社会和国家都是由交流和沟通决定的彼此关联。在这种情况下，命名对孔子来说，就不仅是一种对某种既定实在贴上适当的标签的过程。语言的述行力量表达了这样的结论——通过语言诠释世界就是推动它成为现实，使其以某种方式被"知"。而且，一个人能够影响世界是通过唤起别人敬意的方式表达个体意义、价值和目的。由于对语言寄予这种期望，因此，就不难理解为什么孔子的许多主要概念的词源都有指示人际沟通的成分。"知"（to realize）与"信"（to live up to one's word）都表明了对言的信奉。表达人的不同成就的"君子"和"善人"以及实现"命"（to cause certain possibilities to be realized）、"和"（aesthetic harmony），还有"名"本身，其词根都是"口"，都表示口头表达的意思。

在分析孔子"正名说"时，我们想先指出孔子对恰当使用语

言的强调。在《论语·子路》这一经典章节中,孔子认为为政必先"正名":

> 子路曰:"卫君待子而为政,子将奚先?"子曰:"必也正名乎!"子路曰:"有是哉,子之迂也,奚其正?"
>
> Tzu-lu asked Confucius, "If the Lord of Wei was waiting for you to bring order to this state, to what would you give first priority?"
>
> Confucius replied, "Without question it would be to order names properly."
>
> "Would you be as impractical as that?" Tzu-lu responded, "What is there to order?"

子路的惊讶表明他完全没有领会孔子的哲学观念,这让孔子很不耐烦:

> 野哉,由也!君子于其所不知,盖阙如也。名不正则言不顺,言不顺则事不成,事不成则礼乐不兴,礼乐不兴则刑罚不中,刑罚不中则民无所措手足。故君子名之必可言也,言之必可行也。君子于其言,无所苟而已矣。
>
> How can you be so coarse! An exemplary person remains silent about things that he does not understand! When names are not properly ordered, what is said is not attuned; when what is said is not attuned, things will not be done successful-

ly; when things are not done successfully, the use of ritual action and music will not prevail; when the use of ritual action and music does not prevail, the application of laws and punishments will not be on the mark; and when laws and punishments are not on the mark, the people will not know what to do with themselves. Thus, when the expemlary person puts a name to something, it can certainly be spoken, and when spoken it can certainly be done. There is nothing careless in the attitude of the exemplary person toward what he says.

因此，对孔子来说，"正名"是"政"的出发点。但我们这样解释该概念时必须小心不要分离了思想和行动。这就是说，我们必须对命名的述行力量给予充分说明。"正名"的流行译法"rectification of names"则没做到这一点，它试图依照西方传统的理论框架来处理"名"，使之实体化因而能够为满足该架构的行为所"正"。这种诠释或许过于简单地理解了《论语》中表达"正名"的章节：

觚不觚，觚哉！觚哉！（《论语·雍也》）

Is a ritual goblet that is not a ritual goblet really a ritual goblet? It is a ritual goblet!

齐景公问政于孔子，孔子对曰："君君，臣臣，父父，子子。"（《论语·颜渊》）

Duke Ching of Ch'i asked Confucius about effecting sociopolitical order, and Confucius replied, "The ruler ought to be ruler, the subject subject, the father father and son son."

通常对"正名"的解释是:"觚"或"君"都有一个(根据他们的特征和作用)已确定的定义,因此,理论定义和实际行为之间有任何错位都将是不正之源。萧公权是这一观点最为突出的代表:

> 孔子政治思想的出发点是"从周"。他的具体措施是正名。用现代术语来解释,他所谓的"正名"就是根据周朝封建社会鼎盛时期的制度重新调整君臣、上下的权利和责任……"正名"要有个具体标准,孔子标准的基础就是周朝盛期的制度系统。[33]

萧公权公正地批判了顾立雅,后者认为"正名"不是孔子的概念,有可能是后来法家的篡改。[34]顾立雅的观点受韦利的影响,韦利坚持认为"正名"是一种时代错误,与"孔子学说并不相容",但实际并不能证明顾立雅的结论。[35]然而,顾立雅的认识还是有可取之处,他认为与法家相连的"正名"概念(实际是萧公权的一个解释)并不符合孔子的思想。尽管如此,顾立雅认为,更为明智的做法还是应在诠释层面质疑与孔子思想根本宗旨不相符的"正名"的诠释,而非质疑其作为儒家概念之根本的合法性。

萧公权的解释符合理性模式,其中定义先于实在:君主施政应遵循已确立的规范行事,服从一系列既定的规章、制度。这种诠释表面上因有文本支持,一直以来都很有影响,因此,孔子就成了极端保守分子。正如萧公权所论,"正名说""显然说明孔子的政治态度就是从周制,其政治观是保守的"。[36] 这一流行诠释部分是正确的,但它高度强调孔子思想中与传统的一致性,与此同时,却忽视了孔子真正看重的文化多样性、原创性和丰富性,严重损害了对孔子思想的理解。要知道孔子自己就曾说:

> 愚而好自用;贱而好自专;生乎今之世,反古之道;如此者,灾及其身者也。[37]

无疑,孔子确实崇敬古制旧典,但这种敬仰绝不是简单重建古老的周朝制度和文化,而是要选择和创造性地综合:

> 颜渊问为邦。子曰:"行夏之时,乘殷之辂,服周之冕,乐则《韶》《舞》,放郑声……"(《论语·卫灵公》)
>
> Yen Yüan asked how to order a state. Confucius replied, "Use the calender of Hsia, ride about the state carriage of Yin, wear the ceremonyial cap of Chou, and as for music, there are the Shao dances (of Shun). Ban the sounds of Cheng…"

另外,孔子崇"古"亦是出于实际考虑,他认为应不断改进重组传统的智慧和制度以适应新的世界不断变化的环境。[38] 总而言之,孔子相信人类文化是不断累积且不断进步的。然而世人更多注意的是他的崇"古",却未能足够重视他对未来的期望。说明一个可能的世界并使之与他的世界沟通,就是试图实现它。命名就是促使它"现实化"。

"名"这个词既有"给出意义"(to mean)又有"给出名称"(to name)的意思。"给出名称"(命名)就是奉献意义,而"给出意义"就是阐释名称。我们会发现《论语》中的尧作为传统中意义的创造者,虽然百姓无可"名"之,但他本人却负有运用他所贡献的意义塑造文化的责任:

> 大哉,尧之为君也!巍巍乎!唯天之大,唯尧则之。荡荡乎,民无能名焉。巍巍乎,其有成功也,焕乎,其有文章!(《论语·泰伯》)

> How great indeed was Yao as a ruler! How majestic! Only *t'ien* is truly great, and only Yao took it as his model. How expansive was he—the people had no name to do him justice. How majestic was he in his accomplishments, and how brilliant was he in his cultural achievements.

同样,泰伯高尚的行为在周朝建立的一系列事件中起决定性的作用,他所体现的无私的道德成为后世公认的标准。泰伯和尧一样,他的行为是新意义的源泉,百姓难以名之:"泰伯,其可谓至德也已矣。三以天下让,民无得而称焉。"(《论语·泰伯》)

当然,最直接最明显体现个体意义的"名"就是一个人自己的名声。这也说明了孔子为什么非常关心个人名声:"君子疾没世而名不称焉。"(《论语·卫灵公》)

命名的述行性以及它与意义的关系，可从"名"常用"命"的定义这一点清楚看到。

事实上，早期中国著作中，这两个词常是互换使用的。《说文解字》将"名"定义为"自命"。

要想充分说明孔子的"正名说"，除了揭示他深谙"言"可扬历史成就的作用，还必须说明如何创造性地用"命名"来实现一个新的世界。实际上，孔子"名"的概念可解释为一种与"礼"类似的"行"（performance）（即形式创造［making of form］）。据《左传》所载，"名"和"礼"之间的这种关联实际是孔子自己建立起来的：

> 既，卫人赏之（仲叔于奚）以邑，辞。请曲县、繁缨以朝，许之。仲尼闻之曰："惜也，不如多与之邑。唯器与名，不可以假人，君之所司也。名以出信，信以守器，器以藏礼，礼以行义，义以生利，利以平民，政之大节也。若以假人，与人政也。政亡，则国家从之，弗可止也已。"[39]

"名"和"礼"都可被视为保存和传承"义"的形式。富有意义地称名或执礼，就是找到过去和现在环境中的相似之处，以唤起其中灌注的"义"。"名"和"礼"都具有一个重要特征，即二者都具有语境特指性（context-specific），是由一系列独特语境限定的。这也就是说，它们的"义"不可能只被字面意思所穷尽。既然"名"或"礼"本身不能保证一定符合义，那么就必然需要借助它们在独特、永恒变化的语境中的意义以及它们与这些意义的关系。

一个既定的"名"或"礼"尽管可在某种抽象层面描述,但却只有作为"义"之独特个体性的展现才真正有意义。这可以从"礼"通常的另一个译法"propriety"得到证明,假定"propriety"根据其原意"所有权,特有"来理解的话,那么,"适当"(appropriate)的"礼"和"专有的"(proper)语言都要求一种个人化改造以适应个体自身的状况。正是这一原因,像"觚"和"君"这样抽象的"名"尽管承载历史衍生的意义,也必须在展现"义"时保持开放,以适应特殊环境。正如"礼"只有获得当下特定情境下的尊重、体现、重塑和拓展才可能存在,"名"和"正名"也是一项动态的规划,"名"及其所获得的和谐总需要不断协调,它们是流动性的,总是需要语境的不断重塑。

"命名"的述行力量巩固了"名"及其种种表达模式的流动性,"正名"概念不是纯逻辑、指向性的诠释。"礼"不仅由人履行,而且由于它们积极唤起某种形式的反应,因而在某种重要的意义上,它们"实现"人。同样,"名"不仅表征,它们也产生效果,因为它们推动人趋向某特定经验。把一个东西命名为"gu",就能够将这个东西转换成名字为"觚"的礼器。"名"不仅用来指称秩序,它们也用来实现所命名的秩序。《管子》描述了"名"的这个功能:"名者,圣人之所以纪万物也。"[40]

我们诠释的"正名"这一概念,反对形式结构的优先论。我们不同意所谓孔子仅是用"名"来组织规划人类经验,以使其符合某种生命之意义、价值和目的先定模式。我们认为,孔子把特别环境中的特定个人视为"义"之根源,这说明他强调审美秩序的优先性。通过优先将人视为某一特定焦点,孔子让"名"之网络构成的诠释模型变得一致和连贯,与此同时,这些模型也成为新奇性和独特性得以显露的可塑构架。

3. 圣人:鉴赏家

对孔子来说,言、礼和乐都是自我得以成长的形式媒介。它们既是建立和传承"义"的结构又是意义的源泉。而音乐最与众不同的特征在于,它或许是最少依赖指涉的形式媒介。苏珊·朗格谈道:

> 音乐……甚至在古典作品,在其最高成就中也都突出地是非表现性的。它所展示的纯形式不是作为一种装饰,而是其最真的本质,我们可以从音乐的自然流露中感受到它……展现在我们面前的除了音调结构,几乎别无他物:没有场面,没有对象,没有事件。[41]

就音乐来说意义既体现于特定音符本身又体现在音符结构上的关联,是最高层次的交流。音乐不是再现,它是呈现。而就它独立于客观指涉来说,音乐善于感受并表达具体的独特性。语言会指涉不同类型的事物,物体的分类等等。但本体论上的个体是无法指示的;它只能被暗示、隐喻。音乐恰恰拥有这种摆脱逻辑指涉的隐喻、暗示的力量。

为深化我们的论证,我们曾经强调,孔子严格地说并不在指示的意义上使用语言。他并不热衷于表达"名—物"关系,也不试图阐明描述"事态"的命题。他同许多中国哲学家那样主要兴趣在"正名"。孔子自己已"耳顺",他也希望协顺语言,以唤起人们心中和谐行动的禀赋。孔子不强调命题的语义内容,这表明他曾充分考虑到音乐是沟通的主要形式,而实际似乎确是如此。至少,孔子对音乐的看法使我们得以更好理解语言和交流行为的品格。

孔子将音乐(不仅指器乐也包括诗歌和舞蹈)看作展现个人精神风貌和价值提供更大可能性的活动。在音乐表演(尤其是那些创作和表演一体的作品)中,突出体现了个体以一种有意义的方式向观众展现自我。相比于抽象符号的保存和传承,音乐的表达方式更依靠具体表演,《乐记》的失传在某种程度上就说明了这一点。

对孔子来说,音乐的功能已超出了意义简单的代代相传。只要行之有效地运用,"乐"当下便会产生和谐和富有意义的关系。孔子对音乐的理解似乎受到他卓越的先圣舜的影响,正如《尚书》所述:

　　声言志,歌永言,声依永,律和声。八音克谐,无相夺伦,神人以和。[42]

这就是说,词语言志,韵律和诗歌提高语言的感染力,继而配乐以增强诗歌效果,这整个过程也是增强表达的精炼、深邃,提高穿透力的过程。

孔子自己深知滥用语言的危险。一些能言善辩的伪君子就是用语言制造混乱,而非创造和谐:

巧言令色,鲜矣仁!(《论语·学而》)

Rarely indeed is the person of clever words and pretentious appearance authoritative.

恶紫之夺朱也,恶郑声之乱雅乐也,恶利口之覆邦家者。(《论语·阳货》)

Detestable is the substitution of purple for vermillion; detestable is the pollution of elegant classical music with the sounds of Cheng; detestable is the subversion of family and state by glib talkers.

277　而无言却可能实现许多意义与和谐:

子曰:"予欲无言。"子贡曰:"予如不言,则小子何述焉?"子曰:"天何言哉? 四时行焉,百物生焉,天何言哉?"(《论语·阳货》)

The Master said, "I think I will leave off speaking."

Tzu-kung replied, "If you do not speak, what will we have to pass on to posterity?"

The Master responded, "What does *t'ien* have to say? And yet the four seasons turn and the myriad things are born and grow in it. And what does *t'ien* have to say?"

尽管表达有这些保留和限制,但文献中也一再重申向音乐的高度提升表达水平的观念:

> 仲尼曰:"《志》有之:'言以足志,文以足言。'不言,谁知其志?言之无文,行而不远。"[43]

《易经》引述孔子的话:"书不尽言,言不尽意。"[44]

从这些章节中可以看到,孔子将语言和音乐视为沟通的媒介,借此表达自我且从中获得乐趣。很有意思的是,"说"这个字在古代典籍中既有"言"又有"劝"的意思,当它的发音是"yue"时,还有"喜悦"的意思。[45]同样,"乐"有"奏乐"的意思,而当发"le"或"yao"音时,同样也意味着"欢乐,喜悦"。[46]"说/乐"这两个字都表示"悦",又分别自然关联于语言和音乐,它们同时出现在《论语·学而》中:

> 学而时习之,不亦说乎?有朋自远方来,不亦乐乎?……
>
> Is it not indeed a source of enjoyment to practice at the appropriate time what one learns? And is it not indeed a source of enjoyment having friends come from distant quarters? …

可见,语言和音乐二者都被认为是产生深刻喜悦的沟通模式。对孔子来说,圣人不仅是"礼仪大师",他更是一个"制乐者"(a composer)(使各个部分获得组合)和"调解者"(compositor)(一个调节和解决纷争的人：仲裁者，调解人)。这就是说，圣人通过沟通和交流的种种模式推动和培养着协调性的"和"——获得一致性的同时保存着多样性，既显示稳定性同时也支持向善的喧杂(绝不为了稳定而众口一声)。圣人就是这一交响曲的指挥，他指导着所有的独特性同奏协合。

《论语》中音乐常常(有时明确，但常常是含蓄)地与"礼"相提并论，以至于绝大多数涉及"礼"的地方都得把音乐作为其不可分割的一部分解读。"乐"与"礼"共同拥有秩序分享的个人化特征，对多样性和成分持久的独特性非常敏感。杜志豪对《左传》中一大段描述音乐表演(公元前 543 年)的文字做了评注，他高度强调多样性的重要性，他认为，近来考古学的新发现促使音乐理论家重新评价中国古典音乐调式的复杂性。[47] 显然，在东周和汉代逐渐建立起正统音乐理论之前，各地区在音阶和固定曲目上都已经有了相当多的地方特色。这反映了我们的推测：音乐在最具地方性的层面都有融会和参与。

《论语·阳货》收了一段极为有趣的轶事，讲的是孔子用音乐极个人性的表达而有意怠慢一位来访者：

> 孺悲欲见孔子，孔子辞以疾。将命者出户，取瑟而歌，使之闻之。
>
> Ju Pei sought an interview with Confucius, but Confucius declined to entertain him, feigning illness. Just as the messenger carrying the summons was about to depart, Confucius got out his lute and sang, making sure that the messenger heard it.

对孔子来说,音乐像"礼"一样,最终的根源还是"语境中的人"所奉献的"义"。音乐能在多大程度上传承传统价值和体现演奏者的个人之"义",始终都是赋乐者品格的一个功能:"人而不仁,如礼何?人而不仁,如乐何?"(《论语·八佾》)没有个体的真挚和倾心奉献的礼和乐是空洞和没有价值的:"礼云,礼云,玉帛云乎哉?乐云乐云,钟鼓云乎哉?"(《论语·阳货》)事实上,正如刘殿爵在《孔子:〈论语〉》的导论中所谈到的那样,空洞的形式不仅仅是没有价值的——对孔子来说,它更是狡诈的欺骗:

> 应该注意的是,孔子憎恶的每件事都同好的事情表面相似,而正是这一表面相似性才使得伪被错视为真。孔子痛恨的正是这种伪饰。"郑声"被归于"佞人",就是因为"郑声"就像"巧言令色"的"佞人",如果我们不警惕,它们就会淫乱和侵蚀我们的嗜好。[48]

孔子喜欢《韶》乐,因为它灌注了舜的文化贡献。舜是《韶》乐的创造者,他是一位由于个人道德成就而获得尧禅让的平民。孔子对《韶》乐的热爱实在深沉:

> 子在齐闻《韶》,三月不知肉味,曰:"不图为乐之至于斯也。"(《论语·述而》)
> When the Master was staying in Ch'i he heard the *Shao* music. For three months he did not even notice the taste of

meat. He said, "I had no idea that the performance of music could reach these heights."

孔子如此强烈热爱《韶》乐的原因在于《韶》乐中有舜之"义"的积淀:"子谓《韶》:'尽美矣,又尽善也。'谓《武》:'尽美矣,未尽善也'。"(《论语·八佾》)歌颂周朝建立者周武王的《武》乐,夸赞了这位武力讨伐者的威武精神,但却不能说它充分表达了善。

乐与礼一样被视为意义得以传承和获取的贮存库。但正如上文所示,乐更被用来作为展现个体自我创造性贡献的可塑工具。《论语·八佾》论及音乐的个人创造性,其中,孔子的音乐修养丝毫不比鲁国王室的音乐大师差:

子语鲁大师乐,曰:"乐其可知也:始作,翕如也,从之,纯如也,皦如也,绎如也,以成。"

The Master said to the Grand Virtuoso of Lu, "What can be realized in music is that one begins to play in unison, and then one goes on to improvise with purity of tone, distinctness and flow, thereby bringing it to its completion.

这一描述反映了乐既需连贯性也需要创新性。该章以及其他地方都一再出现了"乐"和"成"的关联:"兴于诗,立于礼,成于乐。"(《论语·泰伯》)音乐对孔子来说,是人们在社群中获得审美秩序的表达媒介,是毕生修身所获的和谐,是自身个性的充分表达,是个体与其世界之间的完美协调(attunement):"五十而知天命,六十而耳顺,七十而从心所欲不逾矩。"(《论语·为政》)

理解孔子哲学中乐的地位,重要的是要理解百姓生活中无处不在的审美和谐。杜志豪论道:

> 六朝时,艺术是特别不同的事业,所有适合和谐生活的内容都包含在审美观念中。任何尝试——无论多么普通——解牛、斫轮或者死疾——只要行为得宜("义"),就是审美的,并且与现行秩序相谐和。平凡工作与艺术创造没有"界线"。五音相协的音乐和五味俱全的汤,在中国古典著作同样都是体现和谐的典范,二者在审美意义上没什么不同。[49]

古希腊文化中,"音乐"是缪斯们的艺术。缪斯们被求祈为创造、灵感之源。柏拉图《理想国》中详细阐明的教育理论将音乐解释为获得真知过程的准备阶段。它是重新在人类心灵中创造宇宙之韵律、和谐以及有序运动的尝试。但音乐产生的"和谐与均衡"却不算"知识",[50]因为它主要的对象是表现表象世界中形式之间的关系,而非"形式"本身。[51]音乐是一种工具,它能够使个体敏感到反映实在世界原始秩序的生成世界的秩序。尽管音乐教育确然是走向纯粹知识必要的一步,但柏拉图却仅将其局限在它的模仿本质。

而对孔子来说,音乐在严格意义上并非是模仿性的,而是协调诸焦点以构成整个场域的和谐。独特个体在诠释这一和谐上具有决定性的贡献。音乐教育的目的不是纯粹的知识。毋宁说,它是实现(知)点域和谐以及由此成就带来的喜悦(乐)之同在、"共感"(constatic)[52]的经验:"知之者不如好之者,好之者不如乐之者。"(《论语·雍也》)这一"知"世界与"乐"世界的关系在以下句子中得到重申:"知者乐水,仁者乐山。"(《论语·雍也》)而仁者不仅"知"世界,他更无忧地"乐"此世界:"仁者不忧……"(《论语·子罕》)[53]孔子实际在《述而》中用同样的语言描述他自己:"乐以忘忧。"鉴于"忧"会造成分裂、崩溃,因此,仁者的标准是追求和谐以达到整合的程度。

"乐"(音乐)和"乐"(快乐)由同一个字表达,这似乎绝非偶然。它表达已实现的和谐与可能随之而来的快乐之间的关联。[54]孟子巧妙运用"乐"(音乐)和"乐"(快乐)表达和谐秩序的相交意义来描述"乐"和"为政"的关系:

> 他日,见于王曰:"王尝语庄子以好乐,有诸?"
>
> 王变乎色,曰:"寡人非能好先王之乐也,直好世俗之乐耳。"
>
> 曰:"王之好乐甚,则齐其庶几乎,今之乐犹古之乐也。"
>
> 曰:"可得闻与?"
>
> 曰:"独乐乐,与人乐乐,孰乐?"
>
> 曰:"不若与人。"
>
> 曰:"与少乐乐,与众乐乐,孰乐?"
>
> 曰:"不若与众。"
>
> "臣请为王言乐。今王鼓乐于此,百姓闻王钟鼓之声,

管籥之音,举疾首蹙额而相告曰:'吾王之好鼓乐,夫何使我至于此极也?父子不相见,兄弟妻子离散。'今王田猎于此,百姓闻王车马之音,见羽旄之美,举疾首蹙额而相告曰:'吾王之好田猎,夫何使我至于此极也?父子不相见,兄弟妻子离散。'此无他,不与民同乐也。

"今王鼓乐于此,百姓闻王钟鼓之声,管籥之音,举欣欣然有喜色而相告曰:'吾王庶几无疾病与,何以能鼓乐也?'今王田猎于此,百姓闻王车马之音,见羽旄之美,举欣欣然有喜色而相告曰:'吾王庶几无疾病与,何以能田猎也?'此无他,与民同乐也。今王与百姓同乐,则王矣。"[55]

《孟子》这段话可作为孔子《论语·子路》中"叶公问政。子曰:'近者悦,远者来。'"这句话的详细说明。

赢得远人参与和增强自我社会政治和谐的观念是《论语》一再出现的主题:

> 盖均无贫,和无寡,安无倾。夫如是,故远人不服,则修文德以来之。既来之,则安之。(《论语·季氏》)

> Where the wealth is evenly distributed, there is no poverty; where harmony prevails, there is no underpopulation; where one's territory is peaceful, there is no precariousness. Having achieved this, where those from distant quarters are still not won over, one must cultivate one's virtue and refinement. And when one has attracted them, make them content.

283　　即使常会出现物质条件匮乏的情况,但只要财富分配均匀就不会少"乐"。通过音乐和社会政治秩序实现的和谐是巨大的欢乐之源,这欢乐取决于各参与部分的丰富性和多样性。

音乐既具有传统性,也是个人性的,它是主体间性的需要,拥有创作和即兴发挥的种种可能性。"乐"所带来的快乐视它本身的丰富性与和谐的性质而定,这或许都体现在孔子本人之"顺"(attunement)上:"子与人歌而善,必使反之,而后和之。"(《论语·述而》)

如上所述,孔子用音乐作为自我诠释和沟通的一种模式,他所依据的是"始作,翕如"进而"纯如"的观念。[56]这让人想起与"正名"相关的圣人的行为:圣人听先言后。听而后言对圣人来说同"从之"而后"和之""纯如"的行为是一样的。只有首先倾听,置身于潜在和谐得以发生的情境中,然后为使之"成"而调整可获最佳化和谐的成分,这样,协调(顺)才会产生。这种先参与既定环境,然后致力于建立秩序以实现和谐的方法,也就是"恕"(deference)的方法。

四　恕:一以贯之

1. 恕之为"敬"

前此我们已表明,以超验性预设为基础的哲学与孔子内在宇宙论之间有重要区分。超验性范型中,"知"是认识构成宇宙客观秩序的结果,知性则涉及理解个体之间的一般关系。形而上学和认识论成为哲学的主要任务。而孔子哲学正与之相反:由于宇宙和社会秩序是自然发生的,因此,哲学需要主动参与到现实世界的事业中。个人对现实世界的诠释取决于他在多大程度上有效引导他人将和谐融洽视为诠释自我的根本价值。

这一群体价值的创造要求自我和他者双方共同协和、创造性地参与,而非整齐划一和纯粹的扩充。与"沉醉"(ecstatic)于超验知识造成的自我谦卑感,从而成为真理的旁观者的认识相反,认识过程中自我释放的乐趣与基于差异的丰富性融合在一起。

实现人际和社会和谐,是遵从礼、言和乐构成的审美秩序适当范型的结果。这些交流媒介为圣人作为沟通大师提供了基本工具。"礼""言""乐"的功能是一样的,它们都促进审美秩序的形成。我们将会详细阐述语言和音乐实现该目的的具体途径。而且,在"恕"这一概念中,我们会发现为何孔子以其独特风格被尊称为沟通大师。实际上,"恕"是孔子思想中贯穿全篇的主题:

> 子曰:"赐也,女以予为多学而识之者与?"对曰:"然,非与?"曰:"非也,予一以贯之。"(《论语·卫灵公》)
>
> The Master said, "Ssu (Tzu-kung), do you consider me to be a person who learns a great deal and remembers it all?"
>
> "Indeed, I do. Is it not so?"
>
> "No, it is not. " Confucius replied, "I pull it all together

on one unifying thread."

不仅孔子屡次提及让其哲学思想具有一致性和意义的方法论,而且,他最亲近的弟子之一曾子还用概念化的术语为该方法论下了定义:

285

子曰:"参乎!吾道一以贯之。"曾子曰:"唯。"子出,门人问曰:"何谓也?"曾子曰:"夫子之道,忠恕而已矣。"(《论语·里仁》)

The Master said, "Ts'an, my tao is bound together with one unifying thread."

Tsing Tzu replied, "Indeed."

After the Master had left, the disciples asked, "What was he referring to?"

Tseng Tzu said, "The tao of the Master is chung and shu, nothing more."

但何为"忠""恕"?

"忠"的流行翻译为"loyalty"。刘殿爵认为此译过于狭隘,对此提出了重大的纠正,重建了该概念更源初的意义"doing one's best"(尽己):

译者们甚至在翻译古代著作时也倾向于把"loyal"作为"忠"惟一的对应词。他们所犯的错误在于不能够充分理解该词随时间变化而产生的意义变更……"忠"有"尽己"之意,只有"忠"才能行之有效地实现"恕"。[57]

刘殿爵对"忠"的解释可在《说文解字》中找到根据,《说文解字》将"忠"定义为"敬"(reverence)。以后,注者们又对《说文解字》的概念做了进一步阐明:"尽己曰忠,忠乃有诚。"这就是说,"忠"有为当下责任竭尽其力的意思。把刘殿爵的解释再推进一步,这一概念中的"己"乃指个体独一无二的特殊性。因此,"忠"的意思即"以己尽己"(doing one's best as one's authentic self)。

而理解"恕"这一概念问题则更大。看看该概念流行译法之多,意义差别之大就明白了:"altruism"(陈荣捷)、"reciprocity"(杜维明)、"consideration"(韦利)、"do not do to others what you do not want them to do to you"(芬格莱特)、"using oneself as a measure in gauging the wishes of others"(刘殿爵)。但不管"恕"是什么意思,有一点是毋庸置疑的,即孔子把"恕"视为自己的方法论——他"一以贯之"之"道"。孔子实际恰是这样来描述"恕"的:"子贡问曰:'有一言而可以终身行之者乎?'子曰:'其恕乎!己所不欲,勿施于人。'"(《论语·卫灵公》)"己所不欲,勿施于人"这一原则在《论语》中也反复出现[58],《中庸》和《大学》也都有新表达。尤其是《中庸》将"恕"专门描述为"人""己"建构的关系域中彼此的譬比,而且,似乎更契合孔子的意思:

子曰:"道不远人;人之为道而远人,不可以为道。

《诗》[59]云:'伐柯伐柯,其则不远。'执柯以伐柯,睨而视之,犹以为远。故君子以人治人,改而止。忠恕违道不远,施诸己而不愿,亦勿施于人。"[60]

The Master said, "The *tao* is not far from man. where someone takes as *tao* something distant from man, it cannot be the *tao*. The *Book of Songs* states: 'In hewing an axe-handle, in hewing an axehandle, the pattern is not far off.' We grasp an axe-handle to hew an axe-handle, but when we look from one to the other with a critical eye, they still seem far apart. Thus, the exemplary person brings proper order to man with man, and having effected the change, stops. *Chung and shu* are not far from the *tao*: what you do not want done to yourself, do not do to others."

该段道出了孔子思想几个很核心的观点。首先,人之"道",即人的秩序或模式始终就在身边——就出自特定、具体的个人。引《诗经》的那段话以及《中庸》的评论都形象地描述了这一点。尽管"道"并不远,然而在范型与产物,已建模式和当下模式之间却始终存在着差异。独特的新柯不仅依靠已有之柯(斧)伐之,而且新柯本身实际主动参与到创造形式的活动中。人类世界同样如此——"以人治人"。

或许,该段最能说明道理的一句是"改而止"。也就是说,就像打造出的新斧,尽管与旧斧相似却仍可看出差异,因此,人的塑造也一样,其目的是向着"和"而非"同"。已有模式与新被造物比拟的这一动态过程用到人类秩序的创造,在概念上就表现为"忠""恕"二字。

《中庸》这段揭示"人""己"之间适当关系的话尚有更深的意义。"恕"在古典著作中常用"仁"来定义。《说文解字》就是一个例子。在第二章对"仁"的讨论中,我们已指出"仁"从词源上由"人"和"二"两部分组成,合在一起强调的是"成人"不可化约的关系性。"仁"与"恕"的这一关联有助于我们理解该关系的譬比性质。"仁"不是两个相同的人之间的关系;而是由相似性与差异性,美德与敬意共同建构起的人与人之间的和谐。"恕"之"道"(methodology)需要突出或承认美德,作为引起或表达敬意的方法。"恕"作为一种"道",则要求在任何既定情形下,一个人或是展示其自身美德(因而可期望从他人那儿获得敬意)或是尊敬别人的美德。而且,"恕"总是个人性的,因为它体现"忠":"以己尽己"。

"恕"以个人为出发点及其人际关系的种种含义,在孔子对"仁"的定义中一目了然:

> 夫仁者,己欲立而立人,己欲达而达人。能近取譬,可谓仁之方也已。(《论语·雍也》)
>
> The authoritative person establishes others in seeking to establish himself, and promotes others in seeking to get there himself. To be able to take the analogy from what is closest to oneself can be called the methodology of becoming an authoritative person.

芬格莱特在讨论该节时，反对把"恕"全然按照康德式的解读。他认为康德面临着这样的困难：虽然他想达到普遍性公则，但是总有无法推行公则的"相关类似情境"问题，所以公则本身阻碍人们运用它。也即只要运用"绝对命令"（categorical imperative），就需要道德立法者来制定出涵盖一切可能情况的道德规范。芬格莱特提出了和我们类似的另一诠释，即在孔子那里，"恕"有"譬"的作用：

> 这里关键的一个词是"譬"。"譬"相当频繁地出现在《论语》中。尽管在英汉词典中"譬"被译为"to compare"，但我认为值得注意的是它在《论语》中运用的几个重要特征：首先，在《论语》中，"譬"总是相似性而非差异性的"比较"。因而，译成"analogy"更相称。其次，"比较"根据的是人、事态和行为的形象化描述而非抽象特征表达的。因此，《论语》中的"譬"是典型的比喻……取"譬"是孔子授教的特点……它与抽象分析、理论建构和概括方法形成鲜明对照。这样，"恕"就是一种特殊的"譬"——从当前（"己"）把握与他者（"人"）的类似，且基此推己及人——这就是"恕"。[61]

芬格莱特用"譬"来定义"恕"当然有其词源学的支持。"恕"由它的同源词"如"和"心"构成。"如"的意思即为"像"。但如果再进一步论述则仍然有两个重要问题没有解决。首先，如果说"恕"像《论语》的传统注者们所解释的那样是"推己及物"和"以己量人",那么似乎(正像芬格莱特所论)"己"之判断力就是"恕"的起点。如果确乎如此,那么,"恕"似乎就是单向度的,个人的自我成就(己之德)成了他人如何行事的标尺。这样一来,"敬"何以产生?什么情况下"恕"能够被理解为"敬"呢?第二个问题是:为什么"恕"的"己所不欲,勿施于人"的定义用的是否定表达而非肯定表达(如"己所欲,施于人")?

回答第一个问题,我们可以研究一下《孟子》中惟一出现的一处"恕":

> 孟子曰:"万物皆备于我矣。反身而诚,乐莫大焉。强恕而行,求仁莫近焉。"[62]

该节表明了这样几个观点。首先,"我"是根据"我"与万物的关系来界定的。正是这个原因"万物皆备于我"。行"恕"之道,"我"必须首先"反身"——由人及己,而后明己。说"反身而诚,乐莫大焉"就是说个体必须清醒地意识到"我",并且以此赤诚之"我"行事。"义"始于"诚",而且以"诚"为基础建立与其语境的和谐关系。这是"乐"的源泉,因为"乐"就是"顺"各人之"志"。

个体只有在由人及己、继而明己的情况下,才有可能"反身"及人,确定什么行为是适当的。同样的观点也表现在"克己复礼为仁"(《论语·颜渊》)的表达中。"克己"是据别人而内明"己"的行为,"复礼"则是向外延伸"己"的行为。所以,"恕"

就是双向性的,因此可被界定为互惠性的,可根据美德和敬意来描述。"恕"不只是将以己之心度他人;毋宁是首先因人明己,然后,或是展现己之德,或是敬"人"之德。这样,"恕"就既是一种敬意行为,又是对敬意的需要。我们下文要说明的"譬"的方法就是以"敬"的这种意义为基础的。

为什么"恕"总是被以一种否定的形式表达?"恕"作为一种"譬"既有连续性也有创新性。像"礼"这样现成的模式关心连续性,一个人只有按"礼"行事,才能肯定地明确他应做之事。但现成的"礼"并不能涵盖所有有意义的行为,而且由于任何礼仪行为都必然是个人性的,因此,它确实会某种程度上融入创新。那么,是什么制约了这种创新?鉴于我们并不能充分意识到他者会做什么,因此,"恕"要容纳创新,就只能加以否定地表达。创新不能够被指定,它能受的惟一束缚就是个体本身的局限:我们会发现与己不相容者。

例如,声乐老师对歌手要负什么责任?他要使歌手的发声符合规范,与此同时还要为其留出创造性表达的空间。那么,他对歌手的创新有什么限制呢?他只有通过总结并运用自己的经验来分析歌手的个人风格,才会发现向什么方向发展是徒然无益的。他必须在那些技术指导不适用的情况下,用"否定的"方式提出建议,从而为歌手的创新留有余地。

当我们坚持根据给予和获得敬意来理解"恕"时,实际我们的意思还要更深。因为如果孔子确实认为"恕"是统一他思想的一贯之道,而且,如果我们可以根据"敬"的关系来理解"恕",那么"敬"就必然可在诠释的意义上从各种不同途径成为理解孔子哲学的手段。我们讨论作为敬意的"恕"一个最重要的意义就是：一定要根据"恕"来理解思想活动本身。然而，要使这一观点说得通，我们首先必须深入探究一种语言，该语言既是作为敬意、譬喻行为的思想活动的前提，又以之为先决条件。

2. 敬意的语言

宇宙发生论的神话主导了西方文化传统，世界生成之初一片混沌。宗教玄思向哲学和科学思想的转换源于神话（*mythos*）向逻各斯（*logos*）的转换。由于西方文化传统最近四五百年来科学思想的主导，我们已经忘却了在神话逻辑之前还曾有个混沌世界的神话；在科学思想把诸神话理性化之前，是神话在组织这个混沌世界。据此可知，理性有两次被排除在个体和社会经验之外。因此，在混沌世界之原理从神话本体中抽取出来且被置于理性和实践基础地位时，人们发现了神话逻辑。自此，理性掌握的就不再是原始混沌或组织该混沌的神话，而是从这些神话叙述中抽象出的原理。我们用玄思和理论建构代替了神话和宗教仪式。

古典中国思想相对缺乏鲜明的宇宙发生论构想，这表明神话—诗性语言不能作为隐喻语言的典型例证。当然，中国文化并非缺乏来自诗歌、民间传说等的象征和比喻。但中国文化中的意象根本上不属于诠释性的神话，这意味着在其文化语境中它较少起推论作用。因此，盎格鲁-欧洲传统从神话向逻辑的发展历程，在古代中国几乎没有出现过。意象所起的是唤起而非解释功能，因而，神话也不会向科学理性转换而被理性化。结果,象征和概念这两种表达方式共存,它们在中国文化传统中创造性地彼此作用,阻碍了该传统把科学发展作为自觉的文化兴趣。相反,这一交互作用却促发了中国审美传统的蓬勃生机。[63]

《论语》中意象和隐喻性质是和推理、概念性的成分一起出现的。这种语言实际构成了古典汉语的表述方式,而不仅仅是它的基体或拓展。"隐喻"和"概念"彼此交织,没有一种高低的等级关系。意义就产生在这一交互作用的隐喻性质中。而以神话—逻辑的转换为条件的西方哲学话语则与之相反,神话—诗性语言必须或者作为哲学对话的基础,或者是其目的。也就是说,隐喻语言或是产生于神话—逻辑转换的语境中,或是产生于逻辑之外对神话的诉求。

西方思辨传统就语言交流而言,存在两种截然不同的运用方式:一、理性化语言———一些解构主义者(特别是德里达)将之称为"在场语言"(language of presence)[64];二、存在于逻辑之外的神话或种种神话中———诗性意义构成的语言,我们或可称之为"不在场语言"(language of absence)。前一种语言与"普遍科学"的传统相关联,后者则关涉"一般本体论"。正如我们讨论孔子宇宙论时所指出的,与神话—逻辑关系相关的语境迥异于孔子思想的性质。不管是与"在场语言"相关的理性—文字的应用,还是与"不在场语言"相关的神秘—禁忌语言的使用都无法表述孔子思想的意义。孔子的语言是一种"差异性语言"(language of *difference*)。

当然,所谓"差异性语言"援引的是索绪尔(Ferdinand Sassure)对语言的理解。[65]索绪尔有关语言的主要论点如下:语言是一种符号体系,符号源于声音;符号依靠语言系统中诸符号的差异性来建构且行使功能,而且符号具有任意性和因袭性。

这些论点生发了一些有意思的推论,其中与我们研究颇为相关的有以下几点:首先,意义不是一种指涉功能,它是由符号系统内诸差异性揭示的。其次,符号是不确定的,完全依赖这些差异性而存在。最后,前两点的一个含义是,语言并不是要再现对象或观念(使之在场),而是通过(通常含蓄地)表达语言单位间的差异性来建构意义。与我们探讨孔子运用语言最相关的一个推论是:指涉不再是语言的首要功能。

如果我们对德里达语言作为"差异性游戏"(play of differences)的观念加以引申,就很容易说明该推论与孔子思想的相关性。[66] 这需要讨论德里达的"差异"(或"延异")概念。"Différance"这个新创造的词("ance"替换了词尾"ence")的使用意味着接受语言作为差异性游戏观念所产生的影响。"Différance"表明"差异"既有主动之维又有被动的方面:作为一种提供言说可能性的语言系统,符号间的差异是"被动的"——因而仅是当下建构的系统的一个功能。而作为由语言行为建构,而且就具体语言行为本身来说,"差异"又是主动性的。语言第一意义和第二意义之间"鸡生蛋、蛋生鸡"的关系,是构成"差异"原初意义的基础。然而,结构、行为或现象间始终存在的交替、更迭,则说明意义总是延生的。而作为"延生"的意义,是从来既不会存于语言结构(当结构为中心时)中,也不会存于语言现象(当语言行为为中心时)中。因而,"差异"(différance)是由相异(differing)和延生(deferring)观念间的细微差别定义的。

就此，我们想加个补充注解。我们认为，"差异"（différance）的意义不仅应包括"defer"作为"延生"（postpone）的意义，还应该包含该字的另一个含义"遵从"（to yield, to give deference to）。从这一修正意义出发，我们便可深入诠释孔子对语言的运用。

古汉语是一个差异性系统。"差异"这一观念必然包含"不同或可区分"这样的标准意义，最后还必须加上"defer"的同音异义字"遵从"的含义。这样，一个既定符号的意义就由其主动性和被动性的差异来确定，而且，该意义从来都不是全部呈现，而是"延生的"。这是因为意义不是通过直接指向性而是通过"遵从"建立起来的。"遵从、敬意"是我们得以获得意义的手段。如同"差异"既有主动意义又有被动意义，"敬意"也同样既意味着"延生"又具有"让步"的意思。

正是"敬意"观念附加的"让步"意义，使得语言作为一种差异性游戏的解读与孔子思想的诠释特别相关。要理解这一复杂观念如何适于分析孔子对语言的使用，就必然需要运用我们在讨论孔子思想宇宙论性质时所勾勒的那种思想范型。如我们所言，儒家思想既不是"一般本体论"也不是"普遍科学"，而是一种"情境化艺术"，它所使用的是一种个性化、具体性语言，与奠定西方客观指向性基础的抽象概括的语言大相径庭。

"在场语言"与"不在场语言"二者都是指向性的；前一种形式以名称为媒介使物被"知"。已知事物一般都是靠抽象名词来区分的："锅""菊""哨"等等。如果是特指则就需要代名词——如"这口锅""这些菊花""他的口哨"。而专有名称（像"亨利四世""莫里斯""特丽莎"）是为了区分特定个体。但绝大多数情况下,这些指涉语言实际是描述性的,或者需要进一步描述。这种进一步描述则需要运用与类名词和类概念相关的抽象概括语言。

古汉语中的类名词与专有名词之间的关系是这样的:专有名词既是直指的也是描述的,但只有后一种意义才具哲学意义。"命名"的指涉功能并不像描述功能那样重要;因此,没有任何本体论的指涉用来约束命名行为。即没有严格意义上的客观语言。语言在此意义上是非指向性的。之所以这样说,是因为在严格的语言学意义上,"指涉"(refer)意味着"表示"(denote)或"代表"(to stand for),一个词的准确意义就是其所指涉的所有个体的类。

由于古汉语相对缺乏抽象名词,这就妨碍了语言的指示和参照功能(表面看来如此),以致要依靠类名词来指示单个"项"。例如,像"勇"这样的词必然要包含古往今来一切勇敢行为。该词严格的内涵要包括其正式定义的所有背景特征。语言表达的指涉能力似乎依靠形式上可定义的概念的存在,该概念使一个物成为此类物中的一个。对不明显依赖抽象名词的语言而言,严格说来既不能从内涵也不能从外延来下定义。

"在场语言"试图表现或再现其他不在场的主体。"不在场语言"则以间接方式表达不可呈现的主体。在这两种情况下,都会有一个外在于指示行为本身的指示物——不管是实在的还是假定的。

与之相对照,在我们所谓孔子的敬意的语言中,意义的揭示和(或)创造依靠的是对沟通行为中诸参与者之间相互回应的重视。语言是传统的载体,而通过语言和礼仪行为唤起的传统又是所有语言行为得以发生的语境。运用语言的人借助当下实践与过去传统所实现的意义库,建立起自我与交流对象以及援引的权威典范之间的敬意关系。

把语言理解为既表达敬意,同时又指涉自我,有可能会终结沟通,因而成为潜在的危险。独裁主义的政治体系便与这种闭塞有效沟通的语境相关,这必然导致对语言行为的控制。极权主义政体之中,意义苍白的概念沦为偶像和标语,语言被工具化了。在这种情形下,"名"是政治结构的管理系统预先决定的角色和功能的指示器。在拥有抽象名词的语言里,概念处于意指它们所在的命题之外。然而,儒家的述行性语言则把名词的意义等同于这些名词所描述的行为或功能。

对孔子来说,传统的重要价值恰恰就体现在这里。要想避免某种没有严格超验意义语言的实证主义、极权主义和独裁主义含义,就必须有一个贮存意义的知识库,以提供超出陈述中的概念或形象所表达的更多的含义。儒家传统中,只要存在可供尊敬的传统模范,想象力就不受当下实践的拘束。只要传统之"义"的表达和历史模范的运用不受集权政治或行政力量的控制和垄断,那么,对传统模范的敬意会一直存在。

敬意的语言就是"恕"的语言。给予和接受敬意都涉及比较,即"譬"。对传统或人际关系中美德的赏识引起对该美德的臣服,而当这种臣服传达得当,又成为其他人遵从的典范。这一"臣服"始于"听"。孔子首先倾听传统和当前实践的美德,而且通过这一敬意行为"顺"己。正因此,他遂又使自己成为他人敬从的榜样。孔子使自己与传统相合,以传扬后者。而他也正是在这一"述"行中集传统于一身——集其之大"成"。于是,孔子成为圣人。

敬意的语言既依靠与传统的连续性,又需要使传统关涉当下进而得以创新地拥有过去。作为敬意的"恕"依靠的是一种模仿关系,该关系重视能够促成个人、人际间和社会和谐的个体、行为或环境之间的相似性。但该相似性总是以创新性和差异性这一背景为前提。正如我们讨论音乐这种沟通模式时所论,"和"预设了相似性作为即兴创作的基础。社会和谐就像音乐的和谐,是从相似性和差异性均衡的复杂性中产生出来的。

"恕"的语言确然是比拟性的。但如果不能明确指出我们所谓的"比拟性"(譬)到底何谓,势必会扰乱视听。阐明"恕"(deference)与"譬"(analogy)的关联将非常有益于我们理解圣人行为的意义。

五 圣人:沟通大师

1. 譬

我们已论述了作为沟通大师和艺术鉴赏家的圣人,这两个特征都反映了孔子修身和成人概念中"沟通"的核心作用。我们在实现"沟通"的几种表达形式(礼、言、乐)的论述中,也试图阐明对"譬"创造性运用的动态过程。这一譬比既取自历史人物和文化成就的权威,又靠的是当下新环境的创造。一个用在当下语境中的专有名词,不仅直接揭示了历史和现在之相似性和连续性的类比,与此同时还成为一种体现差异性的结构。就像当下语境中履行的"礼"既引领文化传统前行又将其融入当下,与此同时还提供了记载个人独特性的形式工具。古典中国哲学用"譬"的例子俯拾皆是。人们不断引用历史事件和人物典范,将其作为建构当下经验的行为的具体例证。从广义上来说,一种不诉诸绝对客观原理的内在实在观,必然运用典范而非规范来唤起适当行为。模仿关系的建立和培养正是通过"譬"来实现的。

既然对孔子来说各种层次的修养都是以各种各样的沟通媒介来实现的,那么,把譬比性交流说成是贯穿其教义的核心方法论就不是夸大。因为"圣人"毕竟不只是关心祖"述"历史,他更关心的是选择适当文化资源,将其"比"之于当下进而化育当下的动态过程。这样,作为"敬意"的"恕"正是某种特殊的类比活动。

交流有两个根本目标:一、明确区分事物;二、暗示、隐含、意指或提及。第一种行为是直接表达或明喻;第二种则为隐喻、暗指。[67] 所谓指向性语言都有一个字面基础,表达在场或不在场。此种语言概念优先于形象,无法精确说出某物之所是所非,这被认为是语言的局限。隐喻语言不使用传统意义上的指涉,因而就没有一个字面基础。语言的功能首先是唤起。比喻和象征作为首要的沟通手段绝不从属于字面概念。

无疑大家会注意到,语言之"表达"(expressive)和"隐喻"

(allusive)的对立实际意味着秩序的理性认知和审美认知的对立。理性秩序只能由命名或描述客体、概念、字词及其模式、关系的语言表征。全称命题不管是在实在还是在约定俗成的意义上都被视为这种语言的基础。与之相反,表征审美秩序的语言则不是基于用名词表达的一般模式或逻辑形式。

隐喻语言是比拟性的。但隐喻并不与字面表达截然对立;它们建构起表达的自主媒介。当"比喻"被解释为字面表述的延伸时是"表喻",反之,"隐喻"则用语言来"暗示"(hint at)、"隐含"(suggest)或"提及"(mention)独特性。隐喻语言的暗示性用于这样的沟通行为,即它会唤起交流者独特的情感体验,正是这种独特的情感体验建构了语言之"义"。

隐喻语言是间接的。这是因为,"表达"语言以与抽象名词的概括为中介传达意义;反之,隐喻则意指那些不能被适当概括或归类的个别现象。在一个由隐喻语言表征的世界,一般陈述不可能为"真",因为一般化适用于"无特殊性"的世界。自然法则作为关系的一般命题以及普遍伦理原则等等,它们都是奠定在场和不在场语言基础的表达语言的功能。隐喻语言是寓言语言,是有教益的故事语言。隐喻表达的"真"实现于沟通者之间:"让有耳能听者自己倾听。"它是召唤,是确保"真"——或者更恰当地说,陈述有效性的内在表述。

2. 为顺之思

古汉语不像大多数西方语言那样建立于命题之上。名词的支配地位排除了那些有主谓句式的有限制的意义陈述。古代中国哲学家关心"正名",原因正在于此。古汉语不依靠句子和命题来表达语义内容,这一点着实引人注目。它体现了这一认识,即所有汉字都是名称,复合词、短语和句子也是成串的名称。[68] 这反之使我们能理解为什么古代中国人对"真""假"问题缺乏兴趣。作为名称的字词只有得当与否,命题才可能在严格的意义上判定是真命题还是假命题。只有充分领会古汉语作为一种"实效"语言,就可知道该事实对于我们当前论证的价值:

> 西方精神哲学关涉资料、信息的输入、处理和存储,而中国哲学家却将心灵描绘成种种志向,以做出区分来指导行为。[69]

古汉语的一个词在孔子那里确实起到一个"名"的作用。接受一个认为适当的"名"涉及行为的倾向性。语言是有倾向性的,"正名"本身就是正"志"。客观或逻辑不能决定命题的语义内容。语言中的"思"是一种志向性行为;它体现出区分的倾向性以及行为的倾向性。

汉语是这样一种实用主义,即便连西方传统中最严格的实用主义者也会大为赞许。恰如陈汉生所言,西方的实用主义总是不得不逆流而上,以抗拒那把命题作为语义内容载体的传统:

> 西方哲学……有一个关于信仰作为"行为习惯"的现代实用主义传统。实用主义的批评者坚持认为,实用主义认识的失败恰恰因为它不能捕捉信仰的"要义"。该要义

集中包含在推理——尤其是条件推理中。[70]

我们已经指出,由于中国哲学家不强调命题,因此他们不倾向于依靠推理或推理性语言。这样,中国的实用主义理论就不会受到所谓不能表达出"内容"之要义的威胁。耐人寻味的是,中国人或许更容易捍卫美国实用主义所谓"知就是行"(Knowing is a kind of doing)的口号。

当然,西方思想家继承的传统不仅知和行彼此分离,而且二者与"情"也是截然分开的。然而,"心"必须具有综合"知""行""情"的功能。因此,言说某"思想"或"概念"(心中怀有的"名")也就是说一个"志于行的名"。

孔子宣称"六十而耳顺"。他这样说意味着他能够领会语言和音乐沟通交流中的"志"。孔子的传记就记载了他对音乐意义敏锐的把握:

> 故曰:乐听其音,则知其俗;见其俗,则知其化。孔子学鼓琴于师襄,而谕文王之志,见微以知明矣。[71]

圣人先听,而后言而和之、歌而和之。"听"对无"倾听之耳"的人来说几乎毫无价值。"耳顺"是对种种沟通模式——言、礼和乐的把握。

"顺"这一概念暗含的语言和音乐之间的类比是极为恰适的。人们一直公认汉语的"音乐"性。[72]汉语的音调特性,使音乐和会话语言的相互作用比非音调语言更直接、更丰富。

汉语中"名"占主导地位,而中国音乐则受"音"(notes)的支配。"音"如同"名"一样也与"志"相关。传统上归于孔子名下的《诗·大序》就有这样一段话:

> 诗者,志之所之也,在心为志,发言为诗,情动于中而形于言,言之不足,故嗟叹之,嗟叹之不足,故咏歌之,咏歌之不足,不知手之舞之足之蹈之也。情发于声,声成文谓之音。[73]

词语和音调之起源说明,语言和音乐的符号组合关系在西方并未受到重视。"名"和"音"的主导地位暗示了沟通的基础是沟通行为中个体的独特性。"和"产生于"名"与"音"的独特性以及它们敬意关系形成的相互呼应。

当然,这种对"名"与"音"的个体性的强调暗合了本书贯穿全篇的审美秩序的观念。另外,由于汉语与中国音乐之间的类比关系以及汉语非命题性的特征,我们或许可以推断中国音乐比之西方音乐来说,结构之于创作和演奏都不太重要,这是因为西方音乐一直都依靠对秩序逻辑或理性的理解。确实,像钟鼓这样的打击乐在中国音乐中的重要地位也表明,旋律(音符形式、曲调的演进)在中国古代并不如打击乐等加强节奏性的乐器受到高度重视。

"正名"与"正音"二者都是以沟通行为本身为前提的。而且每一个都需要我们适当的"耳顺"。孔子在《论语》中讲的那种沟通形式涉及既为原因又为结果的谐和行为。孔子既是沟通大师,又是最优秀的思想家。由于沟通的模式(言、礼、乐)实际上是"思"本身的形式,因此,思想和交流不是彼此分离的行为。所有这些沟通形式的述行性都确保了思想行为和沟通行为的彼此包含。

沟通和思想的隐喻、敬意的品格在孔子为"师"的角色中获得了最佳阐明。孔子为"师"的关键是他所运用的特殊的类比方法。这种方法主要借助上文所述的隐喻之"譬"。敬意的语言就是一种隐喻语言。孔子所用的"譬"应被理解为是种种隐喻形式。

隐喻的目的是尝试在模仿关系的双方之间建立呼应和共鸣。榜样唤起由模仿者境况决定的行为。两把音叉共鸣的理想状态不是模仿行为的根本范例。效仿的目的是和谐,而不是简单的共鸣。模仿行为不应当被解释为本质上的严格一致,这必定是理性的诠释。它更应当是竭力与榜样谐和的行为。决定榜样教育作用的不是模仿而是唤起。

模仿和唤起之间的区分源自"教育"(education)一词的英语含义。"education"的词根是拉丁语"ēdūcere"(唤起, to e-voke)和"ēdūcare"(培养, to bring up)。而后一种意思一直以来主导着我们对"education"(教育)的理解,尽管有时我们也会注意到"education"之"唤起"(educing)、"引导"(leading forth)、"引出"(drawing out)的意义。

作为"唤起"的"教育"不应当仅仅是从一个个体中引出已贮存于教师心灵中同样思想和情感的训练。唤起意味着激发受教育者产生新的反应。有人或许会想起所谓苏格拉底强弱兼备的"唤起式"教育方法。较弱的唤起是让学生领会教师已知而他还未知觉的对真理的记忆。《曼诺篇》中，苏格拉底教一个男童奴数学公理，他运用问答方式循循善诱引发这个男孩自己发现真理。而当苏格拉底和曼诺强调一个迄今还从来没有得到答案的问题——"德行可以传授吗？"联合探究的层面就达到了。这就是较强的唤起的意义。对话提供相互唤起的可能性，而这有可能导向对复杂问题更深刻的认知。

但是，即便这种强烈的唤起感也还不足以说明孔子的感受性。在强调与"礼"相关的基本问题时，孔子采用类似第一种意义的教育方法。然而，他对较强唤起意义的使用却比苏格拉底更为强烈。柏拉图哲学设定通过辩证法探究先在的真理。这对孔子来说是不可能的。圣王之"义"不是靠符合某已有标准来践行的，它们本身就是建立适当行为典范的创造性行为。孔子既援引传统之"义"，又吸收他弟子们的智巧，在这一过程中，他进入一种没有特定终极目的（作为事物真理的某一理念或一系列思想观念）的联合探求。

让我们更近地体察一下孔子活动的教育环境吧。《论语》中孔子的话在极大多数情况下都是说给人听的。在这一沟通行为中显然有两种诉求：一种是希望听者表达出个体的智识，一种则更为经常的是对现有传统或当前实践的榜样的吁求：不管它们是合"义"之"礼"，是"义"之表率的人，还是表达"礼"的音乐和诗歌。

不能认为孔子"心里"知道他想教什么。无论他或许多么明确希望遵从传统，然而他意在唤起弟子的独创智慧则说明他重视依据其弟子的新条件、新境况实现对传统的拥有。他不是要像柏拉图哲学那样去发现此后可用之于一切情况的原则、规范。孔子的目的是传承包含"义"之典范(当然也包括他自己的行为)的传统。这两种"教"的根本差异体现在是否用推理性的深思。

对孔子来说,沟通行为是更为直接和具当下性的,至少对于榜样之传扬和原理的传播的对比来说确是如此。原理的传播需要导向定义的分析和(或)辩证过程。概念一旦被确定,就可以单独或联合建构命题,以指导思想和行动。比如,"说谎是不对的",这一原则首先需要对"对/错"的意义做理性明确地思考、说明,其次给出一个关于"说谎"的定义,以使我们懂得该命题的适用范围。在任何情况下,我们都要通过扪心自问"如果我……会是说谎吗?"来考虑行为的对错。而且,如果碰到一种似乎非说谎不可的情况,我们必定会在几种情况下选择一种道德错误相对最少的谎言。

与此相对照,孔子的沟通形式则更为直接。孔子就像耶稣和释迦牟尼,采用"让有耳能听者自己倾听"的对话方式。他通过指出在与我们当前类似情况下历史人物的所作所为,推举了一个可比照的榜样。这种情况下不是要确定概念或建立、发现原则,而是努力通过隐喻找出相似性。这种隐喻不仅依靠所指涉的某些榜样的澄明,而且最主要依靠与情感上拥有过去传统相关而产生的有效的情感体验的波动。因而,历史,对孔子来说,就是由对过去欣赏激荡的情感体验且与该情感体验相一致而创造的有效历史。

孔子的主要教育手段是与最强的"唤起"行为相关的一种方法。他对传统的倾向性体现在,他试图在沟通行为中通过敬意行为再现历史或当下美德。这一再现不是借助教义和信条,而更多依靠的是经验的古老资源——即行动及其情感氛围。

言、礼乐的直接关联是由它们各自都拥有的唤起品格实现的。沟通模式不是情感借以疏导的形式,毋宁说,它们更是通过"顺"的过程直接产生该情感以及各种情感关系的述行性行为。而思想正是通过这种沟通来实现的。"思"就是沟通,沟通就是"思"。

注 释

[1] 罗思文:《古汉语的抽象表达》,第71—88页。

[2] 罗思文认为这一论断是华盛顿大学赖夫勒(Erwin Reifler)的贡献。

[3] 参阅仇子传:《"诗"字之源起》,第152页。理查德·斯密斯(Smith, Richard J.)计算共有2200个词条(理查德·斯密斯:《中国文化遗产》,第84页)。

[4] 参阅安乐哲:《古典儒道修身思想的共通》。

[5] 参阅《论语·述而》。

[6] 参阅《论语·子罕》。

[7] 《论语·子罕》。

[8] 马伯乐:《道家和中国宗教》,第136页。

[9] 杜志豪(Kenneth DeWoskin):《为一二人所作的歌:古代中国的音乐和艺术概念》,第32页及其后。

[10] 如可参阅《左传·襄公二十九年》。

[11] 刘殿爵:《孔子:〈论语〉》,《序言》,第40页。

[12] 《白虎通·圣人》。

[13] 参见鲍则岳(William G. Boltz):《马王堆帛书〈想尔老子〉的宗教和哲学

意义》，第101—102页，注17。从马王堆《老子》甲本中"聖"习惯上被写做"聲"，以及在马王堆乙本中被缩写为"耳口"的这些事实，鲍则岳推断"耳"很可能有意义上与"听"相关连的第二种读音"*lhan*（*s*）"（*ting*），这样，它就既在语义上又在语音上与"聖"以及一系列以它为部首与听觉相关的字密切相关：聽[*lhan*（*s*）]和聲（*lhan*）。Boltz 把该认识专门用在"圣"上，推测"耳"（*erh/lhan*（*s*））：

在"耳口/聖"字中也有语义的功能（如上所示它之读"*lhans*"时是表音的），而且"圣"的首要意义与"耳、聲、聽"这一系列字相关，且应当被理解为"擅听之人"。……这就是我们所认为"圣人"或"圣王"乃：有闻（知）者。

鲍则岳认为"耳"似乎既有语音意义又有语义意义。根据此推论我们或可将之用于其他途径，即如果说"耳"实际上是语音成分的话，那么"呈"，这先前被认为是"圣"的语音成分的部分就有可能对该字有语义的贡献，尤其对于"呈"在马王堆《老子》B 中被缩减为"口"的情况下更是如此。"呈"与"圣"是同源词，基本意思为"献"（to manifest）（口述地）、"示"（to disclose）、"表"（to express）。说"圣"是个会意字似乎是可信的，它含有其两个构成成分共同创造的意义。

[14] 如可参阅《论语》之《学而》《为政》《里仁》《宪问》《卫灵公》《季氏》《子张》相关篇章。

[15] 《孟子·公孙丑上》。

[16] 《易经·上经·文言》。

[17] 《礼记·乐记》。

[18] 《白虎通·圣人》。杜志豪私下告诉我们，在"圣人"与"作"相关的大多数情形下，其意义是"圣人出现"。就此，它暗含了一层创新的意义。

[19] 《白虎通·圣人》。

[20] 马伯乐：《道家和中国宗教》，第136—137页。上章所引《孟子·尽心

下》(本书旁码第242页)也描述了人这一自我修身过程的延展。

[21] 还可参阅陈汉生:《汉语、中国哲学和"真理"》,第491—517页。

[22] 由于大多数集合名词可被类型化且因而有了复数形式,或许这一区分有点过分。英语中对"地"(earth/earths)、"水"(water/waters)之种类等等的区分,即便笨拙但也是正当的。但汉森此意乃把功能上为集合名词的词用做理解汉语之样式。

[23] 陈汉生:《古代中国的语言和逻辑》,第30页。

[24] 同上书,第31页。

[25] 同上书,第30页。

[26] 回想我们先前在第四章中谈及道-德关系时对焦点-场域和全息概念的探讨。

[27] 有关另一种更有建设性的唯名论讨论,参阅郝大维:《爱欲与反讽》。

[28] 参阅奥斯丁:《如何以言行事》。

[29] 参阅布鲁姆有关汉语中一般认为没有反事实表达的讨论。吴光明令人信服地论证古典中国哲学存在某些反事实表述。吴光明无疑是正确的,而布鲁姆则有些夸大。尽管如此,我们的论述的依据不是靠古汉语缺乏反事实表述,而仅是以中国哲学论争中很少采用这类表述为基础。

[30] 我们所论——大意乃意在降低与西方哲学最密切关联的科学和伦理理性的价值,其内在地相关于古典中国哲学反事实表述的相对缺乏,这有可能得不到李约瑟的支持。李约瑟宣称阴阳和五行思想都拥有原科学的假定(参阅李约瑟:《中国的科学与文明》[卷二],第578—580页)。但我们认为,这更多依据的是你所确定的这些"假想"正式建立的时间。正如我们上文所论(见第三章,注54[本书英文版]),荀子之后的部分思想家有一种向逻辑或理性秩序转换的趋势,此现象有可能说明李约瑟所谓原科学假想的兴趣。无论如何,我们都认为,无法将这种一般公认的假想发展为成熟的科学理论,与相对缺乏将思想置入假

设或反事实语言框架有很大关系。

〔31〕 芬格莱特:《孔子:即凡而圣》,第二章。

〔32〕 罗思文:《反对相对论》。

〔33〕 萧公权:《中国政治思想史》,第519页。

〔34〕 同上书,第98页,注43。

〔35〕 韦利:《孔子〈论语〉》,第29页。

〔36〕 萧公权:《中国政治思想史》,第98页。

〔37〕 《中庸》第二十八章。

〔38〕 例如可参阅《论语》之《为政》和《子路》相关章节。

〔39〕 《左传·成公二年》。

〔40〕 《管子·心术上》。

〔41〕 朗格(Susanne Langer):《哲学新解》,第209页。朗格饶有趣味地指出了作为纯形式的音乐与那些试图通过援引康德对音乐的缺乏重视而要使之理性化的努力之间的紧张:

在康德的时代,艺术是由其作为文化工具的概念定义的,这也涉及在这些为知识进步做出贡献的艺术中音乐所处的地位。据此,理性的伟大崇拜者自然将它排在所有艺术形式的最底层(这可在康德《判断力批判》中找到)。(第210页)

但朗格根本与孔子不同,她不愿承认音乐的述行(如果不是说改造)力量。她明确声称:

音乐通常不影响行为……一般来说,即便在欣赏完最激动人心的演出后,所谓音乐对人类行为产生的传统的神奇效果会发生在音乐会听众的身上,这种认识还是非常可疑的。其对身体的影响转瞬即逝,而至于精神的沉醉或提升则似乎更微不足道。(第212页)

〔42〕 理雅各:《中国经典》,第三卷,第48页。

〔43〕 《左传·襄公二十八年》。

〔44〕《易经·系辞上》。

〔45〕构成这一特性的"悦"字显然直到后古典时期才出现。

〔46〕杜志豪总结了近来有关"樂"的词源研究为我们的论证提供了有利的观点。根据杜志豪的观点,《说文解字》将"樂"解释为一个悬钟鼓的柱子一直以来都受到另一诠释的质疑:

> 它逐渐被公认为意指某种"丝坿(附)木上"的"琴瑟之象"。其中间所增加的(或曰"白")的成分有可能是出现些微变动的另一弦,其在该语境中,意思是"调弦"……"樂"字像一个古琴,加上中间的"白",意思有可能是奏琴。(杜志豪:《为一二人所作的歌:古代中国的音乐和艺术概念》,第58—59页)

此一分析的一个重要观点乃在于,"樂"作为一种弦乐是由绷紧的弦的张拉作用产生的音乐。音乐就是一种实现和谐关系的伸挪延展。同样,将"乐"解释为"奏乐"(playing music)而非仅仅是"乐"(music)强化了该概念个人的、述行性内涵。

〔47〕杜志豪:《为一二人所作的歌:古代中国的音乐和艺术概念》,第21页及其后。

〔48〕刘殿爵:《孔子:〈论语〉》,《序言》,第36页。

〔49〕杜志豪:《为一二人所作的歌:古代中国的音乐和艺术概念》,第178页。

〔50〕柏拉图:《理想国》,522a。

〔51〕同上书,398c—403c。

〔52〕有关"共感"(constasy)观念的探讨,参阅郝大维:《莫测的永生》,第247页。

〔53〕还可参阅《论语·宪问》。

〔54〕在古汉语中,音乐(樂)能够有效地有益于和谐的这一品格可从用此字表示医学治疗(藥)的运用中获得进一步证明。

〔55〕《孟子·梁惠王下》。

〔56〕 见《论语·八佾》。参阅上文 279—280 页（本书旁码）。该段最为奇异，只能勉强临时这样翻译。

〔57〕 刘殿爵：《孔子：〈论语〉》,《序言》,第 13—14 页。

〔58〕 参阅《论语》之《公冶长》和《颜渊》相关章节。

〔59〕 高本汉：《诗经》,注 158。

〔60〕 《中庸》第十三章。

〔61〕 芬格莱特：《追随〈论语〉的"一贯之道"》,第 382—383 页。我们应当指出的是，我们"恕"的概念强调差异性的作用，此点并不全然与芬格莱特相一致。

〔62〕 《孟子·尽心上》。

〔63〕 郝大维：《逻辑、神话、混沌：追求差异的形而上学》,第 1—24 页。

〔64〕 德里达：《声音与现象》,第四章。

〔65〕 参阅索绪尔：《普通语言学教程》。

〔66〕 德里达：《声音与现象》,第 129—160 页。

〔67〕 有关"表喻"（expressive metaphor）与"隐喻"（allusive metaphor）之间的区分，请参阅郝大维：《爱欲与反讽》,第 180—182 页。

〔68〕 陈汉生：《汉语、中国哲学和"真理"》,第 500 页。

〔69〕 同上书,第 501 页。

〔70〕 同上书,第 502 页。

〔71〕 《淮南子·主术训》。安乐哲：《"主术"：中国古代政治思想研究》,第 173 页。还可参阅《列子·仲尼》《孔子家语·六本》和《史记·孔子世家》相关章节。

〔72〕 杜志豪：《为一二人所作的歌：古代中国的音乐和艺术概念》,第一章各处。还可参阅列维（J. H. Levi）：《中国音乐艺术的基础》。哈特纳（Willy Hartner）：《关于中国音乐艺术》,第 32—54 页。

〔73〕 理雅各：《中国经典》,第四卷,第 34—35 页。

第六章　七十而从心所欲，不逾矩

一　孔学的式微

本书从15岁的孔子，这位文化的新信徒立志学习传统写起，一直讲到他70岁。70岁的孔子已修养成一位具有完善人格的人，因此可随心而行事："七十而从心所欲，不逾矩。"(《论语·为政》)

我们以抽象的"悖常假定"为出发点，首先将中国文化勾勒为一种隐含的审美秩序，进而进入对孔子的诠释，我们眼中的孔子不是一个遥不可及的偶像，而是一位有血有肉极为具体的圣人，他本人充分体现了"和"这一中国文化。

孔子是一位历史人物。他因为自己的德行而成为一个集体人，他的生命在传统中获得了延续。同许多中国最有影响的哲学家一样，早期的孔子绝对是个杂家(其实际意思乃是充分利用吸收了文化遗产)。他编纂古代文化经典，注述六经以授学，又躬行于"礼"为其注入新"义"，据此确立了中国传统之"体"。自此，他的精神便逐渐被发扬光大。儒学之传播先是起自亲身受教于他的为数很少的弟子,继而,在漫长的历史过程中,不计其数的注经者都加入了为他这一全体性自我不断注入生命力的过程。在孔子身上,我们见证了圣人从一个单一的历史人物到拥有真正文化品格的集体人的成长历程。

不管孔子如何声称自己"述而不作"(《论语·述而》),但通过此前对他思想的探讨,我们显然看到了他之"述"中确实包含个人"作"的成分。孔子不管在授学还是个人生活中,都致力于培养其文化环境的秩序与和谐。他的抱负可谓是最实际的。孔子曾因无法入仕以行其道感到沮丧,抱怨道:"吾岂匏瓜也哉?焉能系而不食?"(《论语·阳货》)孔子为使"和"能够平复那个诸侯混战、相互残杀的世界,晚年历尽心血,游说于各主要诸侯国之间。拿孔子所爱好的音乐来比之,他就是使天下归于"道"的木铎。[1]

我们把孔子哲学描述为蕴涵着种种深邃渊邈思想的结晶,一旦在其历史语境中获得阐明,也将有助于丰富我们的文化传统。我们相信,我们向读者展现的孔子不是某些西方人所理解的僵化的道德家,他是一位传统的缔造者,他的思想会为哲学之"思"提供另一范型。在努力揭示孔子思想精髓的过程中,我们也找到了要认真对待他的最好的哲学理由。正是因为我们渴望从孔子哲学中寻找可资利用的资源,以解决当代西方一些休戚相关的问题,我们才必须阐明这一挖掘出的新资源的种种局限性,以使之获得更为深刻的表达。

坦率地说,孔子哲学历史上的失败乃自食其果。所谓"自食其果",我们指的是这一事实,孔子哲学由于其实用主义而忽视了"不实际"的理论建构——尽管践行孔子哲学的人有这种内在吁求。而且,由于儒家过度依赖作为其理性和价值结构大本营的传统文化,在现代所能达到何等文化品质就成了判断儒家文化在未来有多大潜能的标尺。据此,我们就必须批判地来看待这已深深打上孔子印记的传统,且要理智地对之加以清理。

孔子哲学最严重的缺陷在于,其思想的体制化似乎不可避免地造成了地方主义和地方观念。从孔子对传统文化的依恋,我们可以找到我们或可称之为"唐人街现象"的根源。"唐人街现象"植根于儒家思想体系,是一种妨碍跨文化沟通的乡土观念。这种乡土观念的起因乃在于,人类秩序的一切方面都产生于个人对特定环境的参与。它的征象有很多:有等级的爱与责任,强烈的家庭忠诚感,即便是做了几代移民仍保持对家园的认同感,就像我们在"华侨"等概念中体会到的那种"中国人"永久的文化认同感一样。这些情况造成了一种紧张关系,即正当关心社会利益之事与不正当地追求个人私"利"之间的冲突。可想而知,中国文化传统一直受着滥用某些观念的困扰:家国意识与任人唯亲,效忠与特权,崇德与所谓真命天子,敬重与贿赂,这种种之间细微的界限极容易被破坏。

长城是这种"唐人街现象"一个很有意思的象征。这里面也可找到中国本身被形容为世界的"唐人街"的真正意思。长城是由战国时代无数小城墙连接而成的,当然,最初将它们连接在一起的是秦朝一统天下的利益。至今它也是一座长久屹立的统一的纪念碑。数个世纪以来,长城一再建了又建,以适应时扩时缩的边界沟通的需要。而它所圈起的那个社会如此纷繁复杂、民族多样,更适合比作整个欧洲,而非单个欧洲国家。即便如此,历史上长城也成为划定华夷的标界,它围起的是一个杂存的大汉共同体。即便今天,参观长城(本身为重建的明代残长城)的门票,也会因文化身份的不同有差别:"内宾"要比"外宾"花钱少。在一个无阶级的社会,此种反常现象只可解释为外宾不被视为该社会中的成员。

近代,经过数个世纪的闭关锁国,也只是在军事征服、商业欺诈和无甚影响的传教活动等外来入侵的逼迫之下,中国"唐人街"的大门才稍稍开了一条缝。甚至连马克思主义,一种渴望成为社会科学的意识形态,也都被其中国形式本土化了,以至于在共产主义国家共同体中,中国的共产主义会受到质疑和担忧。

当然,正确理解孔子思想需要主流文化规范永远保持与新境况协调沟通的开放态度。至少从理论上来说,这些规范实际应随差异程度的逐渐增加而递增。然而,这正是儒家传统的另一缺陷。儒家历史上一直以来都倾向于墨守成规,以致僵化为某种意识形态。适当尊崇传统与过度倾向特定集团利益的文化教条主义之间仅一线之隔。儒家文化传统的敬意模式表达为尊重和期望的态度,不论以何种方式,只要一个人体现了传统权威,那他就此便有了宣告他要尊崇的对象的权柄。

我们已描述了儒家文化以及体现该文化的社会,这个社会是一个由敬意的种种相互关联模式建构的充满生机的结晶体。尽管这一审美范型很有吸引力,但我们必须了解其内在的危险。我们知道,孔子最担心的是伪善的人:即那些言行不一的人。这是很正确的。杰出的人成了"义"和价值的最终仲裁者而非抽象原理,这就是说,最根本的问题不是应符合现有规范或一系列确定的评判标准,而是要赏识个体的杰出美德。这一美德只能在某种类比的意义上来评估。无论如何,美德应当是自明的,它必须通过展现自我内在价值而赢得他人的赏识。

如此定义的美德是权利和责任惟一适当的基础,也正是这样才会随时有伪善者出现。有见识的判断力与意气用事的争论,道德义愤与一己私义都仅一线之隔。当社会和政治地位成为修"德"之必要条件时,这一地位也极易被视为一种优越性。

孔子哲学一个必然前提即通过教育实现文化同化。"民"如果不能广泛运用文化传统,只能是低人一等的群氓,基本上被排除在"成人"的可能性之外。然而,今天(20世纪七八十年代),中国人口识字率为60%,而在1949年之前则更低。这对一个以教育程度决定是否有资格参与社会的文化传统来说,是一个令人不安的事实。不能提供广泛的教育机会,对注重教育的儒家来说是一个很大的反讽。教育机会依赖的是经济力量以及它所提供的交流和传播的设备,而困境恰恰在于,中国历史上素来没有工具理性的地位,这一点遏制了获得这些目标所需的技术的发展。

或许,"救世主们惟一的问题就是必须有传人",这句话道出了其中的真髓。"圣人"也有这种悲叹。孔子就深为此所苦。就像孔子自己的比喻,这真让人觉得中国人把他们的大圣人变成了一个系而不食的匏瓜。这样说未免有些过火。但说孔子的弟子没有一个能像孔子那样到了晚年可以"从心所欲"则是真的。这只能是因为弟子通常都难以达到老师的水平。但这当然不是个安慰或使之气馁,这恰是要激发那些以孔子为典范的人重新鼓起勇气。

如我们所述,孔学的式微很大程度上是创造力的不足。就像我们对孔子诠释的那样:既定的是历史文化,变量则是后继者的创造力,也即他们在多大程度上能够真正拥有传统。《论语》中的孔子思想绝非文化教条。但如果有人将之奉为信条而不创造性地去应用它,它就已经变成了一种文化教条。因为没有个体意义和价值的投注,就不可能使孔子的哲学思想成为有益于社会的个人化思想,自然,孔学就逐渐衰败了。孔学的式微也是儒者们未能使自我创造精神"从心所欲"的失败。儒家社会中,规范是自下而上自然产生的,担负这一责任的是该社会的高级文化阶层,而这些人的素质并非总能很好地维持这些规范以避免专制。

从历史上来看,创造力在两种条件下最明显。一种是由实力和自主感所推动的创造力,其中,国家认为应拓展自身,融合其他文化传统,在不威胁到自己文化稳定的情况下接受外来影响。另一种创造力发生在像战国那样的年代,社会一片混乱,没有任何文化根基以抵制外来的影响。当代中国,传统在经历了一段相当的动荡之后复苏,似乎逐渐重新对未来产生影响。

近来,基本上以杜维明为代表有"儒家第三次浪潮"的谈论。第一次浪潮是孔子这位鲁国人的教义传遍各主要诸侯国,直到西汉成为公认的国家意识形态(官学)。第二次中兴是儒家学说逐渐向朝鲜、日本以及东南亚的传播。那么,第三次浪潮就是儒学逐渐成为西方哲学革命一个重要因素而即将对西方哲学产生的冲击。儒学影响始终体现为一种重要的双向影响——在深入渗透到其他文化的过程中，其本身也在质的意义上得到丰富和改造。

我们对孔子的分析支持杜维明的这一观点，但却是有限制的。因为，前景黯淡。直到今天还是可以说，西方思想对中国文化的影响一直都是相当表面的。基督教就是一个恰当的例子。在外国传教士付出许多的努力之后，可以说中国有基督信仰的存在，但却没有形成文化渗透。反之亦然。西方也知道中国文化，但这一理解许多方面都是僵化和表面的。中国哲学在西方流行的认识也是一个明显的例证——深邃的中国哲学常常被简化，变成某种平庸的陈词滥调。

但从文化的角度来说，我们很可以改变当前这种状况。我们知道，孔子是根据差异的丰富性来定义"乐"的。从集体人孔子的观点来看，儒家思想沟通中产生的"和"对西方来说，正是一个能为之带来丰富性的可贵资源。如果说中国传统中孔子的失败在于创造力的缺失，那么，当代西方哲学的思辨和创造精神就有可能很好地激发它，使之重新焕发生机和活力。

二　融合的机遇

对于有志于中西思想融合的哲学家来说，儒学第三次浪潮的出现意义非常重大。鉴于当前正处在这种融合发生的过程中，而现阶段对儒学最重要的研究又不在中国，所以这一融合运动还没有形成什么成果。毕竟,儒学的重大复兴必然只能发生在中国。一个显然很有讽刺性的事实是,近来孔学的复燃,中国人兴趣寥寥,而西方却是方兴未艾。孔子的译者像芬格莱特,杜维明以及本书的作者都来自美国的大学。而最重要的则是中国内地和台湾都没有燃起借助儒家感受性融合盎格鲁-欧洲哲学的广泛势头。中国的当代儒者似乎对西方哲学兴趣不大或根本没有兴趣,并且还常把儒学树立为抵制有害外来影响的壁垒。

该书最关切的一个问题是要为儒家感受性的比较哲学论域提供基础。这既涉及古典西方思想家的挑选也包括某些当代西方哲学家。我们这样做的目的乃在于,促进儒学第三次浪潮能够回到它自己的文化母体。但我们比较哲学的兴趣,远非仅是出于为孔子思想辩诉的目的。我们希望当前的哲学汇通能够成为一种双边对话。我们的责任就是表明该哲学对话不仅立基于儒家感受性,也同样源自盎格鲁-欧洲哲学的立场。

盎格鲁-欧洲哲学为这一融合提供的两个主要立场是"解构主义"和"重构主义"。如我们所知,这两种截然不同的思想造成了当代西方哲学的危机。很有意思的是,尽管这两类哲学家几乎老死不相往来,但每一个却都为与中国文化感受性的融合提供了重要方针。这是因为,西方哲学的所有改造几乎从来都源自对自身文化根基的质疑。解构主义和重构主义二者也都是始于反思超验、二元论以及严格历史观点诠释世界的哲学。

德里达[2]建立了"解构"(deconstruction)这一概念。我们将用该词指称某些代表性的西方思想家。德里达批判了自黑格尔、尼采和海德格尔以来的西方形而上学传统,在对自己的批判内容做了一番描述之后,他揭示了决定该传统的那种自我参指的矛盾的思想模式。德里达说,思想受到了它所立基的指示性观念的破坏。指示性语言、在场语言都试图使被指示对象在场。但语言只是一种介质,因而不能使对象在场。正如德里达所谓,如果哲学语言是一种在场语言,因为它自身与其呈现之物分离,所以与其指称事物的根本意图相抵触,这样,就运用这一语言而言,思想永远不能实现它的指涉目的。因为思想的意义和行为从来都不能直接表征,所以对"世界"最一般的"思"是没有意义的;每当我们试图说出自己的思想,我们其实都在超越当下之"思"的意义,使之服归于建构思想诠释母体的当下媒介语境。

这不禁让人想起古希腊前苏格拉底时代末期对思辨哲学的辩证批判和怀疑主义批判。芝诺用一系列辩论辩证地捍卫了巴门尼德"只有存在在"的观念,他用归谬法说明不能以理论推证运动和变化,这导致了主张具体感官经验的哲学家的反对。其中就有智者派,他们把修辞与指示之间的区分作为捍卫语言和思想的基础,以此来反驳巴门尼德的观点。思想并非只能满足指涉的需要。语言的感染力和述行品格是思想活动的最佳范型。

德里达的观点尽管也有其他异议,但他对西方形而上学传统的解构最终服从于将语言解释为修辞的需要。这些需要把思想的塑造引向了实践方向,这使得德里达的思想被包含进语言哲学的范围,同时也纳入了我们第一章所扼要概括的罗蒂式的实用主义哲学的圈子。

罗蒂并不认为自己是解构主义者。他对传统批判所借助的资源尽管很大程度上与德里达一样,但罗蒂却更多源自美国实用主义传统,尤其是杜威传统。不过,罗蒂的实用主义目的却与解构主义的目标惊人地一致。如果说德里达把"解构"称为一种手段,那么,罗蒂却赋予此一行为的内在目的一个巧妙的措辞,这个词就是"启迪"(edification)。回想我们最初对罗蒂思想的探讨,"启迪"是伴随抵抗传统而生的一种行动,该目的试图将哲学思想视为文化经验和表达基础的一般理论。它不是要我们寻求理解"世界",而是阐明我们与其他文化的知识和社会环境的种种关系,以及这些语境彼此之间的关系。

> "启迪"(我们自己和他人)的目的存在于一种诠释学行为中,即它所寻求的是建立起自我文化与外来文化,或者我们的风范与不同语种别的文化风范之间的关联。但它或许也存于创造新目标、新语言或新风范的"诗性"活动中,这可谓逆向诠释:用我们发明的新术语重新诠释我们熟悉的环境。[3]

罗蒂的方案当然很有意思。因为,本书的特殊目的就是想创造我们的文化与中国这"外来"文化的关联,因此,当然期望有相互启迪的功能。确实,按照罗蒂的说法,我们似乎应首先致力于这种关联。有启迪性的多样性对话总是辩证地与"标准对话"(自我文化传统语言)关联着。要真正有启发性,就要求我们的语言必须充分灵活变通,有实际创新价值。否则,有启发性的对话就不过成了一种婉转表达,纯粹是旧瓶装新酒的无聊把戏。

罗蒂推崇的那种多样性对话的辩证融合确实体现了这样一个明显事实:即任何论题的反论题都是靠融合该论题本身的性质塑造的。诸如唯心主义、唯物主义和存在主义等这些塑造了盎格鲁-欧洲哲学史样态的辩证法,似乎并不能使思想开辟新的方向,而只是思想形式之间的替代。另外,西方哲学史也充分展现了思想形式对自身的不断复制。

哲学思想层面(相对于技术应用层面)的"思"(thinking)完全是以两种思想矩阵间的辩证交锋促成我们历史文化的永存。公平地说,此种志在于以启发性思想代替体系性思想的冲突,或许只不过是描述哲学史的另一方式,也就是说,两种体系间的交流形成的是具有时代特征的改造,它建构了类别"对话"。毕竟,我们很难证明哲学的进步。或许更清晰、更有效的理解哲学的方式就是将之视为一个复杂、非累进的理论交流系统,它的最初表达可追溯到古典时期,而且随时代的更迭,所变更的只不过是各个时代选择的相关性。

罗蒂的哲学策略与德里达的解构思想有个共识,即"哲学家"的工作就是,对历来试图证明某一理论立场而反驳另一理论的传统成果进行论战式的解构。罗蒂与解构主义的不同在于,他增加了融合其他文化以及"畅想"新目标或新思想的建构努力,也正在此一意义上,罗蒂的哲学目标与本书的潜在意图是一致的。一方面,西方哲学传统的无建构性促发了我们与中国哲学文化的主动交流——西方哲学一直以来既是解构主义者有意为之的产物,也是系统哲学家失败尝试无意为之的副产品。另一方面,我们也意识到,这一交流和互换需要我们"构想",从我们传统文化的角度来说,哪些会成为建立某种共同语言的新思想。就此,对中国和西方哲学感受性融合的努力就能够有效导向最严格意义的"启迪",因为中国和盎格鲁-欧洲文化的相互阐明会产生真正的创新。

罗蒂之作为"启迪"的思想,其观念考虑相当周全,如果说不能提供了一个文化基础的话,那至少也是思想的一种文化指引。还有一位解构主义思想家也促发了对哲学活动确然更为严肃认真的思考。米歇尔·福柯(Michel Foucault)[4]坚持认为思想被无情地政治化了,文化本身只不过是种种实际活动的综合体,后者正是文化的时代特性。无论罗蒂还是福柯,他们都不认为思想应根据一般理论来表征;二者都反抗和批判思想和实践的当前形式,并在这个过程中关注思想的构成。而福柯比罗蒂则更乐于挖掘知识的根源,其存在于体现社会权力分配模式的形形色色的行为中。

福柯认为,知识和权力的直接关系体现了意识形态信念始终决定着知识的性质和局限,因此,知识从来都只不过是政治性的。社会中知识的发现、组织和传播是学科、专业和机构的一个功能,它们授权一些人(却限制另一些人)行使知识的这些事业。医生、精神病学家、哲学家等等,他们的权威功能决定了他们研究对象的性质,也决定了这些职业者本身各自不同的性质。学科、专业和公共机构的这种种实践是推证性的,因为它们正是由与这些实践相关的意图、决策和行为赖以产生的那种语言建构的。这些实践不是自然存在的；相反，它们立基于意识形态，立基于与维护和获得社会权利相关的专断的帮派行为。

这些条件下，最纯粹的"思"会做出相反的反应，挑战学术、职业或公共机构任何实践行为的意识形态性。这是智者派"人是万物的尺度"观念一个相当精妙的翻版，其诡辩程度也毫不逊色。"知"就是"行"；或者更明确地说，它是一种"成"（创造）。然而，除非极为罕见的情况，没人能创造自己；我们是逐步完善的社会实践的产物。

德里达、罗蒂和福柯以及许多其他当代思想家的背后，都能看到潜伏的尼采的影子。尼采宣称"上帝死了！"是对所有以超验观念为基础的哲学思想（实际也即所有西方古典哲学形式）敲响的丧钟。解构主义者要评判的是哲学文化的意识形态基础。解构类型之间的区分，实际是它们给作为修辞行为的哲学概念赋予了不同意义。罗蒂和德里达根据思想风格和叙述原理的运用效果判断文本本身的修辞性；与之相反，福柯则认为思想被半政治化的意识形态语境化了，如此一来，思想几乎总是为当下社会、政治和经济实践进行辩解。

"解构"思想的各种形式都杜绝理论建构。问题在于拒绝理论建构就会导致该理论的化约。解构主义产生思想创造模式的能力，局限在取消理论构造的寄生行为上：或是为了推崇文本和传统的非连续、无中心、无原则的性质（德里达、罗蒂），或是消解对作为知识获得手段的职业和公共机构客观性的信仰（福柯）。理论和实践的本质统一不是仅仅通过把理论化约为实践就能实现的——不管是德里达反对文本依赖专断、特定的叙事原则而采取的解构策略,还是罗蒂在思想中寻找挑战标准对话的启迪性对话的方式,或者福柯将思想描述为对拥有制度性基础的意识形态对话的回应,他们三者的做法都不可能实现理论和实践的根本统一。

我们认为,或许解构思想最重要的价值就是它对超验的批判,且就此对哲学活动性质新的理解,这一理解与本书所表述的孔子感受性极为相似:德里达对"在场语言"的批判,罗蒂反对作为基础学科的哲学观,以及福柯所谓知识是表现在社会实践中的权利关系的一个功能,三者都一致质疑(不管是神学还是理性意义上)的超验观念。摒弃了这种超验,就不会再诉诸于规范、理念、原理或方法论来引导历史进程。历史上来看,非连续性和不可通约性都是存在的。哲学家开展工作的诠释语境是文化,是作为显现现有意义知识库的文化语境。历史成为传统,而传统则被视为内在关联的意义的固有母体,为揭示和创造意义的活动提供资源。

那么,那些需要理论建构行为的重构主义思想是否为中西文化、哲学的融合提供了基础?哈贝马斯是重构主义思想家中最重要的一位。哈贝马斯和福柯一样,也强调知识与社会环境中有效话语的特殊性质之间的内在关系。对哈贝马斯来说,推证性沟通的性质是由某些人类兴趣决定的,这些兴趣引导习俗和制度的形成,且通过提供"客观"标准而成为诠释的基础。然而,福柯和哈贝马斯的差异是相当大的。哈贝马斯认为,就人而论,兴趣有某种必然的普遍性。特别是"解放的兴趣"乃是决定人类建构交流理论的核心动机,使人有力量摆脱狭隘的、非人性化兴趣的束缚。而福柯对于思想本身是否能从这种束缚中解放出来,远没有哈贝马斯那样乐观。

哈贝马斯的早期著作试图发展某种知识理论,该理论强调知识与人类兴趣的关联,以此加入认知的实践特性,但他是通过揭示解放的观念中兴趣与知识的交汇来实现理论与实践的结合:

> 为知而知的自反性知识会与自主和责任的兴趣相合。解放的认知兴趣致力于追求反思本身……在自反的力量中,知识和兴趣合而为一。[5]

后来,哈贝马斯试图提倡某种"沟通能力"(communicative competence)理论,以促进形成社会交流的一般框架。他寻求一种能从意识形态上摆脱派别利益的理论,而福柯则坚信这种派别利益是不可能从我们的语言中根除掉的。哈贝马斯理论的主要缺陷不在于其本身,而在于它实际不具备产生任何重要影响的基础。"思"这一概念多年来造成的含混、歧义,已很难会对它产生影响。哈贝马斯的理论要想对这一概念构成冲击力的话,势必要有广泛的适用性。但迄今该理论几乎没有任何切实可行的贯彻方案。而且,当代盎格鲁-欧洲哲学景观固有的多元论也拒斥任何单一理论的广泛贯彻。

中国人对哈贝马斯的思想感兴趣基于两个密切相关的原因。首先,哈贝马斯受到马克思的影响,他在广义上可被认为是一位马克思主义思想家。其次,哈贝马斯对当代文化科学、技术与人文因素的认识比极大多数当代思想家都更富洞识。理解西方思想和文化必然想要理解科学技术的社会后果。事实上,哈贝马斯身上马克思主义的烙印很大程度是由他对技术现象的理解造成的。因此,中国人要理解马克思主义思想在认识到技术的后果后所获得的调整,哈贝马斯的思想提供了一个绝妙的机会。

不幸的是,哈贝马斯本人极少注意中国思想。然而,另一位重要的重构主义思想家南乐山则在发展和诠释自己体系性哲学的过程中留意到中国哲学思想。实际上,南乐山已试图表达新儒家传统(特别是由王阳明代表的)对他哲学思想的影响。

南乐山的哲学事业重在重建西方传统中思想的意义。他希望提供一种能再次给哲学一个形而上学基础的体系性哲学。海德格尔宣称哲学思想"既不是形而上学也不是科学",罗蒂也主张基础思想不再具有创生力,南乐山正是直接针对这两种意见,试图进行哲学思想复杂精深的重构工作。

南乐山在《思想的重构》(*Reconstruction of Thinking*)一书中认为,杜威相似的重构工作是有局限性的。他对杜威的批评,原因在于后者"没有进行重构工作所必需的范畴改革"。[6]而南乐山则充分意识到自己的努力方向——恢复哲学作为形而上学的身份,恢复它与专门科学之间的规范性关系。

对南乐山来说,哲学思想涉及或者说是以理论建构为前提的。理论所提供的概念或范畴是相对不确定的结构,其意义或者会在种种专门学科内部被规约,或者关涉一个一般宇宙论方案。思想越"向上"提升越趋向一般性,反之,越"向下"则趋向逐渐强化的特殊性。思想家乃是发言人、诠释者。诠释这一功能预设了除理论建构之外，力的充分表达以及对个体思想价值充分审慎的运用。

解构主义思想家宣称我们时代的哲学思想既不是形而上学也不是科学，南乐山坚决质疑这一点。他认为，思想既处在形而上学抽象的一般性和各种科学具体的特别性之间，也游走于责任的前理论、后理论之域。然而，南乐山与解构主义者和哈贝马斯有一个根本的一致性，即所有这些哲学家都赞同思想是一种根本上可评估的事业：

> 思想建立在评价上……（评价）提供和证明引导思想理性化的规范；因此，从几种相关的意义而论，评价都是理性的基础。[7]

思想比推理更广阔。思想者的活动拓展出的维度远远超出纯粹"认知"的功能。

或许对于古典中国哲学的拥护者来说，南乐山哲学化的风格实在太理性主义了。而中国的马克思主义者则会认为它不足以导向实践。然而，如果说南乐山有体系化倾向，那么，他就不能够忽视中国哲学的传统。他的研究与思想本身的性质相关，这样，他就必然要了解为这一活动赋予意义的主要哲学传统。所以，对中国文化的兴趣很重要地表明了他的哲学视角。

以上所选择的思想家绝非当代盎格鲁-欧洲文化哲学精神的全部表达，只能说是某种最粗略的勾勒，但这些思想家对比较哲学融合的事业的确具有重大意义。德里达和罗蒂提供了注重哲学活动对话功能的范型。他们二者均抵制教条,因而有利于融合本身——"启迪"活动的参与者不会被迫站在某种自卫的立场。哈贝马斯和福柯则促发了其他与马克思主义哲学有重要关联的思想模式。尽管他们的马克思主义或许有些勉强,但由于他们的哲学资源与语汇在一部分重要的中国知识分子群体中相对熟知,因而充分提供了创造性融合的可能性。而南乐山希望创建一种哲学体系以作为一般文化理解的基础,这激发他把融合中国哲学资源视为避免狭隘地方观念的方法。

三 构想未来

在通过孔子而思的过程中,我们突出孔子致力于建构某种相互关联的结构模式,该模式产生于具体的社会环境,目的在于反思性地组织规划和调节人类生活。这一"模式规划"(patterning)就是"文"(culture)。有意义的是,"文"不仅是"文"(模式),它还是"文化":"模式规划"动态的、自然生发的过程。我们已从我们西方哲学传统的立场考察了孔子,那么,现在就可以集中到一个大观点,即孔子这些范式的性质与西方一贯诉诸普遍原则的传统相对照。我们习惯了借助抽象前提、绝对诫令、科学原则、伦理规范以及历史"事实"等处理问题,这些原则、规范为我们的传统提供了一个稳定的基础。事实上可以说,科学(不管是自然科学还是道德科学)受到尊重的一个必要条件就是,它们是为了实现建立在这些普遍原则之上的理想事物。

对客观原理的信奉不仅仅为我们提供了精确、严密的自然科学和哲学。在我们这个时代，从更宽泛的社会和政治科学层面来说，它已形成了国际主义，而且成为跨文化交流的基础。在实践上，它产生了联合国的概念，使我们抗击种族主义，维护民主信念。但它并不完全是个福音。我们对普遍原理信奉所滋生的那种客观确定性，使我们确信科学知识颠扑不破的价值，它让我们认为科学进步就是文明本身。

在"人"（humanity）的定义中，我们一直有一种夸大人的理性方面的倾向。对理性的这一偏见助长了我们对自己文化成就和社会制度性质的盲目自信。我们把自己传统的"进步"拿来同中国对比——尽管我们正濒临于核浩劫的边缘，却仍抱持着一份优越感，质问："中国人为什么不发展科学呢?!"中国人的回答似乎不是针锋相对地援引他们的"火药、指南针和活字印刷"，儒家不会做这样的回应，他们实际会告诉你中国人是如何运用这些特殊发明的——他们的科学知识服务于文化标准。换句话说，我们醉心于科学，中国人致力于文化。

如果我们能够批判性地审视一下自我，就会发现我们的原则性信仰有时就是文化沙文主义的温床。它们赋予我们对第三世界国家施行经济专制的权利，驱使我们充满信心地进驻我们的"越南"，而且授权我们裁决其他国家的文化标准。众所周知，这些负面的结果已经在逐步颠覆我们过去的信念。

我们文化传统的问题并不复杂，然而却旷日持久。它不断以各种不同的形式提醒我们追溯到西方哲学的诞生：我们如何把抽象原理转化为一个具体的世界？中国人的经验无论成功失败,从许多方面对我们来说都是反照镜。中国传统的规范和结构都产生于具体情境,因此,它长期存在的问题不是如何将抽象原理置入社会,而毋宁是如何使具体规范的权限最大限度地辐射整个社群。

孔子协商性的"譬"从符合历史的特殊范例或"善"所留存的榜样中选取适于当下情境的典范,这意味着为说服教育某人,我们就必须有一个共享的文化传统,而且必须承认它的历史权威。这样,文化就成为唤起敬意的历史范例的知识库,发挥着重要的抽象理性的功能。这种依靠譬比的推理在相似性大于差异性的情况下最具直接的说服力。实际上,现有规范的可适性与差异性是呈反比的,差异性越大,可适性就越弱。在这种情况下,那不愿领受这些文化规范的人不会被宣称为"不合理"或"不道德"的,而是"不开化"的或是个"野蛮人"。因此,必须具有真正文化意义上的中国感受性,才可"理解"这不可理解者,"思忖"这不可思议者。

如果合理性是由内在文化规范决定的,那么文化大批判就是对常态的批判。因此,"文化大革命"及"批孔运动",对传统文化价值的公开拒斥如同秦朝的"焚书坑儒",是国家一段反常态的狂乱期,只是由于功亏一篑,其严重程度才略为减弱。有讽刺意味的是,疯狂的"文化大革命"却为当代中国重新正面评价传统文化提供了必要的推动力。

如果我们实际估计一下中国和西方未来对话的可能性,可能首先会发现几乎找不到能鼓舞人心的方面:大多数西方哲学家极有可能依照盎格鲁-欧洲哲学的官方法典,拒绝孔子的哲学家身份,原因在于他没有思考"真正的哲学问题",而对于依据地方观念来看待哲学事业的中国人,他们又如何消化西方的哲学论争?常识告诉我们,这两种排他性论调都必将会不攻自破,因为它们各自的哲学根据实际都相当狭隘。反过来也同样正确:狭隘的方法论造就的是最坏的蒙昧主义——盎格鲁-欧洲哲学和中国哲学的教条主义性质似乎都无一例外。

还须考虑的与此相关的问题是语言和概念的屏障。尽管中国思想的诠释者们的外语和哲学修养确实日臻成熟,这些障碍现在变得不是那么严重。但无论如何还必须警惕,因为依照自我诠释结构诠释外来文化,这种怡然自得的诱惑力实在太大,是不能够忽视的。分析哲学家的教条主义对理解中国哲学和文化造成的伤害,丝毫不亚于前几代翻译者和诠释者们神学教条主义的危害,而中国的地方观念也很容易把所有西方事物包括西方哲学加以中国化。

或许,还有更具体的意识形态壁垒横亘在中西之间。我们当然要重视马克思主义意识形态在中国的重要性。但中国正在打开大门,以一种让人欢欣鼓舞的方式欢迎其他的文化和思想形式。马克思主义不再是诠释中国或者中国人自己看待世界的惟一视角。这就是说,作为一种意识形态的马克思主义有可能已经被逐渐转变成哲学形态的马克思主义——就像其他哲学那样,它的重要观点也会被讨论和辩争。另外,西方马克思主义富有生命力的存在(就像如福柯和哈贝马斯)肯定了这种对双方都富有成效的讨论或许实际已经发生了。

然而,即便马克思主义对孔子的批判不再左右中国知识界,孔子与儒家在当代中国到底还有多少价值？中国人的文化解析是否会重新毫不含糊地运用儒家范畴？"儒家第三次浪潮"是否是一个只能滋生于中国之外的运动？我们肯定，中国的儒学复兴会再次将传统连续性的潜在价值发扬光大。

当然，孔学的复燃本身或许会受到意识形态的影响。因为它有可能会是官方反对的某种新儒家的形式。如果是这样的话，这表明中国熟悉的地方主义又将会东山再起，因为，它传统上就被认为对保护文化纯洁和中国人的自主性至关重要。

这种忧虑很有理由。确实，中国一直都以其稳固的传统为荣，将其视为确保社会稳定的一个要素。孔子的天才恰恰体现在理解和阐明作为社会和文化根基的传统价值。中国人一直都只靠文化地方主义来稳固传统，而地方观念拒绝政治、经济、知识和艺术层面的自由交流。其最乏味的形式就是我们提到的"唐人街现象"。

地方主义观念自然会威胁到有效沟通，这或许是本书读者会思忖的一个问题："如此一来，中国哲学会吸收外来思想吗？"儒家思想植根于持续的传统，回避辩证讨论，拒斥抽象假想的价值，对科学和技术的性质不感兴趣，用独特的审美方式来处理道德和社会问题，完全不同于西方传统对道德理性和道德理论价值的信仰。而且，中国思想的问题迥然有异于传统西方思想，这使得西方思想家在翻译时面临重大问题。因此，就算我们能够证明孔子思想与当代哲学论争息息相关，但如果没有中国哲学家的重要贡献，要想取得比较哲学事业的任何重大进展都是不可能的。

说我们应充分了解中国思想，以便更好地与我们的中国朋友沟通，这当然没有错。但问题在于：西方人相信奠定其技术社会基础的意识形态绝对适于输出。技术心灵根本上信奉的是——在这个星球上，只有科学技术的进步才能使人类拥有和维持满意的生活水平。我们对向我们的邻邦输出这一意识形态有着真正传教士的狂热，这种狂热源于我们经济、科学思想中根本的量性模式，它使我们分外关注我们可量化的成功。中国人或许不倾向于与西方融合，而宁愿保持它传统上一贯的疏离立场。但西方世界急于融合中国。的确，中国对资本主义倾向和技术输入的有限接受和优惠，使许多西方企业家相信中国接受西方资本主义和技术主义只是时间问题。

西方文化的批评者已开始严肃提出科学技术利益的后果问题，这一事实意义重大。至少科学技术事业公认的价值中立已遭到质疑。对科学技术利益之客观性和价值中立的这一质疑，是当代盎格鲁-欧洲文化各种各样哲学论争的诱因也是其结果。我们在讨论西方哲学思想的条件时已指出，某种新的共识正逐渐形成，即思想本质上是赋值性的，此观点直接质疑了科学理性与应用该理性的客观性。然而，我们也同样表明，通过把思想诠释为赋值性来重构哲学，就是公然反抗主导西方长达四个世纪以计算和推理为根本的数学—物理思维模式。

我们面临的是最耐人寻味的两难处境：该书的写作源于认识到盎格鲁-欧洲文化急需孔子思想所体现的这种赋值性哲学。另外，孔子思想确然有助于鼓舞西方哲学家创造新的思想模式。然而，中国人的地方观念却对真正可能产生的融合造成不利影响。

当然,还有个问题——西方文化的理论多元论也不会使孔子这种重视传统连续性的思想风格在西方语境下轻松发展。

另一方面,科学技术理性和实践的畅通无阻使我们有理由怀疑它所宣称的文化中立。这也就是说,中国知识分子担心西方科学技术对中国文化和价值造成破坏性影响,似乎不是空穴来风。

我们或许会想到实用主义以及各种各样的科学主义在20世纪前几十年对中国的影响。杜威1919—1920年的中国演讲,使他根本上被理解为一位拥护科学理性和实践的西方哲学家。[8]以致后来抵制西方尤其是抵制西方技术就成了对杜威本人的反对,这是很不恰当的。在资本主义动力的催化下,赞同科学技术的输入就需要承担大规模文化重建的后果,而这使得中国知识分子对科技的输入深表疑虑。这不是一个体系对错的问题,而是是否需要保存某种生活方式的问题,正是这种生活方式的稳定和延续确保了某些重要价值观的持存。中国人是否会再次抵制他们认为太过凌厉的西方入侵?要想避免这种抗拒,西方人就应该了解中国文化,敏锐把握科技、经济输出有限的价值塑造能确保长期融合的方式。

然而,中国也确实别无选择。疏离已愈发不可行,而成为世界共同体中的一员,则需要技术世界中的国家的经济和政治活动保持在国际水平。同样,尽管说西方除了借助中国的知识和文化资源外也别无选择是种夸大,但显然如果我们不这样做将会面临很大风险。如果我们不能够更好理解中国文化的感受性,却试图与之进行经济政治方面的交流,那么,我们必定会有风险，原因没有别的，只是因为这样做的话我们很可能犯严重可耻的外交错误。

330　　可笑的是，对与中国打交道的技术人员、政治家和商人来说，具有中国文化艺术和哲学方面的修养比理解他们自己的文化要重要得多。盎格鲁-欧洲文化理论和实践之间有既定界限。不要期望一个政治家、技术人员或商务主管应多了解他自己文化的艺术或哲学，而且，如果他真有这样知识的话，这对他的职业生涯几乎毫无用处。而中国的文化观念与价值同其经济和政治活动之间有更紧密结合的传统，理解中国高级文化的特征有助于与中国社会政治机构更有效的交往。

但还有其他微妙复杂的风险。在当下历史参比的决定性时期，丧失与中国知识界的融合会使我们失去重要的自我发现的可贵机遇。至少我们能学会知道，一直主导我们知识史的种种哲学倾向实际是不完备的。这一认识将促使我们承认，当代西方哲学时而凭吊时而雀跃的种种哲学规划的失败并不意味着哲学本身的终结，也不意味着支撑它的文化的终结。而且，承认我们智识的局限，会使我们反躬自省我们对科学技术效力如此自鸣得意的评估到底隐含了多少大国沙文主义情愫。

西方哲学界的转化提供了日益增加的对话的可能性。思想不再把哲学狭隘地拘就于那种成为科学和技术基础的量性标准，反而正逐渐趋向对此类样式的批判。盎格鲁-欧洲哲学在实质和风格上都较前此少了技术和教条，多了对重要的多元性视角的开放。我们开篇对哲学问题导论性的讨论也已指出，当代西方哲学活动的主要形式立基于对哲学本质出现危机的承认。

西方哲学的实用主义、存在主义、现象学和纯理论思辨的维度都有一种实践化的转向。向实践转化需重新定义哲学本身的任务。因此，一个融合中国思想和文化的主要领域就是引起对哲学角色和功能的探讨。

本书对孔子思想诠释所立基的哲学观有重构目的，尽管其结论实际似乎带有许多解构主义的特点。我们确实从许多方面都对孔子进行了正面评价，而且不仅是本书，我们的其他著作也都寻求发展某种文化哲学和比较哲学的智识，为中西哲学和文化的有效融合提供可能性。我们尝试把古典中国感受性当成理解西方哲学危机的方法，同时也努力使孔子感受性与西方多元论和过程性观念相结合，以便对其获得更清晰、更恳切的诠释，也正是在这一过程中，我们尝试塑造了比较思想，这也是我们本书的主旨。

过去常用的哲学建构方法会限制本书潜在的重构目标。可以这样来描绘我们的文化逻辑方法：哲学家们撇弃了当下显然已贫乏的哲学思想资源，而将注意力转向其文化环境素来寥落之处，以期发现新的思想资源。然而，如果他要发现新思想，他就需要找到一个立足点来考察，而当前主流文化不会为他提供这样一个有力的观测点。因为，当前文化模式被视为过去历史的延续，而历史又正是由当下主流观点进行诠释的。正因此，就很有必要向其他文化探求——我们所视为根本新奇的思想或许是其他文化的主流。[9]

这一文化逻辑方法最终证明了我们跨文化时代误置的正当性。正是借助这种误置，我们得以用孔子思想解决盎格鲁-欧洲文化当代最关切的哲学问题。比较哲学最重要的目的之一就是：借助从其他文化思想研究中获得的灵感，揭示自我文化被忽略的成分。除非我们沉迷于最严格的改良主义，时代误置实际是个伪问题。我们总是潜心挖掘过去的资源，以期满足当下历史时期的特殊需要。当然如果认为我们不会把后来发展的意义附加到早期思想家身上，那么我们确实是天真的。同样，如果不冒险根据我们对从前思想的认识（希望是负责任的）重塑当下（无论多轻），我们能以一种有意义的方式诠释过去吗？

如果我们仅仅"历史"地建构我们的诠释模型，那么我们就不可能充分欣赏古代中国圣人的思想。因为，即便我们赞同（就像大多数西方哲学家确实认为的那样）哲学史应当既是一个"我们如何走上这条路"的故事，又是"原语境"研究成果的结晶，也绝不可能出现这样一种情况：即人们会只对某位孤立地从思想史中抽象出的哲学家感兴趣。除非他的思想奇特，有利于西方当代哲学家借此从自己对历史的理解看待过去；或者他的思想被视为某种抽象或纯理论思想的范型。而这两类把某特定哲学家搁置于历史进程之外的倾向，都只不过是地方观念一个肤浅的伪装。

创造性运用时代误置，可使过去思想成为当下理论发展的一个资源。或者，它会帮助纠正对思想家或隐或显的误读，以更纯正的方式凸显他的源思想，使之成为储藏未来建设智慧的知识宝库。本书正是遵从了这两种动机。在第一种意义上，我们试图说明孔子感受性对当代盎格鲁-欧洲哲学已开始的概念重建工作所具有的价值。在第二种意义上，我们试图在某种程度上纠正孔子哲学传统诠释的谬误:首先,我们提供从孔子自身文化环境观照其思想的崭新视角,从而戒绝对孔子思想产生的误读。这些误读往往会发生在古典中国思想的门外汉那里。总而言之,我们不仅把孔子视为西方思想的补充和纠正,对于当代中国的马克思主义和新儒家来说,我们也有同样的期望。

在文化比较中,如果双方不能在某些历史认识上形成共识,那么,就完全不可能也不会有效地把这些认识视为文化比较的基础。我们有关中西文化对"历史"和"传统"之不同态度的讨论,就是希望在进行我们这类跨文化比较时,必须警惕任何历史主义的冲动。值得庆幸的是,历史主义的大势已去,它再也不能和从前一样主导西方感受性。

宣称当代西方文化已逐渐较少受到历史主义和改良主义思想的支配,这表明我们赞同西方思想文化属于"后现代"的主张。"后现代主义"确实是近年来文化分析中一个相当风行的运动,其优点是,在它最大众化的表达中,涵盖了上面所论解构主义思想家的种种批判。"后现代主义"这一术语表明我们正处在一个过渡时期,我们不再认为自己是定义现代文化种种成分的人。现代文化的主要表达是理性主义和工业资本主义,它信仰科学和技术进步,却从未能在任何肯定意义上描述自然发生的文化自我意识。

以下三种交织的信仰有助于阐明现代主义这一概念。首先也是最深入人心的一种,即肯定"量性思维"的价值。当笛卡儿将几何学规划为代数学,然后又把自然归结为解析几何学的时候,他最有力地推动了量性思维的发展。这一进程经过培根和霍布斯的简化算术模式构想,以及莱布尼茨和牛顿微积分学的分化,在17世纪后进入西方思想主流。

第二种信仰声称可以实现世界终极真理的某种完善的思想体系。该假定既源自量化的纯理论构想且是其结果。思想的量化以及随之而来对"确定性的追求",这二者合在一起构成了对第三种信仰的有力支持:对科学与技术进步的信仰。

现在和未来会越过过去,按照我们希望的方向发展,这是现代西方文化历史主义的根本假定。主张有计划的确定性为当下知识提供了比过去更多的优势。而量性思维在理论和实践层面都为该主张提供了主要支持,因为可衡定、量化的事物正全是我们逐渐可"确定"的事物。后现代主义正产生于挑战这三种信仰引起的冲突中。

由于计算机技术的广泛传播,还很难发现摆脱当代西方文化量性特征的任何改变。还有什么比计算机界广泛流行的"比特和芯片"这样的行话更能代表量性思维的长盛不衰?然而计算机程序的专门性又提供了量化行为的另一种解读。因为如果没有启动存储数据的解码程序,那么这些资料就只是一堆被动的待释信息。如果说历史受制于"检索工具"式的计算机,那么,它就是信息纯粹照单全收的盲目程序,有多少人就有多少种说明。运用哪种诠释方案是一种质的选择,这取决于它在多大程度上避免单一包罗万象的意义体系,而是趋向于运用多元灵活的诠释原则。这个小小的"检索工具"的存在保证了无组织、未规划的信息不会丢失,因而,它就没必要为保全历史事件并对历史做有意义的解读而事先借助理论证明。

科学与人文之间激化的论争是量化思维一系列批判的结果。这一批判旗帜鲜明地发端于19世纪末期,它的先驱是尼采。然而,只是到了极为晚近以来,也就是我们前此所论的当代哲学的批判者那里,人文对科学的批判才体现出最强悍的冲击力。后现代主义逃离确定性而投诚于理论相对性和不可通约性,它重新将质的维度引入人文和科学认知,这一切都在质疑着当代知识界对过去知识体系中片面超越性的长久信仰。事实上,后现代主义恰恰动摇了线性历史这一观念。

因此,我们完全没有理由担心古典中国文化和当代西方文化比较的时代误置问题。我们也不需要非把孔子硬套到决定我们历史进程的主流诠释方案中。因为在我们的历史意识的层面,没有为我们展现的清晰的路,没有一目了然的命运。我们文化自我理解的种种资源是所有方法、原理、诠释的聚集体——它们仍然根深蒂固、完整有效——"我们的名数不胜数"。

我们认为,说当代西方文化产生于后现代主义批判这种认识,既不令人绝望,也不是愤世嫉俗。将不再有"历史",而是"诸历史"。这些历史建构了与有效过去的关联。在西方,只有政治意识形态才触发寻求历史与现在的"一贯之道",这种意识形态或者维护迅速瓦解的"公论"神话,或者由浪漫的理性主义者认可同样贫血的进步神话。

不再根据纪元、时代或绝对事物的呈现来观照的历史就和文化没什么区别。历史主义越是无法化约文化经验,我们文化的自我意识就会越强。因为如果文化作为共同经验和共同表达的有效当下性,被认为整体上包含了过去,那么,新的历史创生感就会消失。黑格尔派宣称作为文化自我意识演变的历史已走向终结的观点,似乎益发成为那些信奉后现代主义对西方社会和文化分析的看法。文化和历史现在是共同建构的。它们一起构成一个由年序组织的网络,该网络的连线既追溯各式各样的过去又前延进入一个多元性现在。因此,历史就成为传统。自然,它不是一个连续的传统,因为后现代主义发现这种连续性观念既不值得、也不可能。无论如何,考虑到西方思想的种种多元假定,可见,其自身有脱离线性、进步主义历史观念的可能性,这表明传统主义的中国和西方开始出现某种有意义的趋同。

总的来说,该书结尾几页或许似乎比大家所期望的少了些乐观主义。我们已说过,西方文化通过其主要哲学家的理论活动,已表明对儒家思想资源的需求。但哲学活动与最直接的技术、政治和经济交流活动之间的重大差异表明,即便哲学探讨已经发生,但它们或许也无法触及盎格鲁-欧洲实践文化所突出的具体问题。而且,我们已指出,不管中国人愿意与否,出于抛弃孤立主义的实用动机,中国也将被迫与西方寻求相互交流。但如果交流的层级不合乎他们最直接的需要,中国当然不愿此沟通发生。这看起来实在不是最好的对话情境。

对于太过小心的乐观主义罪名,我们服罪,但却情有可原。我们无法通过文字的力量取消数个世纪养成的惯性。文化交流的种种基本问题以及这些交流的性质都不是这一本书可以涵盖的。这种融合究竟是源于某种意识形态的冲击,而最终成为两个互相猜疑的文化彼此勉强戒备的匆匆一瞥,还是会作为丰富、有效的知识和审美感受性的共享,而对彼此都有裨益甚或改造力量？对于此问题,目前我们谁也无法给出定论。

注　释

〔1〕 参见《论语·八佾》之"……天下之无道也久矣,天将以夫子为木铎"。

〔2〕 接近德里达思想的最好方法应先读一下他的一本早期著作《书写与差异》(*Writing and Difference*),然后再读那本更雄心勃勃的成熟之作《哲学的边缘》(*Margins of Philosophy*)。德里达是一个难以捉摸的思想家,尽管并非像那些没有认真读过他的书的人所认为的那样难。此外,拥有法语或英语阅读能力的中国读者比之盎格鲁-欧洲读者会发现他更好理解,因为中国人重视语言的性质和功能,这很类似于德里达所认同的方式。

〔3〕 罗蒂:《哲学与自然之镜》,第 360 页。

〔4〕 福柯著作广泛,这相当复杂地贯穿了他相对短暂的一生,因此,很难对之归类。《权力/知识》(*Power/Knowledge*)这本访谈书为他著作的主要思想及其思想发展脉络的评论提供了一个清晰说明。他最好的一部成熟之作乃是《规训与惩罚:监狱的诞生》。

〔5〕 哈贝马斯:《认识与兴趣》,第 314 页。尽管该书或许仍然是他思想的最好说明,但哈贝马斯德后期著作开始超出对知识和人类兴趣思辨的范围。关于哈贝马斯后期思想的全面评价以及他详尽的答复,或可参阅《哈贝马斯:批判理论》。

〔6〕 南乐山:《思想的重构》,《序言》,第 11 页。

〔7〕 南乐山:《思想的重构》,第 12 页。

〔8〕 如果我们读一下显然很有代表性的杜威的《在华演讲集》,那么对杜威的此种诠释实际就不会产生了。但将杜威评定为一位西方理性主义者几乎无需惊诧,如果我们想到他实际上一直至少像被他的中国读者误解那

样也受到他大多数美国和欧洲读者的误解。参阅杜威:《在华演讲集 1919—1920》。

[9] 郝大维《莫测的永生》这本比较哲学著作,很明显运用了这一文化逻辑方法。

附录

文化对话的意义

安乐哲　何金俐

何：安教授，一直很难忘 2001 年您在北大开设的比较哲学研讨班，时过两年多能够再次在北大见到您，真是非常高兴。能否首先请您谈一下此次中国之行的目的？

安：这次来中国，有两个目的，或者也可以说是一个目的。一个是短期目标，一个是长期目标。在我看来，促进美国和中国这两种伟大文化之间的深刻对话是非常必要的，而哲学是建设这一文化桥梁的一个很重要的层面。我对于美国实用主义与中国传统哲学之间能够引起共鸣的部分非常感兴趣。我认为，他们之间某种程度的相似性为我们建设这种强有力的关系提供了一个基点。因此，我此次之行的短期目标是想通过演讲，与中国同行探讨美国实用主义与中国哲学进一步关系的发展。但是长期目标我很希望能够通过写作一系列关于中国哲学的书，向西方学界介绍中国哲学,并且希望能够借助美国实用主义的一些类似术语,对中国哲学进行阐释,以使中国文化在美国学界获得更好的理解。我的原理是,我们总是不得不通过我们已知的东西去理解未知,当我们尝试去理解另一种文化的时候,总需要利用自己已有的文化框架寻求促成理解的可能性。将康德哲学与中国哲学进行比较或类比可以说是一件很不容易的事,但是,美国实用主义与西方传统的形而上学是不同的,它是非形而上学的,可以从许多方面与中国哲学建立联系。因此,我认为,美国实用主义是目前西方学界理解中国哲学的一个最好方式。

何:您的著作常常倾向于让西方学界感知中国哲学与西方文化的差异性;但是,您却同时也在做着寻求中国哲学与美国实用主义相似性或者说可以进行某种程度类比的工作?

安:你这样说是完全正确的。我之所以总是谈论差异性问题,原因在于,普遍客观性思维是西方种族中心主义的一种思维模式,是自柏拉图以来一直主导着西方人看待世界的思维模式。当你根据普遍性思维去考察另一种文化的时候,你就很容易怀着俯视和屈尊的心态,因为,你已经拥有了真理。而且,如果你相信普遍性,你就会相信这里只有一个真理。但是,理解另一种文化,需要的是应该尽力按照该文化本来的样子去理解它,应该发挥你的想象力,忘掉自我,尽量将自己限定在该文化语境中思维。这就是孔子所谓的"恕","恕"的意思是,你要站在别人的角度来思考问题,理解他们的想法。同时,为了不使该文化传统受到曲解,你还需要在你自己的文化传统中发掘能量,寻找可以进行对比的资源,寻求某种可资利用的语言来理解和传达这另一种文化。因此,尽管你需要强调两种不同文化间的差异性,但是,为了沟通和理解,你也还需要去找到一些"公共"语言。

何:那么,能简单谈一下您找到的"公共"语言吗?

安:我是一个过程性思维的坚决维护者。过程性思维是没有国界的。怀特海是过程性思维,杜威是过程性思维,孔子是过程性思维,《道德经》也是过程性思维。我反对那种教条主义的思维模式,反对柏拉图主义,反对终极表达,反对一个真理,反对那种自负地宣称"one size fits all"的思维模式。因此,让中国哲学与美国实用主义进行某种程度的结合,筹划中国哲学获得更好传播机遇的可能。

何:从一个18岁对异国文化感兴趣的热血少年到今天著名的中国文化研究的学者,您如何看待自己这30多年的学术历程、您的成就和对未来的规划?

安:如果你一直往前走,你最终就会很自然地到达某个地方。我的秘密就是,坚持做一件事情,不要不停地换马。我是始终骑着一匹马走路的。应该说,中国哲学在西方学界获得的理解是非常有限的,可以说一直以来经受着非常深重的误读和曲解。最初通过基督教传教士,他们按照自己的意愿让中国哲学看起来更像西方基督教文化;其次通过东方主义者,他们运用诸如"东方主义"的理念,为中西文化划定了边界。比如,认为中国文化是专制的,西方文化是民主的,中国文化是神秘主义的,西方文化是理性主义的,中国文化是肉体的,西方文化是精神的……事实上,这些言论探讨的是他们自己,而不是中国文化。所以,基督教化和东方主义是中国哲学一直以来遭受的厄运。现在,中国对世界来说是这样重要,它应该以其本来的面目,用它自己的声音来说话,面对世界,并获得理解。西方世界对中国的理解是远远不够的,我们还有太长太长的路要走。因此,我的工作仅仅是个开始,我将这一事业更深远的发展寄托在我的学生身上。你认识他们中的很多人,你知道他们确实都是非常优秀的。我相信,在未来的日子里,我的学生一定会使中国哲学在西方发扬光大。

何:我完全同意。您的这些学生,像我的好朋友 Geir Sigurdsson, Ralph Weber, Eric Hanson……他们对中国文化最优秀部分的理解和热忱常常让我觉得非常感动。而且我能够感觉到,他们每个人都受到了您很大的影响。那么,您能否介绍一下已经出版的关于中国思想的著作?

安:有各种各样的著作。一些是专著,一些是翻译,一些是主编,总共加起来大约有三十本。我认为在这些写作中最重要的是合作。我同郝大维(David L. Hall)、刘殿爵、罗思文(Henry Rosemont)都有过很好的合作。就像我今天的演讲所谈到的,合作是一种协同创造(co-create)。我实在认为,在我们的许多研究著作中,最具创新能力的部分都是我们协同创造的结果。另外,一个非常有趣的现象是,或者说,在使西方人对中国哲学获得更好理解的过程中,一个非常积极的转变是:在过去几十年里,许多年轻的中国学者移居到美国,在美国大学里教书,我曾与他们中的许多人有过很亲密的工作接触。这些年轻的中国学者,他们在美国工作,拥有良好的英语能力,对中国哲学又有深入的了解。而且,他们认为他们有责任向西方学界介绍中国思想。这些人像李晨阳、江新燕、王荣荣、黄勇、牟博、倪培民等,他们中的许多人都来自北大。他们努力要做的事情正如我努力要做的事情一样,就是积极发掘最恰适的语言来阐释中国的哲学思想。因为,现有对中国哲学思想进行阐释所使用的是一种不恰当的语言,他们深知这一点,我也深知这一点。这就是我们必须一起工作的原因。这对于让美国人了解真正的中国文化是有很大帮助的。不仅是我的学生,和这些年轻的中国学者的合作会把我们的工作拓展得更深。这是非常积极的转变,它加速了中国思想传播和获得理解的步伐。

何:我很欣赏您关于"协同创造"的观点。您知道,您用"co-creativity"来翻译《中庸》中的"诚",这实在是一个令人耳目一新的译法。

安:从中国的观念来看,将"诚"译做"creativity"或"co-creativity"看起来是有些奇怪,因为"诚"一般习惯于在"诚实"的意义上来理解。它通常被译为"sincerity"和"integrity"。但是,如果我们读《孟子》,读《中庸》中所谓"诚者,天之道也,诚之者,人之道也"的说法,可以看出,"诚"并不是在一种通常的意义上使用的。大多数中国学者对该词的释义,包括朱熹、周敦颐这些著名哲学家的解释都可以看出,"诚"应该是在某种宇宙论,或者说哲学的意义上来理解。因此,"诚"不是通常的"诚",它是哲学意义上的"诚"。如果你看古希腊哲学,你会发现,人类进行的工作就是为人类的情感赋予意义。古希腊哲人认为人类是通过爱和恨的斗争来表达宇宙的(如恩培多克勒)。宇宙就是人类的情感。我认为这也是《中庸》的特质。《中庸》所做的是将人类的情感宇宙化。人类是宇宙的"协同创造者",这是《中庸》的主导思想。就像我们在"配天""三才"等这些观念中所看到的那样,人为天地之"心"(heart-and-mind),它们是宇宙的合作者。如果你有了这样的认识,你就会意识到,事实上,情感是创造的基础。因此,将"诚"译为"creativity"或"co-creativity"并没有抛弃它的情感内容,因为,我们彼此创造,彼此感同身受。我们是在这个基础上使用这个词汇的。还有,过程性思维是这样一种思维方式,当你与别人进行协同创造时,你应该有"integrity"(诚实),"integrity"是"合而为一"(becoming one together)的基础,你不是你自己,你是你的一系列关系,你是一名医生、同学、学生或老师,……是各种各样不同的关系,只有在这种种关系中,你才"合而为一",成为一个"整体"。因此,"integrity"是"创造"和"协同创造"所内蕴的品格基础,所以,"creativity"或"co-creativity"没有袪除"诚"的普通意义,只不过是从不同的角度将它表达了出来。

何：通过 Thinking from the Han，Thinking through Confucius 以及对《中庸》《道德经》等书的阐释，可以看出，您的著作中似乎有某种体系性的东西在其中？

安：我是非常谨慎地对待体系性这个词的。因为这是一种本体论的思维，是传统西方哲学的一种思维方式，强调客观性、体系性和某种单一的根本原理和绝对性。我认为，你所谓的体系性指的是当你阅读我所有不同的书的时候，当你将它们集合到一起来看的时候，会感到有一种一致性的东西……

何：是的，从诠释方法或者……

安：对，从我们对中国古代经典进行诠释的整体上来看，确实有一种一致性。许多年来，我们一直在努力寻求一种不同的方式，寻求一种有效的、可以被理解的诠释方式。我们的阐释必须是有意义的，是创造性的，是能够被理解的，这是我们致力要做的。当这一方法应用得好的时候，这里就会有某种一致性出现，我们的诠释会适用于我们的翻译，反之，我们的翻译也同样会使诠释得到说明。

何：我想知道，是什么促成了您对中国哲学的情有独钟？

安：我们生活在一个危机的时代，一个精神分裂的时代。20世纪过去了，20世纪是一个充满了大屠杀、血腥、暴力和恐怖的世纪。我们需要一个不同的世界。我认为，过程性思维对于哲学界来说是一场思维的革命。我们需要祛除确定性、祛除唯一的真理、善、恶等概念。这里没有对错，只有过程，只有多元对话，只有对健康关系的寻求。我们需要一种关系性思维，这是过程性思维的状态；我们需要一种调和式的思维，相信这个世界会变得更好。我们正在经历一场革命，在这一革命过程中，中国哲学会起到很重要的作用。中国的过程性思维模式持续了三千多年，如果我们读《易经》《道德经》《论语》《中庸》、朱熹、王夫之，他们都是各种不同的过程性思维者。因此，中国哲学在推动我们寻找新的思维模式和建构新的社会秩序上将起到非常重要的作用。可以说，现在是一个"中国来了"的时代。就拿上海作为一个例子来说，20年前，当我第一次去上海，上海有很多人，但没有那么多像和平饭店那样的高楼大厦、汽车和高速公路。而现在，上海已经发展成了一个国际性大都市，就像芝加哥、波士顿一样。像上海这样的转变同样也发生在中国其他许多地方，比如北京、武汉、广州……因此，这种交往不仅仅是经济上的，也是一种文化的影响。这说明中国再也不是一个与世界其他地方隔绝的国度，它结束了二百多年前封闭锁国的被动状态。我们已经很清楚地感受到"中国来了"。人们会知道这一点，而且，在未来的五年、十年或者更多，人们会越来越意识到中国对世界的影响。

何：当您说"中国来了"的时候，这让我想起许多年来萦绕在中国文化中"美国来了"的声音，这会在文化入侵的意义上理解吗？

安：是的，许多年前当我们想到香港、台湾的情况，想到美国军队在中国台湾、韩国、日本的情况，中国感到一直被包围在武力中，感到遭受主权丧失的痛苦。因此，"美国来了"是一个非常负面的口号。而"中国来了"的思想则是……

何：美国实用主义在现代中国的引介似乎不应该有如此强烈的负面效应吧？

安：实用主义只是在20世纪20年代早期新文化运动时才被介绍进入中国的。实用主义对中国产生了一定的影响，但基本上是非常微弱的。原因在于20世纪的中国是一个分裂的时代，它有着强烈的变革需要，这种变革的声音比实用主义要强大得多。因为实用主义有它的"弱点"，它的"弱点"在于它是谦和、适度，强调渐进性的。它可以满足新文化运动一定的需要，却不足以满足一个激烈的、不断变化的社会需求。在美国本土同样如此，早在第一次世界大战的时候，杜威的实用主义就已经在美国栽了跟头，因为面对这个翻天覆地的变化，它是行不通的；尤其是到了第二次世界大战，实用主义丧失的地盘就更多了。美国实用主义确实曾经影响了中国现代社会，而现在，我们可以努力来扩大它的影响力。

何：那么，对于美国流行文化的冲击您怎么看呢？

安：流行文化确实有很大影响，这是全球化的一个趋势。当我们想到英语的强大力量，想到几乎所有的网络，无论是中国、欧洲，90%的网上信息都是用英语提供的。在欧洲，欧共体成员进行谈判时，也都是用英语进行的。因此，英语确实在世界上拥有极大的权力。而好莱坞、流行音乐、各种大众娱乐无疑也是使英语拥有如此大权力的一个途径。这些都是事实。但这并不必然意味着英语就是实用主义。美国文化是有精神分裂特征的，也就是说，美国有两种截然对立的思维模式。一种是旧式思维，谈论上帝、善/恶、对/错，你相信上帝在你那边，所有这些都是一种本体论的思维模式。美国的硬币上有句话叫"in God we trust"，这句话真实的意思是说"我们是对的(we are right)"，"美国人永远是对的"；因此，美国可以攻打越南，就像日本攻打中国那样而不需要负什么责任。为什么美国人攻打越南不需要负责任，因为美国人相信自己是"good guy"，相信这些侵略行为是正义的。这种思维是一种危险的、旧式的思维。这不是过程性思维，不是实用主义。我正在写一本书，部分来自郝大维去世时未完成的手稿，题目是《美国被打碎的诺言》(*American's Broken Promise*)。这就是乔纳森·爱德华兹(Jonathan Edwards)、爱默生(Ralph Waldo Emerson)、梭罗(Henry Thoreau)、艾米莉·狄金森(Emily Dickinson)、霍尔曼·迈尔维尔(Herman Melville)、瓦尔特·惠特曼(Walt Whitman)、威廉·詹姆士(William

James)、约翰·杜威(John Dewey)在他们书中所承诺的美丽美国。但美国并没有按照他们的构想来建构,它迷途了。因此,另一面的美国是这样美丽的一个美国,它是一个和而不同的美国。这个美国是移民们的家园,它是开放的,欢迎每一个人的加入。如果你想要成为美国人,你就是美国人,只要你自己承认就可以了。我是一个加拿大人,有着加拿大的口音,你可以说我不是美国人,不,我坚持我是美国人,我承担作为一个美国公民的责任,我想做一个美国人。你是一个中国人,如果你到美国去,你可以认为你是中国人。但作为一个外国人,你在美国,你同样可以认为你是一个美国人,在美国就有很多华裔美国人,这只不过是你自己意愿与否的事情。因此,这个另一面的美国是一个调和的、协同创造的、有最大涵容量的美国。它的凝聚力就在于,就像我们冶炼的时候,如果你将各种不同质地的金属放在一起,让它们熔化,这种合金是最坚固的,这就是"和"。"和谐"是变得坚固强大的一个方式,这是美国最伟大的一面。它不是一个单一的美国,它不谈论善、恶;那种总讨论善、恶的社会事实上是相信"我们总是对的",这是一个排他的社会,如果你不站在我们这一边,如果你不赞同我们,那么,你就是我们的敌人,这是一种单边主义的思维。

何:您所谈论的这另一面的美国,是给世界最美好印象的美国,是我们所认为开放的、充满活力的、朝气蓬勃的美国。

安:是的,这是美国的正面印象。但我们必须努力去获得它。我们会获得它。在美国,借助实用主义及其与其他思想的合作,我们已经获得了一些成就。我们有这样的资源,我们可以让这个世界变得更美好。

何:您知道,现代世界以来,中国哲学受到了西方文化很大的影响,您认为在思维方式和学术方法上,中西方学者有哪些突出的差异?

安:或许,对我们研究哲学的人来说,哲学在东西方学界是非常不同的。哲学有它的历史性。现在我们谈世界历史,所谓世界历史,它是一个涵容性的词汇。不同的文化有不同的历史,我们必须理解这许多不同的言说方式,它是多样性的。在文学上,我们正在进入世界文学的时代,而从文化上说,我们已经进行了从西方文明向世界文明的转向。相对于我们所处的西方学界,我们的学术思路是决然不同的。我们努力采取一种大思维,一种更具包容性的思维观念。哲学作为一门学科,它是负责知识的获得的。它是这样重要的一门学科。但哲学目前仍然是非常专制的,仍然是欧洲-盎格鲁中心主义的。夏威夷大学哲学系这七八十年来一直致力于挑战这一偏见,在专业哲学范围内形成这样一种理解、一种思维,那就是,哲学是一种世界现象、全球现象。因此,你说中国人和西方人思维方式是不同的,我觉得或许中西历史学家思维的相似处要多于中西哲学家思维的相似处,原因就在于,西方哲学是独断和排他的。

何：您对《中庸》《道德经》，或者说整体上对中国哲学的诠释与我们通常的理解是很不一样的，您是如何对待"华侨《中庸》""华侨《道德经》"这样一种戏称的？

安：我认为，当你形容某个人"华侨某某"的时候，事实上是在说，或是在强调类似于"不识庐山真面目"这样一种观念。这也就是说，任何事物总是要从不同角度来看。了解自我文化传统之外的视角和认识是非常非常有益的。我对中国哲学的研究与中国本土学者的解读可以是不同的方式，我不是说这是一种更好的方式或者说是一种更为深刻的方式，但对于中国哲学家来说，这至少是一种不同的方式，它或许会增加又一个理解中国哲学的维度。

何：这就像我们解读尼采、海德格尔那样。在西方人看来，或许也是非常"华侨海德格尔"的，但这种阐释使德国的海德格尔走出国界，成了一个丰富的世界人。这应该就是文化对话的意义吧？

安：完全正确。这就是文化对话的意义。

（访谈时间：2004年6月13日于北京大学勺园。原载《中文自学指导》2004年第5期）

参考文献

所有引自《论语》以及其他汉语资料的翻译,只要曾在小注中出现,本书目原则上不再选列。单一作者的多部著作按其在本书中的参引次序编排。

安乐哲(Ames, Roger):(1)《"体"在中国古典哲学中的意义》("The meaning of body in classical Chinese philosophy"),《国际哲学季刊》(*International Philosophical Quarterly*),24(1984),第39—54页。

安乐哲:(2)《"主术":中国古代政治思想研究》(*The Art of Rulership: A Study in Ancient Chinese Political Thought*),Honolulu:University of Hawaii Press,1983。

安乐哲:(3)《古典儒道修身思想的共通》("The common ground of selfcultivation in classical Confucianism and Taoism"),台北:《清华学报》,1985。

安乐哲:(4)《古典儒家的宗教性:一种比较分析》("Religiousness in classical Confucianism: A comparativeanalysis"),《亚洲文化季刊》(*Asian Culture Quarterly*),12:2(1984),第7—23页。

奥古斯丁(Augustine,Saint):《上帝之城》(*The City of God* [*Civitas Dei*])Marcus Dods trans,New York:Modern Book,1950。

奥斯丁,J.L.(Austin,J.L.):(1)《请求宽恕》("A plea for excuses"),《哲学论

文》(*Philosophical Papers*),Oxford:Clarendon Press,1961。

奥斯丁,J. L. :(2)《如何以言行事》(*How to Do Things with Words*),Cambridge:Harvard University Press,1975,第二版。

《白虎通》,哈佛燕京学社汉学索引书系(2),台北:汉语资源及研究资助服务中心,1966 年重印。

柏拉图(Plato):(1)《斐德若篇》(*Phaedrus*),选自《柏拉图对话集》(卷一)(*The Dialogues of Plato*),Benjamin Jowett ed., New York:Random House,1920。

柏拉图:(2)《理想国》(*The Republic of Plato*),Trans. F. M. Cornford,London/New York:Oxford University Press,1941。

鲍则岳(Boltz, William G.):《马王堆帛书〈想尔老子〉的宗教和哲学意义》("The religious and philosophical significance of the 'hsiang erh' Lao Tzu in the light of Ma-wang-tui silk manuscripts")《东方与非洲研究院刊》(*Bulletin of the School of Oriental and African Studies*) 45(1982),第 101—102 页。

卜弼德(Boodberg, Peter):(1)《儒家某些基本概念的语义学》("The semasiology of some primary Confucian concepts")《东西方哲学》(*Philosophy East and West*), 2(1953),第 317—332 页。

卜弼德:(2)《〈老子〉首章的语言学注解》("Philological notes on chapter one of the *Lao Tzu*"),《哈佛学刊亚洲研究》(*Harvard Journal of Asiatic Studies*),20(1957),第 598—618 页。

布鲁姆(Bloom, Alfred H.):《语言塑造思想:中西方思维和语言影响》(*The Linguistic Shaping of Thought: A Study in the Impact of Language and Thinking in China and the West*),Hillsdale, N. J.:Lawrence, Erlbaum, 1981。

布斯(Booth, Wayne C.):《现代信条与认同修辞学》(*Modern Dogma and the Rhetoric of Assent*), Indiana Notre Dame:University of Notre Dame Press,1974。

蔡尚思:《孔子思想体系》,上海:上海人民出版社,1982。

查尔斯·泰勒(Taylor Charles):《诠释与人的科学》("Interpretation and the Science of Man"),摘录于《批判社会学》(*Critical Sociology*), Paul Connerton ed. , New York: Penguins,1976。

陈大齐(Ch'en Ta-ch'i):《孔子学说》,台北:中山书局,1964。

陈汉生(Hansen, Chad):(1)《古代中国的语言和逻辑》(*Language and Logic in Ancient China*), Ann Arbor: University of Michigan Press,1983。

陈汉生:(2)《汉语、中国哲学和"真理"》("Chinese Language, Chinese philosophy and 'Truth'"),《亚洲研究杂志》(*Journal of Asian Studies*)44(1985),第491—517页。

陈荣捷(Chan, W. T.):《"人"的中西释义》("Chinese and Western interpretations of *jen* [humanity]"),《中国哲学期刊》,(*Journal of Chinese Philosophy*),2(1975),第107—129页。

成中英(Cheng Chung-ying):《儒家道德中作为普遍原则的"义"的特殊应用》("On *yi* as a universal principle of specific application in Confucius morality"),《东西方哲学》,22(1972),第269—280页。

仇子传(Chow Tse-chung):《"诗"字之源起》("The early history of the Chinese word *shih* [poetry]"),仇子传辑《文林》, Madison: Universuty of Wisconsin press,1968。

《春秋繁露》,《四部备要》,上海:中华书局上海编辑所,1936。

道迟(Deutsch, Eliot):《关于真理:一种本体论》(*On Truth: An Ontological Theory*), Honolulu: University of Hawaii Press,1979。

《道德经》,选自《诸子引得》,台北:南岳出版社。

德里达(Derrida, Jacques):(1)《声音与现象》(*Speech and Phenomena*), Trans. David B. Allison, Evanston: Northwestern University Press,1973。

德里达:(2)《书写与差异》(*Writing and Difference*), Trans. Alan Bass, Chicago: Chicago University Press,1978。

德里达:(3)《哲学的边缘》(*Margins of Philosophy*),Trans. Alan Bass,Chicago:Chicago University Press,1983。

杜志豪(DeWoskin, Kenneth):《为一二人所作的歌:古代中国的音乐和艺术概念》(*A Song for One or Two: Music and the Concept of Art in Early China*),Ann Arbor:Center of Chinese Studies, University of Michigan,1982。

狄百瑞(Wm. Theodore De Bary):(1)《中国文明之源》(*Sources of Chinese Cilvilization*),New York:Columbia University Press,1960。

狄百瑞:(2)《钱穆讲演集:中国自由主义传统》(*Ch'ien Mu Lectures: The Liberal Tradition in China*),香港:香港中文大学出版社,1983。

狄尔泰(Dilthey, Wilhelm):《全集》(卷一,卷七)(*Gesammelte Schriften*),Stuttgart:Teubner,1959—1968。

董仲舒:《春秋繁露》。

杜威(Dewey, John):(1)《经验与自然》(*Experience and Nature*),New York:Dover Publications,1958年重印。

杜威:(2)《在华演讲集1919—1920》(*Lectures in China, 1919-1920*),Robert Clopton/Tsui-chen Ou ed.,Honolulu:University of Hawaii Press,1973。

杜维明:(1)《孔子〈论语〉"仁"的生动隐喻》("*Jen as a living metaphor in the Confucian Analects*"),《东西方哲学》,31(1981),第45—54页。

杜维明:(2)《"仁"和"礼"的创造性张力》("*The creative tension between jen and li*"),《东西方哲学》,18(1968),第29—39页。

杜维明:(3)《人性与自我修养》(*Humanity and Self-Cultivation: Essays in Confucian Thought*),Berkeley:Asian humanities Press,1979。

杜维明:(4)《中庸》(*Centrality and Commonality: An Essay on Chung-Yung*),Honolulu:University of Hawaii Press,1976。

《尔雅》,哈佛燕京学社汉学索引书系,(增编)18,台北:汉语资源及研究资助服务中心,1966年重印。

芬格莱特(Fingarette, Herbert):(1)《孔子:即凡而圣》(*Confucius: The Secular as Sacred*),New York:Harper Torchbooks,1972。

芬格莱特:(2)《追随〈论语〉的"一贯之道"》("Following the 'One Thread of the Analects'"),《美国宗教学院期刊》(*Journal of the American Academy of Religion*)主题专栏 47,no.3S(1979),第 373—406 页。

芬格莱特:(3)《〈论语〉中自我的问题》("The problem of self in the Analects"),《东西方哲学》,29(1979),第 129—140 页。

芬格莱特:(4)《孔子谈人性音乐》("The music of humanity in the Conversations of Confucius"),《中国哲学期刊》(*Journal of Chinese Philosophy*),10(1983),第 331—356 页。

福柯(Foucault,Michel):(1)《权力/知识:福柯访谈及其他著作选 1927—1977》(*Power/Knowledge: Selected Interviews and Other Writings by Michel Foucault, 1927-1977*),Colin Gordon ed.,New York:Pantheon Books,1980。

福柯:(2)《规训与惩罚:监狱的诞生》(*Discipline and Punish: The Birth of the Prison*),Trans. Alan Sheridan,New York:Vintage/Random House,1979。

伽达默尔(Gadamer, Hans-Georg):《真理与方法》(*Truth and Method*),New York:Seabury Press,1975。

高本汉(Karlgren, Bernard):(1)《汉文典》(*Grammata Serica Recensa*),Stockholm:Museum of Far Eastern Antiquities,1950。

高本汉:(2)《〈尚书〉评注》("Glosses on the Book of Documents"),《远东考古博物馆报告》(20—21)(*Bulletin of the Museum of Far Eastern Antiquities*),1948—1949。

高本汉:(3)《诗经》(*The Book of Odes*),Stockholm:Museum of Far Eastern Antiquities,1950。

葛瑞汉(Graham, A. C.):《庄子·齐物论》("Chuang Tzu's Essay on Seeing Things as Equal"),《宗教史杂志》(*Journal of the History of Religion*),9

(1969),第 137—159 页。

古德曼(Goodman, Nelson):《世界生成的方式》(Ways of Worldmaking), Indianapolis: Hackett, 1978。

顾立雅(H. G. Creel):《中国治国术之起源》(卷一)(Origins of Statecraft), Chicago: University of Chicago Press, 1970。

《广雅疏证》,刘殿爵、陈雄根辑,香港:香港中文大学出版社,1978。

哈贝马斯(Habermas, Jürgen):(1)《认识与兴趣》(Knowledge and Human Interests), Trans. Jeremy J. Shapiro, Boston: Beacon Press, 1971。

哈贝马斯:(2)《哈贝马斯:批判理论》(Habermas: Critical Debates), John B. Thompson ed., Cambridge, Massachusetts: MIT Press, 1982。

哈特纳(Hartner, Willy):《关于中国音乐艺术》(评列维:《中国音乐艺术的基础》)("Some notes on Chinese Musical Art"[review of J. H. Levi, Foundations of Chinese Musical Art]),《东亚科学与技术》(Science and Technology in East Asia), Nathan Sivin ed., New York: Science History Press,第 32—54 页。

海德格尔(Heidegger, Martin):《基本著作》(Basic Writings), David Krell ed., New York: Harper and Row, 1977。

《韩非子》,选自《诸子引得》,台北:南岳出版社。

郝大维(Hall, David L.):(1)《莫测的永生》(The Uncertain Phoenix), New York: Fordham University Press, 1982。

郝大维:(2)《爱欲与反讽》(Eros and Irony), Albany: SUNY Press, 1982。

郝大维:(3)《文明经验的广度:比较哲学与求证》("The width of civilized experience: comparative philosophy and the search for evidence"),《佛学与美国思想》(Buddhism and American Thinkers), Keneth K. Inada & Nolan P. Jacobson ed., Albany: SUNY Press, 1981。

郝大维:(4)《逻辑、神话、混沌:追求差异的形而上学》("Logos, Mythos, Chaos: Metaphysics as the Quest for Diversity"),《形而上学新文集》(New Essays in

Metaphysics*), R. Neville ed., Albany: SUNY Press, 1986, 第 1—24 页。

黑格尔(Hegel, G. W. F.):《黑格尔的法哲学》(*Hegel's Philosophy of Right*), Trans. T. M. Knox, New York: Oxford University Press, 1962。

华兹生(Watson, Burton):《中国古代文献》(*Early Chinese Literature*), New York: Columbia University Press, 1962。

怀特海(Whitehead, Alfred North):(1)《科学与现代世界》(*Science and the Modern World*), New York: Macmillan, 1933。

怀特海:(2)《思想方式》(*Modes of Thought*), New York: Freedom Press, 1968 年重印。

怀特海:(3)《观念的冒险》(*Adventures of Ideas*), New York: Macmillan, 1933。

《淮南子》,选自《四部丛刊》,上海:商务印书馆,1935—1936。

霍布斯(Hobbes, Thomas):《论公民》(*De Cive or The Citizen*), Sterling Lamprecht ed., New York: Appleton-Century-Crofts, 1949。

霍克海默(Horkheimer, Max):《批判理论选集》(*Critical Theory: Selected Essays*), New York: Continuum, 1975。

加塞特(Ortega y Gasset, José):《民众的反叛》(*The Revolt of the Masses*), New York: Norton, 1957。

贾谊:《新书》。

康德(Kant, Immanuel):《单纯理性限度内的宗教》(*Religion Within the Limits of Reason Alone*), Trans. T. M. Greene and H. H. Hudson, New York: Harper Torchbooks, 1960。

《孔子家语》,选自《四部丛刊》,上海:商务印书馆,1935—1936。

蒯因(Quine, W. V. O):《从逻辑观点出发》(*From a Logical Point of View*), New York: Harper and Row, 1976。

朗格(Langer, Susanne):《哲学新解》(*Philosophy in a New Key*), Cambridge, Massachusetts: Harvard University Press, 1951。

雷金庆(Louie, Kam):《中国当代对孔子的批判》(*Critiques of Confucius in Contemporary China*),香港:香港中文大学出版社,1980。

《礼记》,哈佛燕京学社汉学索引书系(27),台北:汉语资源及研究资助服务中心,1966 年重印。

李约瑟(Needham, Joseph):《中国的科学与文明》(卷二)(*Science and Civilisation in China*),Cambridge:Cambridge University Press,1954。

理雅各(Legge, James):《中国经典》(*The Chinese Classics*)(五卷),香港:伦敦教士协会,1861—1873。

列维-斯特劳斯(Lévi-Strauss, Claude):《图腾崇拜》(*Totemism*),Trans. Rodney Needham,Boston:Beacon Press,1963。

列维(Levi, J. H.):《中国音乐艺术的基础》(*Foundations of Chinese Musical Art*),北京:法语书店,1936。

列子,选自《四部丛刊》,上海:商务印书馆,1935—1936。

林义正:《论孔子思想的基本格式》,《哲学论评》,6(1983),第 181—200 页。

刘殿爵(Lau, D. C.):(1)《孔子:〈论语〉》(*Confucius: The Analects*),中英文丛书:中国经典,香港:香港中文大学出版社,1983。

刘殿爵:(2)《道德经》(*Tao Te Ching*),中英文丛书:中国经典,香港:香港中文大学出版社,1982。

刘殿爵:(3)《关于"复言"》(On the expression *fu yan*),《东方和非洲研究学派报告》,36(1973),第 424—433 页。

鲁惟一(Loewe, Michael):《中国人的生死观》(*Chinese Ideas of Life and Death*),London:Allen and Unwin,1982。

罗蒂(Rorty, Richard):《哲学与自然之镜》(*Philosophy and the Mirror of Nature*),Princeton:Princeton University Press,1979。

罗思文(Rosement, Henry, Jr.):(1)《古汉语的抽象表达》("On representing abstractions in archaic Chinese"),《东西方哲学》,24(1974),第 71—88 页。

罗思文:(2)(辑文)《中国宇宙观考察》(Explorations in Chinese Cosmology),《美国宗教学院期刊》,主题研究 50, no. 2, (加利福尼亚) Chico:Scholars Press,1984。

罗思文:(3)《反对相对论》("Against relativism"),《跨越边界理解》(Interpreting across Boundaries),Eliot Deutsch, Gerald James ed.。

马伯乐(Maspero, Henri):《道家和中国宗教》(Taoism and Chinese Religion), Trans. Frank A. Kirrman, Amherst:The University of Massachusetts Press,1981。

马丁(Martin, Gottfried):《作为普遍科学的形而上学和作为一般本体论的形而上学》("Metaphysics as scientia universalis and as ontologya generalis"),选自《关于怀特海》(In the relevance of Whitehead),Ivor Leclerc ed. , New York:Macmillan,1961,第 219—231 页。

麦克奈特(McKnight, Brian E):《怜悯的品质》(The Quality of Mercy),Honolulu:University of Hawaii Press,1981。

蒙罗(Munro, D. J.):(1)《古代中国"人"的概念》(The Concept of Man in Early China),Stanford:Stanford University Press,1967。

蒙罗:(2)《当代中国"人"的概念》(The Concept of Man in Contemporary China), Ann Arbor:University of Michigan Press,1977。

《孟子》,哈佛燕京学社汉学索引书系,(增编)17,北京:哈佛燕京学社,1941。

米德(Mead, George Herbert):《心灵、自我与社会》(Mind, Self and Society), Charles Morris ed. ,Chicago:Chicago University Press,1934。

《墨子》,哈佛燕京学社汉学索引书系,(增编)21,北京:哈佛燕京学社,1948。

牟宗三:《中国哲学的特质》,香港:人生出版社,1963。

南乐山(Neville, Robert C.):《思想的重构》(Reconstruction of Thinking),Albany:SUNY Press,1981。

诺思罗普(Northrop, F. S. C.):《比较哲学中作为基本术语的直觉的可能概念与公设概念》("The possible concepts by intuition and the concepts by postulation as a basic terminology in comparative philosophy"),选自《科学与人文的逻辑》(*The Logic of the Sciences and the Humanities*),New York:Meridian Books,1959,第77—101页。

萨特(Sartre, Jean-Paul):《存在与虚无》(*Being and Nothingness*),Trans. Hazel Barnes,New York:Philosophical Library,1956。

塞拉斯(Sellars, Wilfred):《科学、感知与现实》(*Science, Perception and Reality*),New York:Humanities,1963。

《诗经》,哈佛燕京学社汉学索引书系,(增编)9,北京:哈佛燕京学社,1934。

史华慈(Schwartz, Benjamin):《儒家思想的反成性》("Some polarities in Confucian thought"),选自《行动中的儒学》(*Confucianism in Action*),David S. Nivison, Arthur F. Wright ed.,Stanford:Stanford University Press,1959。

《史记》,上海:中华书局,1959。

H. 史密斯(Smith, Huston):《西方与其他思想中的真理观》("Western and comparative perspectives on truth"),《东西方哲学》,30(1980),第425—437页。

R. 史密斯(Smith, Richard J.):《中国文化遗产》(*China's Cultural Heritage*),Boulder, Colorado:Westview Press,1983。

索绪尔(Saussure, Fredinand):《普通语言学教程》(*A Course in General Linguistics*),London:Peter Owen,1960。

唐君毅:《先秦思想中之天命观》("The t'en ming [heavenly ordaince] in pre-Ch'in China"),《东西方哲学》,11(1962),第195—218页。

韦利(Waley, Arthur):《孔子〈论语〉》(*The Analects of Confucius*),New York:Random House,1938。

维特根斯坦(Wittgenstein, Ludwig):(1)《逻辑哲学论》(*Tractatus Logico-Philosophicus*),New York:Humanities,1961。

维特根斯坦:(2)《哲学研究》(*Philosophical Investigations*),New York:Macmillan,1953。

卫礼贤(Wilhelm,Helmut):《〈易经〉中的天、地、人》(Heaven, Earth and Man in the Book of Changes),Seattle:University of Washington Press,1977。

吴光明:《汉语相悖问题研究》("On Chinese Counterfactuals"),《东西方哲学》,37(1987)。

武内义雄:《孔子之"仁"的意义》("A study of the meaning of jen advocated by Confucius"),《亚洲学报》(Acta Asiatic),9(1965),第57—77页。

萧公权(Hsiao Kung-chuan):《中国政治思想史》(A History of Chinese Political Thought),牟复礼译,Princeton:Princeton University Press,1979。

《荀子》,哈佛燕京学社汉学索引书系,(增编)22,北京:哈佛燕京学社,1950。

亚里士多德(Aristotle):《政治学》(Politics),Benjamin Jowett trans,Chicago:Chicago University Press,1941。

杨伯峻:《论语译注》,台北:远流出版社,1982。

叶山(Yates,Robin R. E.):《墨家战争观:科技、技术与正义》("The Mohists on warfare: Technology, technique, and justification"),《中国古代思想研究》(Studies in Classical Chinese Thought),罗思文、史华慈辑,《美国宗教学院期刊》,主题研究47,no.3S,1979。

詹密罗(Gimello,Robert M.):《古典儒学中"礼"的文化身份》("The civil status of li in classical Confucianism"),《东西方哲学》,22(1972),第203—211页。

赵纪彬:《论语新探》,北京:人民出版社,1962。

《中庸》,选自《四书章句集注》,上海:商务印书馆,1935。

《庄子》,哈佛燕京学社汉学索引书系,(增编)20,北京:哈佛燕京学社,1947。

《左传》,选自《春秋》,哈佛燕京学社汉学索引书系,(增编)11,北京:哈佛燕京学社,1937。

译后记

安乐哲教授称我们去年出版的《道不远人——比较哲学视域中的〈老子〉》[1]是一次愉快的合作。同时，这位大力倡导"co-creativity"精神的学者建议我们继续合作，因此，就有了中国读者面前这本《通过孔子而思》的"协同创造"。

这两位西方中国学学者有着近25年成功合作历程，《通过孔子而思》可以说是奠定了他们自己对中国思想独特诠释方法的一本重要著作。本书结构的复杂、精妙，思考的深邃以及翻译、诠释、理论表达等整体的内在一致性是令人叹服的。对此，相信每一位阅读本书的读者都会和我一样有深切体会。

两位作者首先最为关注的是"翻译"问题。当然，此处所谓"翻译"自然不是简单表面意义上寻找两种语言间技术层面或操作层面"对应词"的问题。在"翻译"问题背后，毋宁是本书意在表达的比较哲学，或归根结底，思想和文化比较的根本问题。借用两位作者诠释中国文化的一个关键范畴"点域"（focus and field）模式，或许我们可以这样表达本书的意图："翻译"问题好比是一个焦点，它本身聚结的是文化比较的当代问题，与此同时，又深层折射哲学研究的根本——文化传统所承载的人类之

"思"(thinking)的问题。两位西方思想家对孔子思想的当代追问和重构,正是由此一涵融性的焦点出发的,辐射出当代语境下比较文化所面临的严重的"思"的问题及其重构的大场域:通过寻求"思想"的另一条件,诠释奠定孔子和中国文化基础,主导儒家感受性的一系列不同"假定"和概念的过程中,以期有效解决大国沙文主义造成的文化对话的障碍;尝试通过西方实体本体论与中国现象本体论、超验世界观与内在宇宙的对比,当代西方存在主义、过程哲学与中国哲学的融合和沟通,以最终开拓出有效解决当代思想、文化问题的新方向——重燃对个体与社会关系的思考,是否可能为我们日益趋向原子式自我的时代带来新的启示意义?经历"上帝之死""人之死"的惨烈,无所依托的人类,当重新牵起传统、历史、宇宙与自然的连线,或可为我们只关注当下、自我狭窄空间的漂浮时代症重新注入生命的重量?

这每一诠释所构织出的自成一体又彼此关联的许多圆融"小域",形成了本书层层推进、环环相扣、循环衍生的浑然一体的"大域"。

这一循环的开放式结构,使我们时而被引领进入抽象理论层面的表述、分析,时而从实践的文本证明上体察到儒家感受性的种种鲜明特征,又恍然明白这些表述都密切关涉着当代世界文化沟通和交流的许多症候问题。这种循环过程的交织、打开、碰撞、再生成,让我们游走在思想流动的迷宫,时而柳暗花明,时而迷影重重,最终豁然开朗,感受到两位作者贯入他们通过"孔子"而"思"的动态"思想"过程,其理论、实践、方法论具有不可分割的一体性。

从比较文化产生的"问题"意识(翻译)开始到比较文化未来的可能性(沟通)作结,这整个文本的内在性、循环式、动态的过程性结构恰与作者对孔子感受性的分析密切统一。这不仅验证了本书"实用主义"研究的成果,更证明了两位当代西方哲学家尝试重新建构"思"的哲学行动的成功。

这似乎也是两位作者在谈论方法论问题时,所谓共享"超文化"和"跨文化"比较方法的真正深意所在。把寻求差异性作为文化比较的主要任务,还是将文化相似性视为根本,这两大文化比较的阵营被取消了:在对"人"的理解上正是因为个体之"义"的多样性,才融会了世界文化这个大舞台的丰富性,并提供着解读"人"之真正内涵的"思想"的丰富性。

与两位作者"厉行重建工作"的哲学家使命相一致,"翻译"问题自然归结到有效"沟通"的可能性问题,实为他们诠释孔子思想的一条一以贯之之"道"。他们最后对"沟通"概念的表达更是本书的闪光点。我在翻译中用"沟通"一词取代了"communication"更为通常的译法"交流"。因为,在我看来,"沟通"比"交流"更能体现本书两位作者所意在表达的积极主动的投入精神,一种跨越隔阂的倾向和努力。在今天这样一个不可避免更需要沟通、理解和交流的世界,自树壁垒、人与人之间习惯性地丧失了沟通能力成了最大障碍。"沟通"是一种自我延伸,是打开自我随时接受新鲜、迥异视角冲击的开放心态,是不断丰富自我与他人的良好努力。两位作者在孔子的"圣人"概念上寄托了他们的沟通理想,通过对中国文化审美特性(圣人:鉴赏家)、"语境中的人"(圣人:沟通大师)等丝丝相扣的分析和诠释,最终为比较文化和人类思想未来事业的新蓝图勾画了带着淡淡忧虑的一笔。

我对本书意图与方法的这一描述或有画蛇添足之嫌,为避免影响聪慧的"有耳能听者"用自己的耳朵倾听本书独特的交响,我恐怕最该做的是就此打住,而代之以一个小小的提示:就像《通过孔子而思》通过重塑"义"(signification, significating)之观念一再倡导的一种精神,该书本身方法论、视角与思想的丰富性亦鼓励读者本人身临其境,以其个人之义获得对本书的创造性理解。

在两种语言间建立沟通永远面临的障碍和局限,以及有时甚至是捉襟见肘、乏陈其意的窘境,相信这对任何经历过翻译作品的读者和译者来说,都是心知肚明,令人绝望的事实。然而,"沟通"的有效性更是一种贯注良好意愿的行动,这也就是说,我们最起码可以做一个积极主动的沟通者。译者本人是本书"沟通"观念最热切的信徒。本书翻译造成的有限性和缺陷自是我不可辞咎、祈请谅解之处,然而翻译过程本身所流淌的沟通和协同创造的喜悦,我却愿意毫无保留地与读者分享。

在整个翻译过程中,我不仅继续得到了安乐哲教授自始至终的鼓励和支持,同时还有从夏威夷大学安教授的博士生林安迪(Andrew Lambert)那儿获得的帮助。安迪在北大学习期间,几乎每天都有求必应地帮助我解决了翻译中碰到的大量语言的细节问题。另外,倾听他的思考和他出色的怀疑精神亦是受益良多的美好经历。更值得一提的是温海明学兄。海明是我一直信赖和依赖的铁杆"proofreader"。从翻译《道不远人》一书开始,他就一直不吝给予大量帮助。而本书,他更是认真细致地和安教授一起校改了我每一章出现的翻译错误。他细致入微的思考和精致优雅的修改使我的译文增色不少。实际上，他们三位是我得以稍微安心的重大支撑，没有他们，我不可能如此顺利地完成本书的翻译。还应该感谢刘东教授的支持。当然，与我们走在一起的还有为本书得以最终面见读者而付出辛勤劳动的责任编辑——北大出版社的戴远方。远方是我的北大校友，我还清晰记得与她同在一个课堂，聆听她机智发言的愉快情景。（编按：修订版的责编改变了译本先前侧重直译的编辑思路，在上下文意思有照应的前提下，做了大量删繁就简，使这本经典的研究更简明、通畅。）

至今，我仍很欣然我们最终选择"道不远人"这句儒家名句来作为郝、安二位教授所译《道德经》的题译，这在我看来，实在是一件"冒天下之大不韪"的正确事！这不仅符合他们从中国思想和文化中解读出的真正深意，最重要的乃在于，它更是我们所真真切切从现实凡常生活和工作中深味到的美丽……

斯之为幸！

何金俐

2005 年 5 月于清华园

注　释

[1]《道不远人》乃安乐哲教授和郝大维教授最后的合作结晶。*Daodejing: Making This Life Significant—A Philosophical Translation*, New York: Ballantine, 2003. 中译本，北京：学苑出版社，2004。

著作权合同登记 图字：01-2005-4111

图书在版编目(CIP)数据

通过孔子而思/(美)郝大维，(美)安乐哲著；何金俐译. — 2版. —北京：北京大学出版社，2020.10
ISBN 978-7-301-31542-2

Ⅰ.①通… Ⅱ.①郝…②安…③何… Ⅲ.①比较哲学—中国、西方国家 Ⅳ.①B1-03

中国版本图书馆 CIP 数据核字(2020)第 172853 号

Published by State University of New York Press, Albany.
© 1987 State University of New York.
This edition is published by arrangement with Roger T. Ames.
Translated by Peking University Press from the original English language version.

书　　名	通过孔子而思（第二版） TONGGUO KONGZI ER SI (DI-ER BAN)
著作责任者	〔美〕郝大维　〔美〕安乐哲　著　何金俐　译
责 任 编 辑	王立刚
标 准 书 号	ISBN 978-7-301-31542-2
出 版 发 行	北京大学出版社
地　　址	北京市海淀区成府路 205 号　100871
网　　址	http://www.pup.cn　新浪微博：@北京大学出版社
电子信箱	sofabook@163.com
电　　话	邮购部 010-62752015　发行部 010-62750672　编辑部 010-62755217
印 刷 者	北京中科印刷有限公司
经 销 者	新华书店
	965 毫米 × 1300 毫米　16 开本　28.25 印张　430 千字 2005 年 8 月第 1 版 2020 年 10 月第 2 版　2020 年 10 月第 1 次印刷
定　　价	68.00 元

未经许可，不得以任何方式复制或抄袭本书之部分或全部内容。
版权所有，侵权必究
举报电话：010-62752024　电子信箱：fd@pup.pku.edu.cn
图书如有印装质量问题，请与出版部联系，电话：010-62756370